Flor Schmidt

Weiter als das Ende

Wie mit dem Tod meines Sohnes
etwas Neues begann

Patmos Verlag

Vorwort

Barbara Pachl-Eberhart

»Ich lese ja eigentlich keine Trauerbücher mehr.« Das habe ich zuerst gesagt. Damals, als Flor mich zum ersten Mal fragte, ob ich mir vorstellen könnte, ein Vorwort für ihr Buch zu schreiben. Warum ich das sagte? Weil der Unfalltod meiner eigenen beiden Kinder mehr als zehn Jahre in der Vergangenheit liegt. Und weil ich nicht müde werde, mir selbst und allen, die es hören wollen, zu sagen: Trauerprozesse dürfen auch zu Ende gehen. Das Leben darf wieder gut sein, richtig gut – oder eben ein ganz normales Leben, in dem man wieder andere Probleme hat als die Trauer. Ein Leben, in dem man auch andere Bücher als Trauerbücher liest.

Und doch habe ich Flors Buch aufgeschlagen und nicht mehr aus der Hand gelegt. Schließlich, nach dem Lesen, habe ich mir selbst gewünscht, ein Vorwort zu schreiben. Warum? Weil dieses Buch besonders ist. Weil es nichts, gar nichts ausspart von dem, was traurig ist – und weil es doch etwas anderes klar in den Vordergrund stellt: nämlich die Liebe. Die Liebe zu Nico, dem Sohn, der gestorben ist. Ebenso die Liebe zu jenen Menschen, die noch da sind. Und schließlich: die Liebe zum Leben selbst. Diesem Leben, das groß und nicht immer zu verstehen ist. Diesem Leben, das tiefe Trauer beinhaltet, aber auch höchstes Glück, und vor allem: den Weg, der immer wieder neue Erkenntnisse, neue Sichtweisen bringt und der uns immer tiefer begreifen lässt, was es bedeuten könnte, in Liebe anzunehmen, was immer auch geschieht, so grausam, so unsinnig es auch erscheinen mag.

Es ist nicht irgendein Buch, das Sie hier lesen. Und es ist nicht irgendeine Frau, die es geschrieben hat. Ich durfte Flor als Seminarteilnehmerin kennenlernen, als ihr Buch noch in seinen Kinderschuhen steckte, als es vor allem aus Tagebuchnotizen bestand, die ausgedruckt auf einem Stapel lagen. »Ich habe meinem Sohn versprochen, etwas daraus zu machen«, sagte sie. Und damit war alles gesagt. Flors Fähigkeit, Phasen der Anstrengung, der Ratlosigkeit, der Erschöpfung, der Verwirrung und des Zweifels zu überwinden, Flors Eigenschaft, alles, was sie tut, mit Liebe, Schönheit und Sorgfalt zu durchfluten: Das alles beeindruckte mich von Anfang an und bezaubert mich bis heute. Flors Liebeskraft steckt an – und sie steckt auch in diesem Buch.

Egal, ob Sie dieses Buch lesen, weil Sie selbst trauern, ob Sie es aus Interesse zum Thema aufgeschlagen haben, aus Neugier oder um sich abzulenken: Sie werden der Liebe begegnen, sobald Sie zu lesen beginnen. Sie werden teilhaben an der Kraft einer Frau, die nicht müde wird, an die Tür zu klopfen, die Erde und Himmel trennt – so lange, bis sie endlich Antwort bekommt. Sie werden mit Flor durch dick und dünn gehen, und Sie werden es gerne tun, weil Sie von Anfang an ahnen, dass der Weg dieser trauernden und liebenden Mutter auch etwas mit Ihrem Weg, mit Ihren Gefühlen und mit Ihrer Beziehung zum Leben zu tun hat.

Wenn man als trauernder Mensch ein Buch schreibt, tut man das oft in der Hoffnung, damit etwas abzuschließen. Es gehört zu den Dingen, die mich an der Autorin dieses Buchs besonders beeindrucken: dass sie nicht geschrieben hat, um den Schmerz zu vergessen, sondern um sich an alles, auch an das Schlimmste zu erinnern. Wozu? Um an andere weiterzugeben, was sie in der Trauer lernen und begreifen durfte.

Flor ist keine gesichtslose Person, die zwischen den Zeilen ihrer Geschichte durchscheint, aber sonst nirgends zu finden ist. Sie ist – im wahrhaftigsten Sinne – am Leben, setzt sich aktiv für trauernde Menschen ein, begleitet Jugendliche und Erwachsene, die Lebenskraft suchen, nachdem sie einen geliebten Menschen verloren haben. Sie tut das unter anderem mithilfe von Heilpflanzen, deren Energie und Weisheit sie zu nutzen versteht.

Für mich ist Flor eine Heilkundige, die uns das Annehmen und die Hingabe ans Leben lehrt. In ihrem Buch lässt sie uns miterleben, dass der Weg zur Hingabe nicht immer elegant verlaufen muss. Dass der Zweifel, das Hadern, das Schreien und Fluchen dazugehören. Es ist ein sehr menschlicher Entwicklungsweg, dem wir beim Lesen folgen dürfen. Ein vorbildlicher Weg, der uns nicht unter Druck setzt, sondern ermutigt: Was Flor schafft, kann uns auch gelingen. Dann, wenn wir uns für die Liebe entscheiden und dafür, uns selbst nicht böse zu sein, auch wenn wir einmal nicht weiterwissen.

Inhalt

Haltet die Zeit an

Gleich würden wir singen. Hubertus, Kasi und ich. Gespannt warteten wir im Esszimmer. Die Kerzen brannten. Dann ging die Tür auf. Endlich, da stand er, Nico, unser Geburtstagskind. Oder sollte ich Geburtstagsjugendlicher sagen? Das klang nicht so gut, traf es aber besser, denn Nico wurde schon 17 Jahre alt. Geburtstage fand ich herrlich, besonders die meiner Jungs. Sie waren nicht mehr so kunterbunt wie früher und weniger anstrengend. Aber den großen Käferautoschokokuchen, den gab es noch immer. Am Abend zuvor hatte ich noch schnell gebacken. Jetzt roch es lecker im ganzen Haus. Fernies, also ferngesteuerte Autos, wurden schon lange durch Snowboard und Computer ersetzt. Auf mein Kommando holten wir drei tief Luft und sangen aus Leibeskräften unsere familieneigene Geburtstagsmelodie. Nico grinste. Nachdem wir zu Ende geträllert hatten, überreichte ich ihm feierlich seine Geburtstagsglückwunschkarte. Er las:
»Lieber Nico, viel Unerhörtes, Aufregendes, Glück und Segen auf deinem neuen Lebenspfad. Ziehe immer gute Schuhe an, damit dich niemand aufhalten kann, auf deinem eigenen Weg in die Zukunft. Immer wieder werden wir uns zu dir gesellen und versuchen, mit dir Schritt zu halten. Gerne begleiten wir dich bis ans Ende der Welt.«
Verschmitzt legte Nico seine Geburtstagskarte auf den Tisch zurück. Ich sah ihm an, dass er gerührt war. Nun konnten die Geschenke ausgepackt werden. So hielten wir es schon immer, all die vielen gemeinsamen Jahre. Wir alle liebten dieses Ritual. Nico wandte sich dem großen Paket zu, das auf dem Boden lag,

und begann es zu öffnen. »Ich weiß natürlich schon, was da drinnen ist, und trotzdem ist es jetzt richtig spannend.« Nico verstand es immer, die anderen miteinzubeziehen und ihnen die Freude sofort zurückzugeben, die ihn gerade überkam. Als leidenschaftlicher Snowboarder war das größte Geschenk natürlich immer ein neues Board, wenn das alte bei einem seiner zahlreichen Sprünge wieder einmal kaputtgegangen war. Er hatte guten Grund, stolz zu sein, denn nicht viele in seinem Alter schafften einen »540°«, also eine Drehung eineinhalbmal um die eigene Achse. »Hey, Wahnsinn.« Er hatte sein neues Board ausgepackt. Charmant legte er seine linke Hand auf die Brust und verbeugte sich leicht in unsere Richtung. Es war der 23. Dezember 2011, der erste Ferientag und ein Tag vor Weihnachten. »Also Beeilung mit dem Frühstück und dann ab auf die Piste.« Liebevoll strich ich ihm durchs Haar. Er schaute kurz auf und lächelte mich an. Natürlich sorgte ich mich immer wieder, weil er im Sport an seine Grenzen ging und sich häufig verletzte. Aber wenn ich ihn anschaute, wusste ich, dass ich ihm dies nicht nehmen durfte. Gedankenverloren glitt mein Blick über seinen dunklen Haarschopf. Sein Sport war so wichtig für ihn, seine Energie außergewöhnlich und oft fragte ich mich, woher er diese Kraft bekam. Ein lautes Klirren riss mich aus meinen Gedanken. Ein Glas war wieder einmal auf den Boden gefallen. Es war bunt in unserer Familie, turbulent, aufbrausend, lustig. Aber der Countdown lief bereits.

Es war Silvester 2011. Sektkorken knallten und im See spiegelten sich die Raketen der Freude und Hoffnung in den buntesten Farben. Wieder begann ein neues Jahr, jungfräulich lag es vor uns und wartete darauf, gefüllt und gelebt zu werden. Auf der ganzen Welt begannen die Menschen mit den besten Vorsätzen und taten den ersten Schritt in eine neue, noch unberührte Zeit. Wenn ich gewusst hätte, was in Kürze auf uns zurollen sollte, hätte ich dann die Schritte anders platziert und damit meinen oder unseren Weg in eine andere Richtung lenken können? Für uns bekam eine Zehntelsekunde plötzlich eine Menge Gewicht. Es war nicht einmal ein ganzer Atemzug, der alles veränderte. Anders als früher, wo die Minuten und Stunden manchmal einfach so verstrichen, war jetzt dieser eine kurze Moment entscheidend für unsere Zukunft. Er war maßgeblich für Leben und Tod. Und er brachte plötzlich Leid, verursachte Leere, verwüstete und bereitete Schmerz.

»Ich gehe noch auf eine Party um die Ecke, mit ein paar Freunden feiern.« Fröhlich schaute Nico mich an. »Dann sehen wir uns morgen früh um zwei.« Natürlich wusste ich, dass er sich damit nicht zufriedengeben würde. »Fünf.« – »Drei.« – »Mama!« – »O.k., wir telefonieren.« Ich machte ihm zum Abschied intuitiv ein Kreuz auf die Stirn und bat insgeheim die Engel, sie mögen ihn beschützen in dieser besonderen Nacht.

Kurz vor zwölf fuhr auch ich zu einem Fest, um dort meinen Mann Hubertus und unseren jüngeren Sohn Kasimir zu treffen und mit ihnen auf das neue Jahr anzustoßen. Dabei passierte ich arglos jene Stelle, an der wenige Augenblicke später der Unfall geschehen sollte, der unser Leben verändert hat. Genau in dieser Nacht, in der sich fast alle Menschen in den Armen lagen, vornahmen, sich zu bessern, sich ihre Ideen und Absichten ins Ohr flüsterten und feierlich miteinander Zukunftspläne schmiedeten, kämpfte unser Sohn um sein Leben.

Es war kurz nach zwölf und ich hatte bereits ein ungutes Gefühl im Bauch. Ich versuchte, Nicolai anzurufen, so wie wir es beim Abschied verabredet hatten. Sein Handy war tot. Es klingelte nicht. Kurz darauf kam der Anruf seines Freundes, abgehackt, verstört, schluchzend, verzweifelt. Nico ist überfahren worden! Für uns blieb die Zeit stehen, die Zeiger der Uhren bewegten sich nicht mehr. Es war, als würden wir die Luft anhalten und uns durch einen zeitlosen Raum bewegen. Alles stand still in diesem Moment, wir hörten keinen Laut, wir sprachen kein Wort, wir empfanden einzig ein Gefühl: Angst, furchtbare Angst um unseren Sohn.

Haltet die Zeit auf, denke ich, sie tickt in die falsche Richtung, büchst aus, schlägt nicht mehr richtig. Sie fällt aus dem Takt, betrügt und schwindelt, weil sie sich nicht an die Reihenfolge hält, sie wirft alles durcheinander und nimmt den Tod vorweg. In so einem Moment geschieht alles wie von selbst. Wir setzen uns ins Auto und versuchen, Nico entgegenzufahren, ihn zu erreichen, möglichst schnell bei ihm zu sein. Wir fahren in die Uniklinik. Weshalb nur waren wir auf der anderen Seite der Stadt, wo sich der tragische Unfall beinahe direkt vor unserer Haustüre ereignet hat? Wir stehen telefonisch in Verbindung mit einem seiner Freunde.»Es ist alles o.k.«, höre ich die Stimme am anderen Ende sagen,»er atmet ruhig und der Puls ist normal.« Es sollte mich beruhigen, aber an seiner Stimme erkenne ich die große Not, in der sich Nicos Freund befindet, und ich weiß, dass es anders ist.

In der Klinik angekommen, will der Arzt offensichtlich nicht, dass wir unseren Sohn sehen, wenn er hergebracht wird. Wir werden in ein kleines Zimmer gesteckt, aus dem wir uns immer wieder herauszuschleichen versuchen, bis wir wieder hineinverwiesen werden.
Das kann jetzt nicht mein Leben sein. Was hier passiert, ist

nicht Wirklichkeit. Es ist ein Traum, ein böser Traum, es muss ein Traum bleiben. Das Wort Schockraum fällt. Ich weiß, dahin kommen nur die Schwerverletzten. Wohin nur mit meinen Gefühlen, gleich bricht alles aus mir heraus, denke ich, aber wie nur, es geht gar nicht, ich bleibe gefangen in meiner Verzweiflung, in meiner tiefen, erbarmungslosen Angst. Ich flehe immer wieder um das Leben meines Kindes. Ich flehe keine Person an, keinen Arzt, denn mir wird schnell klar, dass dies eine höhere Instanz entscheiden wird. Ich blinzle durch meine von Tränen verquollenen Augen zu Hubertus hinüber und ich sehe, es geht ihm ähnlich.

Alle, die selbst Kinder haben, wissen, in welchen Momenten Eltern unbedingt bei ihren Kindern sein möchten. Dann nämlich, wenn es ihnen schlecht geht, wenn sie in Gefahr sind, hilflos, krank oder verletzt. Wie wertvoll und wesentlich für beide Seiten ist dann ein kurzer Händedruck oder ein leises Zuflüstern, das von Mut und Liebe spricht.

Alles in mir sehnt sich nach meinem Sohn. Aus einem tiefen mütterlichen Empfinden heraus will ich in seiner bisher schwersten Stunde bei ihm sein. Ich will ihm die Hand halten, ihm meine Liebe geben, meine Zuversicht, meinen Glauben. Ich spüre eine unglaubliche Kraft in mir aufsteigen und weiß plötzlich, dass ich aus meiner Liebe heraus alles tragen kann.

»Wir werden Ihren Sohn jetzt mehrere Stunden operieren.« Ungläubig schaue ich den Arzt an. Vor zwei Stunden noch hatte ich mich mit Nico unterhalten, hatte ihn zum Abschied kurz gedrückt und ihm ein »Bis später!« nachgerufen. Ich kann nicht begreifen, was in der letzten Stunde geschehen ist. »Also sollen wir die Snowboard-Ausfahrt für morgen absagen?« Der Arzt ist genervt und ungeduldig. »Gute Frau, Ihr Sohn hat schlimmste Kopfverletzungen, verstehen Sie, sein Kopf ist völlig zertrümmert, er schwebt in höchster Lebensgefahr!« Ich halte mich an einem Stuhl fest, Entsetzen breitet sich aus. Alles in mir schreit: Nein, nein, bitte nicht! Dieser schöne Kopf, den ich beim Wecken am Morgen immer noch flüchtig berühre, den ich bis ins kleinste Detail kenne, der Kopf mit den buschigen Augenbrauen, den braunen Augen, in denen so viel Tiefe liegt, der Kopf mit der kleinen Stelle, an der keine Haare wachsen, weil zu lange Zeit Babyschorf darauf geblieben war, der Kopf mit den glatten Haaren, die mein Sohn vor dem Spiegel immer vorne und hinten verwirbelt.

Nach Hause fahren, ihn alleinelassen, nichts tun können, das ist das Schrecklichste, was von mir verlangt werden kann in so einer Situation. Aber wir können tun und reden, was wir wollen, der Arzt lässt uns keine Minute für einen Händedruck, einen Blick oder ein Wort.

Inzwischen treffen unsere Freunde in der Klinik ein, auch Kasi ist da und Nicos Freunde, die beim Unfall dabei gewesen sind. Wie in Trance erzähle ich ihnen, dass Nico in Lebensgefahr schwebt. Ich habe mich noch nicht in der Wirklichkeit wiedergefunden, die anderen vielleicht schon, denn die Jungs reagieren mit Ohnmacht, Weinkrampf und Starre.

Wir fahren zu dritt nach Hause, Hubertus, Kasimir und ich, parken unser Auto und gehen langsam den Kiesweg nach oben. Jeder Schritt ist beschwerlich. Wir haben schon eine leise Ahnung davon, dass von nun an einer fehlen wird. Ein Nachbar ruft uns ein gutes neues Jahr zu. Es klingt wie aus einer früheren, weit entfernten und glücklicheren Zeit.

Es beginnen die Stunden des Wartens. In solchen Situationen scheint Zeit keine reale Komponente mehr zu sein. Zehn Minuten sind unserem Empfinden nach eine Unendlichkeit.»Bitte, alle Mächte des Himmels und der Erde, lasst ihn leben«, flehe ich einen mir noch unbekannten Empfänger an. In diesem

Moment wäre ich für meinen Sohn durch die Hölle gegangen und lieber selbst gestorben. Wir halten uns fest, lassen uns nicht alleine. Wir finden keinen Schlaf. Abstruse Gedanken kommen mir in den Sinn. War es vielleicht falsch, »viel Unerhörtes« auf die Geburtstagskarte zu schreiben? So ein Unsinn, tadele ich mich sofort. Ich stehe auf und gehe in Nicos Zimmer. Ich zünde eine Engelkerze an. Meine Freundin Caren sagte mir, dass der Kerze Flügel wachsen würden, wenn sie etwas heruntergebrannt sei. Dann könne man aus Wachs einen kleinen Kopf formen, um dem Engel ein Gesicht zu geben. Ich starre in die Kerze und plötzlich weiß ich, dass man niemals nichts tun kann. Mein Gebet verändert sich, es ist ehrlich, traurig und voller Liebe zu meinem Sohn.

»Liebes göttliches Wesen, was immer du sein magst, ich weiß, es gibt etwas Unermessliches, Größeres, das lenkt, das Schicksal ist auf dieser, unserer Welt!«

Inmitten meiner tiefsten Angst und Verzweiflung wird meine mütterliche Liebe stärker als der egoistische Wunsch, dass es so kommen solle, wie ich es mir erhoffe. Ich beginne, Nico das erste Mal loszulassen, indem ich nicht mir, sondern ihm den besten Weg wünsche, egal wie dieser für mich aussehen würde. Also bete ich: »Bitte lass ein Wunder geschehen, lass ihn leben und wieder ganz gesund werden, aber wenn das nicht sein darf, dann gib mir die Kraft, den Weg, den er wählen wird, mitzutragen.«

Die Antwort kommt sofort. Ich gieße mir heißes Wachs auf die Handinnenfläche und versuche verzweifelt, daraus einen Kopf für den Engel zu formen. Aber es will mir einfach nicht gelingen, eine Kugel zu gestalten. Sie bricht am Ende immer entzwei. Ich will es nicht wahrhaben, nicht aufgeben. Da ist es wieder, das Festhaltenwollen, vorbei ist es mit Loslassen und selbstloser Liebe. Schließlich gelingt es mir doch, einen riesigen Kopf zu bilden, den ich dem Engel zwischen die Schultern presse.

Der Kerzenengel auf meinem Fenstersims wird auf irreale Weise richtungsweisend werden. Genauso geschwollen und riesengroß ist der Kopf meines Sohnes, als wir ihn im frühen Morgengrauen endlich besuchen dürfen.

Der Anruf kam um halb sechs in der Früh. Die operierende Ärztin sagte am Telefon, dass sie nichts mehr für unseren Sohn tun könne, dass der Hirndruck so stark sei, dass er nicht überleben würde. Wir durften jetzt endlich zu ihm gehen.

Die Leere, die bei einer Meditation oft vergeblich angestrebt wird, weil tausend Gedanken die Ruhe zerstören, nimmt augenblicklich den ganzen Raum in mir ein. In mir ist kein Gedanke, keine Emotion, kein Loch, in das ich stürzen könnte, weil ja nichts da ist, kein Gefühlschaos, nichts. Die Ruhe vor dem Sturm?

Kasi entschied, zu Hause zu bleiben. Ich bewunderte, wie schnell und eindeutig er in dieser Zeit im Entscheiden war. Er wusste intuitiv, wie viel er aushalten konnte. Schlagartig war er von einem unbedarften kleinen 13-jährigen Jungen in eine neue Rolle geschlüpft. Er hatte sich von seinem Bruder in der Silvesternacht verabschiedet und wollte dieses Bild in Erinnerung behalten. Also organisierten wir, dass er nicht alleinbleiben musste, und brachen in Richtung Krankenhaus auf.
Hubertus und ich fuhren mit unserem Auto, wie schon so oft, Seite an Seite, nur das Ziel war diesmal ein Neues, wir fuhren eine unbekannte Strecke in eine fremde Welt. Zum Glück gemeinsam.

Vor der Intensivstation wurden wir schon von der Operationsärztin erwartet. Sie nahm sich Zeit und erklärte uns alles sehr
ausführlich. »Nico hat einen doppelten Schädelbruch und
einen sehr hohen Hirndruck, sodass auch das Stammhirn, das
noch arbeitet, voraussichtlich in ein paar Stunden seine Funktion einstellen wird. Sein übriger Körper ist völlig unversehrt,
lediglich ein paar Schrammen, sonst nichts, kräftig und
gesund!« Als sie mit ihren Ausführungen fertig war, blieb sie
ruhig sitzen, gab uns einen Moment, um zu begreifen und Fragen stellen zu können. Sie scheute sich nicht, uns anzuschauen.
Ich konnte mich später noch gut an ihre dunklen braunen
Augen erinnern, die traurig und mitfühlend waren.

Da ist sie, die Wut! Ich bin so wütend auf die Engel. Hatte ich
sie nicht gebeten, auf Nico achtzugeben? Wo waren sie denn,
die himmlischen Beschützer, in der Silvesternacht? Hatten sie
vergessen, auf die Erde zu schauen?
Plötzlich formt sich ein Gedanke in meinem Kopf, als würde
eine innere Stimme in mir sprechen. Natürlich ist es mehr ein
Gedanke, aber ein Gedanke, der sich in den Vordergrund
drängt, in mein Bewusstsein fließt, nicht schwammig, sondern
ganz deutlich und klar: *Urteile nicht, versuche darauf zu vertrauen, dass du dieses Leben tragen kannst, egal was jetzt
geschieht. Du kannst aus deinem Verstehen heraus nicht wissen,
was nun der beste Weg für dich ist.* Moment mal, mischt sich
mein Verstand wieder ein. Tod tut weh und ich möchte nicht
leiden. Ich will, dass Herrgott noch mal alles so bleibt, wie es
ist. Ich möchte, dass wir eine ganz normale Familie sind, mit
Konflikten, die wir bewältigen können. Da meldet sie sich
schon wieder, die Stimme, von der ich nicht weiß, woher sie
kommt und wie genau sie einzuordnen ist: *Wir Engel haben
eine andere Auffassung von Schutz als ihr.*

Sind sie also doch hier, schießt es mir durch den Kopf, wer oder was sind diese Engel? Sind sie die innere Stimme, eine Intuition oder bloß ein Hirngespinst?

Verwundert schaute ich die Ärztin an, die uns noch immer gegenübersaß. Mein veränderter Blick irritierte sie ein wenig, sie wusste ihn vermutlich nicht zu deuten. Ratlos strich sie sich eine dunkle Strähne aus ihrem Gesicht. »Ich habe keine Fragen mehr. Ich möchte jetzt gerne meinen Sohn sehen.« Wir standen auf und sahen der Ärztin nach, wie sie den langen sterilen Krankenhausgang entlangeilte, während wir die Klingel der Intensivstation drückten und darauf warteten, hineingelassen zu werden.

Die Tür schwang auf, Hubertus und ich schauten uns an, flüsterten uns ohne einen hörbaren Laut Mut zu und gingen auf die Intensivstation Nr. 1, auf der die schwersten Fälle liegen. Nicos Kopf war tatsächlich durch die Operation so geschwollen, dass er proportional die Größe des Wachsengelkopfes auf meinem Fenstersims eingenommen hatte. Ich erkannte zuerst seine schönen, großen Hände. Er sah aus, als ob er schlief, ganz friedlich und zufrieden. Die Zeit stand abermals still. Hubertus und ich saßen an seinem Bett und hielten jeder eine Hand. Sie fühlte sich so vertraut an, eine große, Halt gebende weiche Patschehand, wie alle meine drei Männer sie hatten. Sie war warm. Ich beugte mich über ihn und drückte ihm einen Kuss auf die Wange. Ohne zu überlegen, was ich da sagte, flüsterte ich: »Endlich! Wir sind da, liebster Nico, fürchte dich nicht. Alles wird gut!« Da war sie wieder, diese Stimme: *Ihr habt mich schon die ganze Zeit begleitet. Auch ich kann jetzt immer bei euch sein. Es gibt keine Trennung mehr zwischen uns.* Was geschah hier eigentlich? Ich hatte plötzlich keine Angst mehr.

Es fühlte sich an, als würde mich etwas Helles und Leuchtendes durchfluten, so etwas wie Liebe, aber eine Liebe, wie ich sie zuvor noch nicht empfunden hatte. Vielleicht war »bedingungslos« das Wort, das diesem Gefühl am nächsten kam. Ich konnte es kaum fassen. Einerseits sagte mir mein Verstand: »Jetzt drehst du durch, da stirbt gerade dein Sohn und du fühlst dich irgendwie gut?« Andererseits fühlte ich nur diese Liebe, zu Nico, zu Kasi, zu Hubertus und plötzlich auch zu allen anderen Menschen um mich herum. Ich wusste augenblicklich, was ich zu tun hatte, und bei allem, was ich von nun an machte, ließ ich mich von diesem Gefühl leiten. Ich fühlte mich auf sonderbare Weise geführt und geborgen.

Vom Krankenhaus aus rief ich Bille an. Natürlich weckte ich sie, es war ja noch früh am Neujahrsmorgen. Trotzdem war sie schon kurze Zeit später bei uns. Mit ihr zusammen fuhr ich zu Nicos früherer Freundin, um sie und ihre Eltern zu holen. Ich wusste, dass es Nico wichtig war.
Normalerweise war es nur den engsten Angehörigen gestattet, auf die Intensivstation zu kommen. Diesmal machten sie eine Ausnahme.
Viele unserer Freunde kamen ins Krankenhaus. Die Nachricht von Nicos Unfall hatte sich wie ein Lauffeuer verbreitet. Auch ein paar Freunde von Nico waren mit ihren Müttern gekommen und wollten sich von ihm verabschieden. Wie mutig sie waren! Hubertus' ganze Familie war auf einmal da, die Großeltern, seine Schwestern mit ihren Männern und Nicos Cousins. Es rührte mich so sehr, Nicos weit über 80-jährigen Opa auf seinen Stock gestützt am Bett meines Sohnes stehen zu sehen. Wir haben nie darüber gesprochen, aber ich glaube, dass Bertold, wäre es in seiner Macht gewesen, in diesem Moment sein Leben für das seines Enkels eingetauscht hätte.

Wer weiß, blitzte da wieder die innere Stimme auf, als wäre sie kurz auf Sendefrequenz geschaltet, *vielleicht könnt ihr in ein paar Jahren alles, was jetzt geschieht, ein Stück weit mehr begreifen.* Ich schüttelte mich, zu absurd erschien mir dieser Gedanke, nachdem in meinem Kopf wieder das normale Rauschen des Radio-Suchprogramms zu hören war.

Irgendwann waren sie dann alle fort. Hubertus schaute bei den Großeltern nach Kasimir und ich war endlich mit Nico alleine. Da packte mich plötzlich der ganze Schmerz am Kragen und schüttelte mich so heftig, dass es überall am Körper wehtat. Ausgerechnet ich, die alle Ärzte und Pfleger darum gebeten hatte, nichts seinen Zustand Betreffendes in Nicos Beisein zu äußern, da ich fest davon überzeugt war, dass er alles mitbekam, weinte und weinte nun an seinem Bett und konnte nicht mehr aufhören. Seine Hand war so warm, wie sehr hing ich an seinem Körper, alles war so vertraut. Ich wollte ihn nie mehr loslassen müssen. Plötzlich hatte ich den brennenden Wunsch, wenigstens seinen Körper behalten zu dürfen, so wie er war, warm und vertraut. »Seltsam«, flüsterte ich Nico zu. »Wie sehr ich mich am Ende an deinen fast leblosen Körper klammere. Mein verzweifeltes Herz, das nicht loslassen will und schreit: Besser als nichts!«

Als ich immer noch weinend am Sterbebett von Nico saß, seine Hand hielt und wusste, dass er nie wieder auf dieser Welt aufwachen würde, sprach mich plötzlich eine Pflegerin an. Liebevoll nahm sie meine Hände in die ihren und schaute mich mitfühlend an. »Bitte weinen Sie nicht, wissen Sie, Sie haben noch einen Sohn und einen Mann, und Gottes Güte und Barmherzigkeit ist für alle da, auch für Sie.« Ich starrte sie fassungslos an. Meine Lippen bewegten sich, aber ich brachte keinen Ton heraus. Ich schloss meine Augen und als ich sie nach einer

Weile wieder öffnete, war sie fort. Noch immer spürte ich den Druck ihrer Hände um die meinen. Doch nichts deutete darauf hin, dass jemand da gewesen war. Fahrig suchte ich mit meinen Augen jeden Winkel des Krankenzimmers ab. Da durchströmte mich auf einmal wieder dieses Gefühl und die innere Stimme meldete sich erneut. *Für Nico wird bereits gesorgt, das übernehmen von jetzt an wir. Das Leben muss für euch weitergehen und du kannst dafür sorgen, dass in den Seelen derer, die hierbleiben, nicht zu tiefe Wunden entstehen.* »Wer wir?« Hatte ich das eben laut gesagt? »Oh mein Gott, jetzt bin ich schon so weit, dass ich Selbstgespräche führe. Meinst du, Nico, dass die Schwester – oder wer auch immer es war – recht hat und ich hier gebraucht werde, im Leben?« Natürlich antwortete er nicht, aber dieser kleine Wink war in diesem Moment für mich lebenswichtig. Ich hatte verstanden, dass ich meinen Sohn gehen lassen musste, so schwer mir das auch fiel. Aber noch war ich nicht ganz bereit dazu.

Einige Stunden später waren mein Mann und ich wieder gemeinsam auf der Intensivstation bei Nico. Irgendwann erschien ein Arzt, der uns bat, kurz mit ihm in sein Arztzimmer zu gehen. Sein Gesichtsausdruck war außerordentlich ernst, fast bedrückt. Das ließ uns auf keine guten Nachrichten hoffen. In einem kleinen Raum, in dem nur ein runder Tisch und ein paar Stühle standen, bat er uns, Platz zu nehmen. Hubertus hatte zu diesem Zeitpunkt die Hoffnung noch nicht ganz aufgegeben. Das gefiel mir so an ihm. Seinen Optimismus, seine Art, positiv zu denken, selbst wenn die Welt gerade unterzugehen drohte. Allerdings blieb nun kein großer Spielraum mehr für positives Denken. Der Arzt faltete etwas unbeholfen seine Hände und beugte sich leicht nach vorne. »Das Stammhirn Ihres Sohnes…«, er brach ab und räusperte sich.

Es fiel ihm sichtlich schwer, weiterzusprechen. Er veränderte die Sitzposition. »Das Stammhirn Ihres Sohnes arbeitet noch. Solange werden die Maschinen nicht abgeschaltet. Ich muss Ihnen aber leider mitteilen, dass es vermutlich nicht mehr lange dauern wird, bis...«»...er stirbt?« Leise hörte ich mich seinen Satz beenden. Er nickte traurig. Es entstand eine längere Pause. »Können wir wieder zu ihm gehen?«, hörte ich Hubertus mit belegter Stimme sagen. »Ja, natürlich, selbstverständlich!« Der Arzt stand auf und öffnete uns die Tür. Kurze Zeit später saßen wir wieder an Nicos Sterbebett. Obwohl wir ja schon wussten, wie schwer Nico verletzt war, hatten wir es erst nach diesem Arztgespräch endgültig realisiert. Als uns klar wurde, dass es endgültig keine Hoffnung mehr gab, kämpfen keinen Sinn mehr hatte und wir uns nackt und blank und machtlos fühlten, tat sich plötzlich ein Raum auf, ein Reservespeicher, eine Art Kammer. Und alles, was sich darin befand, entleerte sich in unsere Herzen. Ich wusste nicht genau, wie uns geschah, es muss so etwas wie eine Extraportion Liebe gewesen sein, die uns geschenkt wurde, denn mit einem Mal war es uns beiden möglich, unseren Sohn freizugeben. Wir waren bereit, ihn gehen zu lassen, wenn dies sein Weg war.

Als am Abend die Visite kam, mussten wir draußen auf dem Flur warten, bis die Ärzte wieder gegangen waren. Hier unterhielten wir uns darüber, wie es weitergehen sollte, wenn es so weit war, die Maschinen abzuschalten. Weil Hubertus an seinem Arbeitsplatz Ersthelfer war, musste er regelmäßig an Erste-Hilfe-Kursen teilnehmen. Als er wieder einmal von einem solchen Kurs nach Hause gekommen war, teilte er uns mit, dass er sich einen Organspendeausweis zulegen würde. Wir sprachen damals sehr lange darüber. Auch unsere Jungs waren dabei gewesen. Wir überlegten aber nur für uns, denn ehrlicherweise wären wir niemals auf die Idee gekommen, dass auch unsere Kinder einen solchen Ausweis besitzen könnten. Jetzt war, so irreal uns das noch vorkam, die Zeit gekommen, darüber nachzudenken, ob wir einer Transplantation zustimmen könnten. Ich schenkte mir ein Glas Wasser ein. Unsere Blicke trafen sich.»Möchtest du auch?« Hubertus hielt mir sein Glas hin und ich füllte es auf. Ein dicker Kloß steckte in meinem Hals. Ich musste ihn herausschleudern, mich davon befreien. Und ich war mir fast sicher, dass Hubertus Ähnliches überlegte.»Was meinst du, sollen wir Nicos Organe spenden?« Ängstlich schaute ich zu ihm hoch. Mein Mann nickte, nahm einen Schluck, stellte sein Glas auf den Tisch und nahm mich in seine Arme.»Daran habe ich auch gerade gedacht. Es ist das Einzige, was wir noch entscheiden können.« Traurig nahm er mich bei der Hand. Sie zitterte leicht.»Komm, wir suchen einen Arzt und sprechen es an.« Der diensthabende Arzt schien etwas irritiert zu sein. Als er aber merkte, dass es uns ernst war, griff er zum Hörer und wählte die Nummer von»Transplant«, einer Organisation, die sich um die Abwicklung und Zuteilung von Spenderorganen kümmert. Ich war erleichtert. Selbst wenn alles keinen Sinn haben sollte, wenn es doch keinen Gott, keine Gerechtigkeit, keine Barmherzigkeit und keine Güte gab, dann wollten wir durch Nicos Tod wenigstens anderen Menschen die Möglichkeit und Chance geben, weiterzuleben. Dies hieß aber auch, weiter loszulassen, und wir wussten, dass uns hierfür nicht mehr sehr viel Zeit übrig blieb.

Wir entschieden uns, sein Herz, das uns das Kostbarste war, die Leber, die beiden Nieren und die Bauchspeicheldrüse zu spenden. Nico war stark, er hielt durch, seine Organe funktionierten noch alle, auch wenn es für ihn keinen Weg zurück in unsere Welt mehr geben konnte. Vermutlich kannte er sein neues Ziel längst und hatte es schon viel früher akzeptiert, als es uns möglich gewesen wäre.

Auch wenn ich ihn noch immer um nichts auf der Welt verlieren mochte, wollte ich ihn nicht mehr festhalten, wenn es doch seine Aufgabe war zu gehen. Deshalb flüsterte ich ihm immer wieder leise ins Ohr, obwohl ich selbst noch nicht ganz daran glauben konnte:»Mein Schatz, wir schaffen es ohne dich, gehe ruhig deinen Weg.«

Immer wenn mir das Herz wieder einmal schwer wurde und der Weg mühsam, versuchte ich mir dieses Versprechen wieder in Erinnerung zu holen. Es half mir, weiterzugehen, denn dieses letzte Versprechen, das ich Nico gegeben hatte, wollte ich unbedingt einhalten.

Und dann war es auf einmal so weit. Gegen zwei Uhr in der Nacht, nachdem die Ärzte den Hirntod festgestellt hatten, trat Nico seine letzte irdische Aufgabe an. Als sie ihn holten, war sein Körper noch immer warm, er schien zu atmen. Ausgerechnet jetzt, wo die Gefühle so stark waren, dass es unermesslich wehtat, sollten wir unseren Verstand benutzen. Sein Brustkorb hob und senkte sich.»Er atmet doch noch«, verzweifelt krallte ich mich an der Bettdecke fest.»Es ist das Beatmungsgerät, das Nico noch atmen lässt.« Hubertus zog mich sanft zurück. Mit Bravour führte sie ihre Aufgabe aus. Dann war der Platz, an dem Nicos Bett gestanden hatte, plötzlich leer und so war das Kapitel Intensivstation auch für uns in dieser Nacht zu Ende gegangen.

Als wir vom Krankenhaus nach Hause kommen, sind alle da, Kasi, die Großeltern, Tanten und Onkel, Cousins, Nicos und unsere Freunde und Tara, unsere Hündin. In der Raummitte liegen Nicos neues Snowboard und einige andere Dinge, die ihm wichtig waren. Alle sitzen im Kreis, eine Kerze in der

Hand. Niemand spricht ein Wort. Ich setze mich dazu. »Nico wird in diesem Moment seine letzte irdische Aufgabe erfüllen und anderen Menschen helfen zu überleben. Da wir ihn nicht körperlich begleiten dürfen, können wir versuchen, nun umso mehr in Gedanken bei ihm zu sein, um ihm Kraft zu geben und ihn zu unterstützen.« Um meine Worte zu unterstreichen, halte ich meine Kerze hoch. Daraufhin zünden alle ihre Kerzen an und ein Lichtkegel erleuchtet den Raum. Ja, Nico hatte so recht, es gibt auch andere Möglichkeiten, ganz bei ihm zu sein. Wir stecken die Kerzen in Kerzenhalter, fassen uns an den Händen und stimmen gemeinsam in das Lied ein, das wir schon im Krankenhaus immer wieder gesungen haben: »We shall overcome« von Joan Baez.

Ja ... eines Tages werden wir es überwinden.

Ich wusste noch nicht, wie uns dies gelingen könnte, aber ich wollte es wenigstens versuchen, für Kasi, für Hubertus, für mich, vielleicht auch für alle anderen Menschen auf dieser Welt. Und ganz besonders für Nico.

In dieser Nacht schrieb ein Freund auf Facebook: »Ein altes indianisches Sprichwort besagt, dass Wind aufkommt, wenn eine große Seele stirbt – macht euch auf Sturm gefasst.« Und tatsächlich wurde der Sturm in der Nacht immer stärker. Jemand kommentierte den Post mit: »Absolut, es ist fast ein Orkan!« Irgendwann gingen wir drei dann schlafen. Wir waren erschöpft und fielen sogleich in einen tiefen, traumlosen Schlaf. Sissi und Jonny, unsere Freunde aus München, die uns seit Neujahr beistanden, blieben wach, bis auch der letzte Gast gegangen war.

Alles sah unwirklich aus, als ich am nächsten Morgen das Zimmer betrat, in dem ein paar Stunden zuvor noch so viele Menschen gesessen, geweint, gesungen oder sich still mit Nico verbunden hatten. Unser Sohn ist tot? War das wirklich gestern gewesen, als die Ärzte ihn zusammen mit dem Beatmungsgerät aus der Intensivstation geschoben hatten? Wo war sein Lachen geblieben, sein verschmitztes Grinsen, sein tiefer Blick, seine Energie? Kann und darf das alles einfach nicht mehr sein?

Vor drei Tagen, am 31. Dezember 2011, hatte mich Hubertus gefragt, was ich vorhatte. Ich sagte ihm, dass ich mit Nicolai zusammen packen wolle. Wenn ich jetzt an diese Worte dachte, erfüllten sie mich jedes Mal mit Glück. Ohne es zu ahnen, hatte ich den letzten Tag in Nicos Leben ihm gewidmet. Gemeinsam packten wir für den 1. Januar, an dem er mit einer Jugendgruppe nach Saas-Fee zum Snowboarden gehen wollte.
Ich lag halb auf seinem Bett, weil ich Rückenschmerzen hatte und nicht so lange sitzen oder stehen konnte. Wir hatten Spaß miteinander und lachten sehr viel. Nico nahm immer Unmengen mit in den Urlaub und konnte sich nie dazu durchringen, etwas zu Hause zu lassen. Der Koffer war übervoll und wir wussten nicht, wie wir ihn zubekommen sollten. »Lass doch einfach ein paar Sachen hier.« Ich stieß einen tiefen Seufzer aus. »Ich kann doch jetzt noch nicht wissen, was ich nächste Woche alles anziehen werde! Außerdem ist das Wetter unsicher.« Er zog die linke Augenbraue hoch und verzog kurz den Mund. Ich lachte. Diesem charmanten Blick hatte ich natürlich nichts entgegenzusetzen. Wir brauchten also einen ganzen Nachmittag, um zwei riesige Taschen und einen Rucksack zu füllen und ganz besonders dafür, sie zuzubekommen.
Als die Taschen gepackt waren, tippte Nico seinen letzten Facebook-Eintrag in den PC. Am 31. Dezember 2011 um 21:28 Uhr schrieb er: *Jetzt noch ins neue Jahr »rutschen« & danach endlich raus in die Freiheit --> Saas-Fee (:*

Liebes Hirngespinst, sagte ich zu den Gedanken, die sich in meinem Kopf eingenistet hatten, denn noch wusste ich nicht, welche Stimme da immer zu mir sprach. Glaubst du tatsächlich, dass das Packen sinnbildlich für das Prüfen der Seele stand, was alles mitgenommen werden musste? Meinst du, dass Nico sich unbewusst auf die Reise vorbereitete, deren Ziel am Ende gar nicht Saas Fee hieß, sondern einen unbekannten Ort ansteuerte, der unsere Vorstellungskraft bei Weitem übersteigt? Nimmst du wirklich an, dass er, ohne es selbst zu ahnen, schon bereit war für den Sprung in eine andere Welt?

Hirngespinste können sehr beharrlich sein. Um mich abzulenken, dachte ich an die Zeit zwischen den Jahren, als Nico am Stollenbach Snowboardkurse gab. Er war so stolz auf das Feedback der Schüler und deren Eltern. Am letzten Tag bekam er von ihnen Geschenke und Dankeskarten, die er uns glücklich zeigte. Er war froh darüber gewesen, endlich einmal dem Schulalltag entkommen zu können und sich seinem Element Schnee vollkommen und ausgiebig hingeben zu dürfen. Wie schön, dass er die letzten Tage seines Lebens diesen Sport hatte ausüben können.

Nico machte die gewagtesten Sprünge und versuchte sich an immer höheren Schanzen. Ich hatte oft Angst um ihn. Wenn der erste Schnee fiel, fieberte er, bis er auf die Piste gehen konnte. Sein Outfit war stets perfekt, Klamotten, Board, selbst die Bindung waren farblich akribisch aufeinander abgestimmt und er versuchte bereits im Herbst, seine Mitschüler mit seinem Snowboardfieber anzustecken. An seinem letzten Schultag im Dezember ging er mit Board und in Snowboardkluft zur Schule, um danach gleich auf den Berg zu fahren. Viele seiner Freunde und Mitschüler sahen ihn an diesem Tag zum letzten Mal.

Jana, eine gute Freundin von ihm, schrieb ein Jahr später auf Facebook: »Vor genau einem Jahr, am 20. Dezember, habe ich dich zum letzten Mal gesehen, zum letzten Mal umarmt und zum letzten Mal lachen gehört. Wir haben heute alle an dich gedacht in der Kirche. Ich vermisse dich sehr.«

Die ganze erste Zeit über begleiteten uns drei Lieder: »We shall overcome« von Joan Baez, »Mad World« von den Wise Guys und »Haltet die Welt an« von Glashaus. Ganz besonders das letzte Lied drückte genau das aus, was wir empfanden. Es fehlte plötzlich ein Stück, ein Stück, das zu uns gehörte, ein Stück von einem Rad, das nicht mehr rundlaufen konnte, weil man einen Teil herausgebrochen hatte, ein Stück aus unserem Herzen, unserem Leben. Wir konnten uns erst einmal nicht vorstellen, dass unsere Herzen irgendwann wieder weiterschlagen, unser Leben weitergehen, wieder weiter rundlaufen würde. Es war unmöglich, dass die Zeit weiter vorrückte, ohne diesen Teil, der unsere Familie vollkommen gemacht hatte. Und doch ging es weiter, wir erwachten am nächsten Morgen und es begann wirklich wieder ein neuer Tag, der gelebt werden wollte. Wir schauten auf die Uhr und ihre Zeiger rückten weiter vorwärts, ungerührt dessen, dass für uns die Welt, das Leben und die Zeit stehen geblieben war.
So oder so ähnlich fühlten sich die ersten Wochen an, die Tage nach dem Unfall, die Tage, in denen wir realisieren mussten, dass unser Nico gestorben war.

»Bei Gott, es fehlt ein Stück,
haltet die Welt an.
Es fehlt ein Stück, sie soll stehen.
Und die Welt dreht sich weiter
und dass sie sich weiterdreht,

ist für mich nicht zu begreifen,
merkt sie nicht, dass einer fehlt?
Haltet die Welt an, es fehlt ein Stück.
Haltet die Welt an, sie soll stehen.«
Glashaus

»Flori, Frühstück!« Hubertus riss mich aus meinen Gedanken. Sissi und Jonny saßen bereits mit Georgia, die auch dazugekommen war, am Frühstückstisch. Niels, ein Jugendfreund von Hubertus, kam mit Bergen von frischen Brötchen zur Tür herein. Unsere Freunde achteten darauf, dass wir nie allzu lange alleine waren mit unserem Schmerz. Sie halfen uns mit der Todesanzeige in der Zeitung, beim Austausch mit dem Beerdigungsinstitut und versuchten, unsere Bedürfnisse zu erraten. Am ersten Tag, nachdem sie Nico für die Transplantation geholt hatten, wollten Hubertus und ich nach dem Frühstück zur Unfallstelle gehen. Nicos Freunde hatten schon ein Kreuz an der Stelle angebracht, an der er nach dem Unfall lag. An den Baum hinter dem Kreuz hatten sie viele Bilder von Nico gepinnt und Kerzen davor angezündet. Diese flackerten jetzt noch immer im Wind, als wollten sie tänzelnd diesen Ort verschönern und ihm die Schrecken der letzten Stunden nehmen. Wir standen vor dem Kreuz und beobachteten, wie die Autos vorbeirauschten. Ich überlegte mir, zu welchem Zeitpunkt und in welcher Entfernung zu den vorbeifahrenden Autos ich einen Schritt auf die Fahrbahn setzen müsste, damit alles vorbei war. Vermutlich ging es um Zehntelsekunden. Verletzen war leicht, aber sterben? Ich erschrak über meine Gedanken und versuchte, sie gleich wieder abzuschütteln. Ich hatte doch Kasi und Hubertus, ich konnte sie jetzt nicht alleinelassen. »Schau mal, was dort liegt«, Hubertus deutete zum Fahrbahnrand, beugte sich zum Bordstein hinunter und hob etwas auf. »Nicos Lederarmband.« Ich hatte es ihm erst vor Kurzem geschenkt. Gedankenverloren nahm ich es Hubertus aus der Hand.

Wieder wurde die Zeit für einen Augenblick angehalten und ich durchlebte noch einmal eine gemeinsame Episode mit meinem Sohn. Er nahm das Armband entgegen und betrachtete es kritisch. »Es glänzt ein bisschen und braucht noch etwas Patina.« Nico legte es um sein Handgelenk. »Keine Sorge, das bekomme ich schon hin.« Er grinste und drückte mir einen Kuss auf die Backe. »Danke.« Ich lächelte zurück. Nun stand ich hier, das blutverschmierte Lederarmband in der Hand und lächelte wieder. Jetzt war es matt und es hatte seinen ganzen Glanz verloren. Seither trage ich es immer, wenn ich mich mehr mit Nico verbunden fühlen möchte, und nehme es bei besonderen Anlässen als Talisman.

Zusammen gingen wir langsam nach Hause und waren froh, dort wieder erwartet zu werden. Die Freunde empfingen uns schon ganz aufgeregt. Das Krankenhaus hatte angerufen, um Bescheid zu geben, dass die Transplantation sehr gut und ohne Komplikationen verlaufen war. Da klingelte erneut das Telefon. Der Staatsanwalt war am Apparat. Er teilte uns mit, dass Nico obduziert werden sollte. »Warum, weshalb?« Das konnte ich nicht verstehen. Was für einen Zweck hatte eine Obduktion nach einer Organspende? Was in aller Welt konnte man dabei noch herausfinden? Verzweifelt versuchte ich, dem Mann am anderen Ende der Leitung zu erklären, dass die wichtigsten Organe doch bereits entnommen worden waren! Der Staatsanwalt blieb unerbittlich: »Sie können Ihr Veto einlegen«, sagte er trocken, »das bewirkt aber lediglich eine Verlängerung des Verfahrens, vielleicht laufen Sie dann Gefahr, Ihren Sohn gar nicht mehr sehen zu können. Verhindern werden Sie es aber nicht.« Ich hielt noch lange, nachdem er bereits aufgelegt hatte, den Hörer in der Hand. Plötzlich schrie und brüllte ich da hinein:»Nico wurde von einem Auto überfahren. Er hatte eine zweifache Schädelfraktur. Ist das nicht Grund genug, zu sterben? Was für eine Todesursache wollen Sie denn noch, Herr Staatsanwalt? Was ist das bloß für eine schreckliche Welt, in der ständig andere über Nico verfügen, als sei er ihr Eigentum?« Ich fühlte mich elend, ohnmächtig und erschöpft. Ich konnte Nico erneut nicht beschützen, nicht einmal seinen bloßen Körper. Kampf zwecklos – Wege vorgegeben. Noch einmal nahm ich den Hörer auf:»Ich will doch kämpfen, für meinen Sohn, für das Leben, für die Gerechtigkeit!« Behutsam nahm Niels mir das Telefon aus der Hand. Ich schluchzte, bis ich vor lauter Kopfschmerzen auch das nicht mehr konnte. Da schaltete sich, dem Himmel sei Dank, unser Beerdigungsinstitut ein. Sie waren über alles informiert und hatten bereits mit der Staatsanwaltschaft ausgehandelt, dass die Obduktion, wenn sie denn schon sein musste, wenigstens schnell durchgeführt werden würde. Nico konnte schon am nächsten Tag von ihnen abgeholt werden. Ich würde ihn also morgen schon wieder sehen können. Deshalb stimmte ich mit wehem Herzen der Obduktion zu. Hatte ich eine andere Wahl?

Fast zwei Jahre später, als Hubertus und ich zu einem Ärztekongress der Transplantationsbeauftragten eingeladen wurden, um unsere persönliche Sichtweise zu schildern, haben wir erfahren, dass die Entscheidung über eine Obduktion tatsächlich alleine im Ermessen des Staatsanwaltes liegt. Ein dort anwesender Arzt bestätigte uns, dass eine Obduktion nach einem Unfalltod und einer Organentnahme aus medizinischer Sicht vollkommen überflüssig und nicht notwendig sei und allein der juristischen Absicherung diene. Wenn der Staatsanwalt doch bloß wüsste, welche Seelenqualen er bei Eltern mit dieser Anordnung auslösen konnte!

Nach der Obduktion hatten sie Nico ins Beerdigungsinstitut gebracht. Als ich mit Sissi dort angekommen war, erklärte mir Hiltrud, die dortige Trauerbegleiterin, sehr einfühlsam, wie ich meinen Sohn nun vorfinden würde. Dann betraten wir gemeinsam das Zimmer, in dem er sich befand.
Die Zeit bleibt wieder stehen. Der Raum um mich verschwindet, nichts ist mehr da, nur du und ich. Die unterschiedlichsten Lebensabschnitte fließen vor meinem inneren Auge zu einem einzigen Moment zusammen. Alles steckt jetzt in diesem Körper. Er ist wunderschön. Liebevoll berühre ich ihn. Er ist ganz kalt. »Und doch bist du mir noch so vertraut, mein Liebling«, flüstere ich: »Buddhababy, Streitschlichterkind, Fußballjunge, Pubertist, JugendLicht, erinnerst du dich?« *Ich erinnere mich.* »Wirst du weiter an mich denken?« *Ich vergesse dich nicht.* »Wirst du mich weiter lieben, so wie ich dich?« *Für immer und ewiglich.* »Ich lass dich jetzt gehen, deinen Körper, deine Seele und deinen Geist.« *Ich danke dir, meine Mam.* »Du fehlst.« *Ich bin hier bei dir.*
Sissi und Hiltrud lassen mir Zeit, sie bleiben im Hintergrund. Als sie bemerken, dass ich wieder in die Realität zurückgefunden habe, kommen sie zu mir.
Vorsichtig beginnen wir, Nico zu waschen, so als wollten wir ihm auf keinen Fall wehtun. »Eigenartig, du spürst doch gar nichts mehr, oder doch? Schau Nico, ich habe dir einen selbstgemachten Balsam mitgebracht, mit dem ich jetzt deinen Körper salbe. Zu dritt werden wir dir dann deine Lieblingskleider anziehen, die natürlich farblich genau aufeinander abgestimmt sind, so wie du es gerne magst. Dann legen wir dich in deinen Sarg, der in ein schönes himmelblaues Zimmer kommt.«

Sissi und ich räuchern und singen eine lange endlose Zeit. Diese archaische Handlung fühlt sich so gut und richtig an und ich bin dankbar, dass Sissi hier an meiner Seite ist. Dennoch spüre ich in diesem Moment die ganze Traurigkeit der Welt auf meinen Schultern.

Ein paar Tage später mussten wir uns auch von Nicos Leichnam verabschieden. Nie wieder würde ich diesen geliebten Körper sehen und berühren können. Wie gerne hätte ich wieder einmal die Welt angehalten, aber sie drehte sich einfach weiter, ungeachtet dessen, dass einer von uns jetzt für immer ging. Hiltrud hielt eine Rede, die uns alle sehr berührte. Sie begann mit unserer Sehnsucht nach einem Kind und dass es als Weihnachtsgeschenk zu uns kam. Sie umschrieb all die 17 Jahre, die Nico mit uns war. Sie sprach vom Großwerden, von Freuden und von Ängsten. Sie erwähnte auch die Sehnsüchte und Wünsche, die nicht mehr erfüllt werden konnten: das Erwachsenwerden, die Berufswahl und die Gründung seiner eigenen Familie miterleben zu dürfen. Sie bedeutete uns, dass dies nicht vorgesehen war und Nico einen anderen Weg gehen sollte.

Wir schauten ihn ein letztes Mal an, in dem Wissen, dass er in der anderen Welt für uns nicht mehr sichtbar sein würde und wir ihn nicht mehr würden berühren können. Ich spürte einen tiefen Schmerz und eine Sehnsucht, die fast mein Herz sprengte. Alles in mir begann sich noch einmal aufzubäumen, NEIN zu schreien, damit der Deckel nicht geschlossen wird. Es war ein entsetzlicher Moment, in dem sein Körper meinen mir vertrauten und bekannten Sinnen entschwand. Und ein Teil von mir starb in diesem Augenblick auch.

Aber wir mussten doch noch ein bisschen weiterleben. Leise und beruhigend drangen Hiltruds Worte an mein Ohr. Sie sprach von der Liebe, die hinter allem wirkt und alles überdauert, und mein Herz begann sich langsam wieder ein wenig zu entspannen.

Am Ende dankten wir gemeinsam für alles, was wir mit Nico erleben durften, wir dankten für sein Leben, für sein Bei-uns-Sein und für sein Sterben.

Dann war es an der Zeit, seinen Körper loszulassen.

Indem wir langsam den Deckel auf den Sarg legten, bekräftigten wir noch einmal das Versprechen, das ich Nico schon auf der Intensivstation ins Ohr geflüstert hatte. Wir versprachen unserem erstgeborenen Sohn, dass wir mit all unserer Lebenskraft und Lebensfreude ihm zu Ehren weiterleben würden. Auch baten wir, dass Liebe ihn umgebe und das reine Licht der Wahrheit ihm von nun an seinen Weg zeigen möge. Ich spürte wieder dieses Kribbeln und sah ein kleines Licht. Es hüllte uns alle mit seinen warmen Strahlen ein.

Verzei(h)t mir...

Am Abend nach der Verabschiedung lag ich in meinem Bett und versuchte einzuschlafen. Ich dachte an eine Unterhaltung mit einem Schulfreund zurück, in der er mir anvertraute, dass er mehr sehen und wahrnehmen könne als die meisten Menschen. Er fragte mich, wer meiner Meinung nach von unserer Familie am stärksten sei. Spontan tippte ich auf Nico und er nickte zustimmend mit dem Kopf. Ich weiß nicht, weshalb mir diese Frage gerade in diesem Moment wieder in den Sinn gekommen war. Vielleicht, weil es mich tröstete, Nico stark zu sehen?

Während ich mich schlaflos im Bett wälzte, ging mir dieser Schulfreund nicht mehr aus dem Kopf. Er ist wohl einer der Menschen, die hellsichtig sind. Ich war überzeugt, dass es solche Menschen tatsächlich gibt. Schon allein deshalb, weil ich seit Nicos Tod selbst eine innere Stimme hatte und ihn ab und zu um mich spürte. Mein Vater hatte sein Leben lang versucht, sich nur auf seine fünf Sinne zu verlassen. »Ich glaube nur an das, was ich sehen, riechen, spüren, hören und fühlen kann. Alles andere ist Humbug.« Typisch mein Vater. Ich musste schmunzeln, als ich daran dachte, wie vehement er all dies negierte. Er war Mathematiker und Physiker gewesen und überzeugt davon, dass wir aufhören zu existieren, wenn wir sterben – begraben und ausgelöscht. Ich dagegen konnte mir nie vorstellen, dass mit dem Tod alles vorbei sein sollte. Schon immer glaubte ich an eine unsichtbare Welt. Deshalb dachte ich als kleines Mädchen, dass man nach dem Tod unter der Erde läge und sich fürchterlich langweilen würde. Aber erst an

Nicos Sterbebett, wo ich an der Liebe teilhaben durfte, die sich so warm und bedingungslos um mich legte, erlangte ich mehr Gewissheit. Ich war sicher, dass meine Empfindungen nicht die Folge eines Schocks oder einer emotionalen Überbelastung gewesen sein konnten. Aber durch die kritische Stimme meines Vaters im Hintergrund war ich immer noch sehr skeptisch und bemüht, alles erst einmal gründlich zu überprüfen. Im Umgang mit feinfühligen Menschen habe ich erfahren, dass sie sehr unterschiedlich mit ihren Eingebungen umgehen können. »Weißt du, Paps«, wendete ich mich in Gedanken an ihn, »deshalb habe ich sie für mich in Tee- und Kristallmenschen unterschieden. Bei manchen Menschen bleibt etwas von ihnen selbst hängen, wenn die Eingebung oder Intuition durch sie hindurchfließt. Das kann Eitelkeit oder Stolz sein oder der eigene Wille und Wunsch. Das Resultat, die Aussage ist dann nicht klar, sondern gefärbt von den Interpretationen und Vorstellungen der betreffenden Person. Ähnlich ist es beim Aufgießen eines Teegetränkes. Die klare Flüssigkeit wird durch den Tee gefärbt, sodass am Ende ein rotes oder grünes Getränk entsteht. Eine Heilerin aus der Schweiz, zu der ich schon einige Jahre in größeren Abständen fahre, ist für mich wie ein Kristall. Die Liebe und die Kraft fließen klar und rein durch sie hindurch, weil sie sich selbst zugunsten eines vielleicht höheren Bewusstseins zurückstellen kann. Ich vertraue ihr sehr.« Die kritische Stimme meines Vaters schwieg in dieser Nacht und ich schlief endlich ein.

Als ich am nächsten Morgen beim Zähneputzen in den Spiegel schaute, verkrampfte sich mein Herz. Vorsichtig berührte ich mein Gesicht, das mir aus dem Glas entgegenblickte. Mein Körper war noch da, während Nicos Körper jetzt auf immer unerreichbar für uns blieb. Der Sarg war geschlossen. Eine große Schwere breitete sich in mir aus. Zum Glück hatten wir noch einiges zu organisieren. Das riss mich wieder aus der Hoffnungslosigkeit und beginnenden Betäubung. Wir lebten im Ausnahmezustand. Ich hatte keine Ahnung, wie es danach weitergehen sollte, und fürchtete mich davor, bald wieder einen Alltag bewältigen zu müssen. Unsere Freunde konnten auch nicht ewig rund um die Uhr bei uns bleiben. Sie alle hatten Familie, die betreut, oder Arbeit, die weitergeführt werden musste. »Bloß jetzt nicht daran denken«, ermahnte ich mich. Am besten machte ich es wie Beppo der Straßenkehrer in Michael Endes Märchen-Roman »Momo«. Immer nur an den nächsten Schritt denken. Vielleicht funktionierte es im Leben dann auch wie in der Geschichte und ich war plötzlich eine ganze Wegstrecke gegangen, ohne es zu bemerken. Das wäre schön!

Ich verließ das Badezimmer und setzte mich an meinen Schreibtisch. Ohne zu überlegen öffnete ich meinen Laptop und tippte nicolai.schmidt@web.de in die Adresszeile einer neuen Mail. Meine Hände zitterten. Dann fanden meine Finger die Tasten plötzlich wie von selbst und ich begann zu schreiben:

Lieber Nico,
wie soll es weitergehen mit uns, ohne Dich? Ich habe solche
Angst. Ich kann mir ein Leben ohne Dich nicht vorstellen. Es tut
so schrecklich weh. Wenn es wirklich eine Verbindung gibt,
kannst Du uns dann helfen? Jetzt? Ich vermisse Dich so sehr,
Deine Mam

Gedankenverloren schaute ich aus dem Fenster. An was konnte ich mich nur festhalten, was würde mir in den kommenden Wochen Kraft geben? Ich war auf der Suche nach angenehmen

Aussichten, auf die ich mich freuen konnte, damit das Leben mir nicht allzu trostlos und trist vorkam. Es wollte mir nicht gelingen. Den ganzen Vormittag über tigerte ich im Haus umher. Ich war unruhig und wusste nichts mit mir anzufangen. Da riefen die Großeltern an. Es war angerichtet. Da war sie, eine der wundervollen Aussichten auf unserem Weg. Der runde Tisch im Haus meiner Schwiegereltern war lebensnotwendig für uns zu dieser Zeit. Karin, Hubertus' Mutter, kochte für alle, für uns, unsere Freunde, für jeden, der es gerade brauchte und mit uns war. Ich hatte zwar gar keinen Appetit, aber ohne diesen runden Tisch wäre ich sicherlich verhungert. Man hätte den Tisch auch noch ausziehen können, wir ließen ihn aber so, wie er war, und stellten lieber die Stühle sehr nahe zusammen. Wir waren dankbar für die räumliche Nähe, wärmten uns aneinander und hielten uns zusammen, wenn wir drohten, auseinanderzufallen. Gemeinsam ließ sich der Schmerz sehr viel besser aushalten. Ich fühlte mich aufgehoben und getragen. Da war es wieder, das Licht, das Leuchten, das diesmal von dieser liebevollen Gemeinschaft ausging. Ich nahm es warm in meinem Herzen auf, um es zu gegebener Zeit an einem anderen Ort wieder freilassen zu können, damit ein anderes Geschehen beleuchtet werde. Nicos Tod hat die Familie in dieser Zeit sehr viel näher zusammengebracht. Sie alle waren trotz oder gerade wegen ihres eigenen Schmerzes für uns da. Sie nahmen Kasimir in ihre Mitte. Auf diese Weise erfuhr er die Geborgenheit und den Schutz einer großen Familie.

Plötzlich wünschte ich mir meine Mutter an meine Seite. Aber sie war schon lange nicht mehr da. War schon viele Jahre tot. Ich war trotzdem nicht allein. Auch ich wurde in viel Liebe gehüllt und war so dankbar für diese Gemeinschaft. Das war unendlich wertvoll und heilend zugleich. Ich dachte an all die Menschen, die keine Familie mehr haben. Gab es eine Möglichkeit, diese Erfahrung allen, die es dringend bräuchten, zu ermöglichen? Ich wollte es jedenfalls in meinem Zukunftsdenken verankern. Ich stellte mir vor, dass auch Freunde oder Fremde dazu bereit sein könnten, einen solchen Schutz zu bieten, denn nur so, da war ich mir sicher, würde einem das Herz nicht zerbrechen, wenn ein Kind stirbt, ein Partner geht oder ein guter Freund. Vielleicht könnte dies sogar Teil einer Aufgabe im Leben sein, in welcher Form auch immer? Wenn jede größere Gemeinschaft wenigstens einen Menschen, der sich in Not befindet, aufnehmen würde, wäre schon viel getan. Vielleicht wäre es auch sinnvoll, Menschen gleichen Schicksals die Möglichkeit zu bieten, zusammenzufinden? Um all dies herauszufinden, wollte ich offen bleiben und mich immer wieder fragen, was das Leben noch alles für mich bereithalten mochte.

Was würde geschehen, wenn ich bereit wäre, den Schmerz anzunehmen und durch ihn hindurchzugehen? Ich ahnte, dass es sich lohnen würde, einen Schritt in diese Richtung zu wagen. Wie gut es tat, hier im Kreis beieinander zu sitzen. Man sah vom Tisch aus kaum nach draußen, da er sich in der Mitte des Raumes befand. So waren wir noch mehr aufeinander konzentriert, weil es nichts gab, was unsere Sinne hätte ablenken können. Nur die Gedanken waren frei und ich dachte daran, dass ich mir immer eine perfekte Familie gewünscht hatte, harmonisch und gleichgesinnt. Meine perfektionistischen Vorstellungen haben mich beinahe übersehen lassen, was schon alles da ist: nämlich eine wunderbare, nicht perfekte, Halt gebende Familie, die für uns da war, als wir es am dringendsten brauchten.

Mich beschlich die Angst, dass sich diese enge Gemeinschaft

mit der Zeit wieder etwas auflösen würde, jeder seinen Beschäftigungen nachginge und die Nähe nicht mehr immer direkt fühlbar wäre. Aber ich spürte auch, dass genau das unser Los und Arbeitsfeld als Mensch war. Dass wir uns jeden Tag mit all unseren Verletzungen, Ängsten und unserer Liebe wieder neu begegnen. Dass uns dies manchmal gut gelingen mag und wir am darauffolgenden Tag genau daran scheitern, weil wir plötzlich wieder unseren Ängsten einen größeren Platz zugestehen als unserer Liebe. »Wir brechen auf, ich muss ins Bett, bin hundemüde.« Hubertus riss mich aus meinen Gedanken.

Satt und dankbar fuhren wir an diesem Abend wieder nach Hause. Wir hatten Kraft gesammelt für die kommenden Tage, an denen noch vieles organisiert und besorgt werden musste.

Wenn wir morgens aufwachten, weinten Hubertus und ich beim ersten Blick in den Tag. Am liebsten hätte ich dann weitergeschlafen, um zu vergessen, nichts mehr spüren zu müssen oder von einem anderen Leben zu träumen, das leichter und fröhlicher war. Sobald wir wach waren, brach die erbarmungslose Realität über uns herein, dann kam uns sofort wieder dieser schreckliche Gedanke, dass unser Kind tot ist, in den Sinn. Aber wir mussten uns jeden Morgen von Neuem der Wirklichkeit stellen, es half auch nicht, die Augen einfach nochmal zu schließen. Also standen wir auch an diesem Tag trotzdem auf. Hubertus machte Feuer im Ofen. Kurz darauf kam Niels, wie jeden Morgen seit Nicos Tod mit einer Tüte frischer, duftender Brötchen. Diesmal wirkte er aber irgendwie anders als sonst. Wir saßen alle zusammen auf der warmen Ofenbank. Niels hielt nervös und gedankenverloren ein Brötchen zwischen den Händen. Ich zog meine Augenbrauen hoch und schaute ihn an. »Was ist los?« Niels räusperte sich. »Letzte Nacht hat mich Nico besucht.« Er schaute uns an und versuchte zu ergründen, wie wir darauf reagierten. »Na los, erzähl schon!« Ich umklammerte meine heiße Kaffeetasse. »Ich pendle immer hin und her zwischen der Frage des Verstandes, ob dies alles Einbildung gewesen war, und dem heftigen Gefühl, so etwas Außergewöhnliches noch nie erlebt zu haben.« Fragend schaute er uns an. »Weiter!« Ungeduldig hing ich schon an seinen Lippen. »Es fühlte sich ganz anders an als ein Traum. Plötzlich war ich hellwach. Ich spürte eine sonderbare Schwingung, so als wäre ich selbst elektrisiert und stünde unter Strom, als hätte ich gerade in eine Steckdose gefasst. Versteht ihr das?« Ich nickte leicht und dachte an das Wartezimmer der Schweizer Heilerin. Dort fühlte es sich manchmal auch so an, als sei ich innerlich unter Strom. Niels nippte vorsichtig an seinem Kaffee. »Ich wollte mich beruhigen und wieder einschlafen. Aber diese erhöhte Schwingung, die Unruhe breitete sich mehr und mehr in mir aus. Dann begann plötzlich das Gespräch mit Nico. Es war ein Zwiegespräch, sehr sachlich, sehr prägnant. Nico sagte mir, dass er keine Angst vor dem Sterben gehabt habe, dass so etwas wie ein höheres Selbst schon lange wusste, dass das auf ihn zukommen würde. Es war ihm ganz wichtig, dass wir ihm seine Kapriolen, also seine riskanten sportlichen Aktionen, nicht übel nehmen. Er hätte einfach gewusst, dass der frühe Tod auf ihn zukommen würde, und es war o.k. für ihn. Deshalb hätte er aber vorher ein bisschen an die Grenzen gehen müssen. Es war seine Art, seine Lebensfreude auszudrücken und sich zu spüren. Dann sagte er, dass es ihm wahnsinnig wichtig sei, dass alle, die jetzt von seinem Tod betroffen sind, das relativ schnell bewältigen, also auch seine Freunde und besonders sein Bruder, das hat er noch einmal ausdrücklich gesagt, dass es ihm sehr wichtig ist, dass er damit klarkommt. Es ist ihm auch wichtig, dass der Fahrer des Unfallwagens das irgendwie verarbeiten kann.« Niels stockte, als er sah, dass mir die Tränen in den Augen standen. »Ist schon o.k.«, schniefte ich. Nachdenklich schaute Niels mich an, aber als ich ihm nochmals aufmunternd zunickte, fasste er neuen Mut. »Zwischendurch kam mir immer wieder der Gedanke, dass mir so ein Gespräch doch gar nicht zusteht, dass das doch eher den Eltern zukommen müsste. Ich fragte mich immer wieder, warum ich, warum ist Nico bei mir? Dennoch fand ich es natürlich auch schön, dass er zu mir gekommen war. Das ist ja schon irgendwie er, das ist Nico, sein soziales Verhalten scheint auf uns alle zu wirken. Es sieht fast so aus, als hätte er die Fäden noch ein bisschen in der Hand, so als wolle er schauen, dass alles in die richtige Bahn kommt. Denn es ist schon verrückt, dass so viele Menschen, die jetzt daran beteiligt sind, extrem einfühlsam sind und sich sehr überraschend verhalten. Vom Bruder angefangen über den Notarzt, die Familie und Freunde und hier und überall. Dann hat er noch gesagt, dass auch er niemandem böse sei, dass er sich aber wünsche, dass dieses Geschehen zum Lernen und Nachdenken anrege. Weiter sagte Nico, dass wir nicht glauben sollten, er sei leichtsinnig gewesen. Er hat ausdrücklich betont, dass dieser Unfall nicht aus Leichtsinn geschehen sei, denn das hätte eigentlich gar nicht passieren können, beim Überqueren der Straße, an einer einsehbaren Stelle. Niemand hatte genau gesehen, wie es geschah, auch der Freund nicht, der sofort bei ihm gewesen war. Keiner konnte es begreifen. Das Auto war plötzlich einfach da.«

Niels stockte einen Moment. Dann brach es aus ihm heraus und er schilderte noch einmal seine Gefühle, die er bei dieser Begegnung gehabt hatte: »Ich war so unruhig wie ein Tier bei aufziehendem Gewitter. Ich bin die ganze Nacht über nicht zur Ruhe gekommen und das ging so bis zum Morgen. Ich glaubte, in der Wohnung umherzuschleichen, obgleich ich mich gar nicht bewegen konnte. Ich habe zuerst nicht verstanden, was da eigentlich gerade geschieht, und wollte es immer wieder weg-schieben. Mit der Zeit konnte ich diese Begegnung ein wenig einordnen. Ich pendelte zwischen schlechtem Gewissen und Dankbarkeit, dass Nico zu mir gekommen war, hin und her. Zwischendurch dachte ich daran, alles aufzuschreiben. Aber ich bezweifelte, diesen Zustand überhaupt beschreiben zu kön-nen. Irgendwann habe ich mir auch überlegt, zu euch zu fah-ren, mitten in der Nacht, verwarf diesen Gedanken aber wie-der, weil ich euch nicht aufwecken wollte. Ich hatte das Gefühl, die ganze Nacht nicht geschlafen zu haben und eine Ewigkeit in diesem Wachtraum gefangen gewesen zu sein. Als es däm-merte, fiel ich doch noch einmal in einen tiefen traumlosen Schlaf. Um acht Uhr klingelte der Wecker. Als ich endlich auf-stand, war ich noch immer sehr verwirrt.«

Niels lächelte verlegen. »Jetzt geht es mir besser, denn jetzt ist es raus.« Er griff zum Brötchen, um endlich mit dem Früh-stück zu beginnen.

Hubertus holte sich ein Glas Wasser. Während er sich wieder setzte, wischte er sich ein paar Tränen aus den Augen.

»Mir fällt es jetzt leichter, wenn ich weiß, dass für Nico alles in Ordnung ist. Das passt auch zu allem, was wir erleben und mitbekommen, dass zum Beispiel sein Freund Raphi gesagt hat, dass Nico, als er auf der Straße lag, denselben friedlichen Gesichtsausdruck hatte wie einen Abend zuvor, als er im Kino eingeschlafen war. Wunderbar finde ich auch, dass Raphi in einer absolut traumatisierenden Situation so etwas wahrneh-men konnte! Und ja es stimmt, ich war auch immer ein biss-chen wütend auf Nico, weil ich dachte, er hätte nicht richtig aufgepasst. Es berührt mich sehr, dass er mir über Niels aus-richten lässt, dass er nicht unachtsam war.«

Wir sprachen noch lange über dieses Ereignis. Es tat uns so gut, all das zu hören, und dennoch sahen wir bereits wieder

Zweifel am Horizont, die sich aufbauschten und immer lauter wurden. Wir ließen uns schon nach kürzester Zeit wieder von unserem übermächtigen Verstand beeinflussen, der uns sagte, dass es auch Einbildung gewesen sein könnte, obwohl wir tief in uns drin spürten, dass es so nicht gewesen war. Wenn wir diese Botschaft ernst nehmen, dann können wir daraus lesen, dass es Nicos Zeit war, zu gehen. Ich habe dies gleich so empfunden, nach dem Unfall. Ich spürte, dass jeder Mensch, vielleicht auch jedes Lebewesen, eine Lebenskerze hat und Nicos Licht eben leider schneller abgebrannt war. Vielleicht haben wir alle eine Vision, kurz vor unserem Tod. Es war jedenfalls sehr beruhigend für uns zu hören, dass Nicos Seele den Weg schon kannte und akzeptierte. Wenn das wirklich so wäre, dann konnte es nicht um Schuld gehen und auch keinen Zufall geben. Silke, Nicos Firmpatin, sagte im Krankenhaus einmal zu mir: »Vielleicht wird seine Seele ja gerade woanders dringender gebraucht als hier?« Ja, wer weiß das schon?

Ich wollte daran glauben, was Niels uns gerade erzählt hatte. Es entsprach ja auch in etwa dem, was ich seit dem Unfall wahrnahm. Ich fühlte Nico immer wieder an meiner Seite. Diese Eindrücke ließen den Tod nicht mehr völlig sinnlos erscheinen. Den Schmerz nahmen sie mir aber nicht. Manchmal mochte ich meinen Sohn einfach nicht loslassen, wollte ihn wiederhaben, um jeden Preis. Vielleicht tat es ja gut, mich immer wieder an diese Botschaft von Nico zu erinnern.

Ich setzte mich an meinen Laptop, öffnete das Postfach und hielt die Luft an. Für einen Moment hoffte ich, dass Nico geantwortet hatte, und war tatsächlich ein wenig enttäuscht, als dem nicht so war. Nachdem ich mich wieder gefangen hatte, begann ich die Mail wieder mit *Lieber Nico, ...* danach hielt ich inne, weil ich mich plötzlich daran erinnerte, wie er seinen

Namen sagte. Das ›i‹ hatte er immer ganz besonders betont und in die Länge gezogen. Jetzt klang das ›i‹ in mir nach und versetzte mir einen Stich mitten ins Herz. Früher klang es hell und lebensfroh, jetzt hörte es sich in meinem Kopf spitz und grell an. Ich wollte mich trösten. Energisch schrieb ich weiter:

... es tut immer wieder gut, wenn ich das Gefühl bekomme, dass Du noch um uns bist. Aber ich schreibe Dir, weil ich irgendwie mehr will, weil ich mich nicht mit bloßen Gefühlen zufriedengeben möchte. Ich schreibe Dir aus Verzweiflung, weil ich einen konkreten Kontakt zu Dir aufbauen möchte. Einen Kontakt, der meinem Menschsein entspricht. Ich weiß natürlich, dass Du diese Mail nicht so bekommen und anschauen wirst wie die Menschen, die noch leben. Aber vielleicht liest Du sie doch? Wer weiß? Der Kopf und das Gefühl sprechen manchmal unterschiedliche Sprachen. Vielleicht gibt es andere Möglichkeiten, in die ich noch intensiver hineinwachsen kann. Aber mein Verstand möchte einen sichtbaren Beweis haben, so einen richtigen, der wie ein Wunder aussieht, das wäre cool.
Deine Mam

Mir kam ein Gedanke. Sollte ich nachschauen, ob sich Nicos Antwort vielleicht im Spamordner befand? Nein, das war doch absurd. Jetzt ging vor lauter Bedürftigkeit die Fantasie mit mir durch. Ich trocknete meine Tränen und wollte weiterschreiben. Da kam Hubertus ins Zimmer. Schnell schloss ich meine Mails und klappte den Laptop zu. Ich schämte mich ein bisschen, weil ich E-Mails an meinen toten Sohn schrieb. Das wollte ich noch mit niemandem teilen, noch nicht, nicht einmal mit ihm.

Nach dem Frühstück gab es plötzlich ganz viel zu tun. Die Trauer fand dazwischen statt, in den Lücken der Aktivitäten, zwischen Anzeige aufsetzen, Nicos Abschiedsfeier organisieren, Besprechungen mit dem Bestattungsinstitut und dem Lesen unzähliger Trauerbriefe und Karten. Eine Welle von Mitgefühl schwappte uns entgegen. So viel Post und Geschenke hatte ich mein ganzes Leben lang noch nicht bekommen. Ich wollte alles lesen, kein einziges geschriebenes Wort auslassen. Manche Menschen berührten mein Herz tief, fanden genau die richtigen Worte, aber auch all die anderen gut gemeinten Wünsche und Gedanken konnten ein wenig dazu beitragen, die Welt in ein helleres Licht zu tauchen, war es auch nur für einen kurzen bescheidenen Augenblick.

Ich ließ mich gerne ein auf das geschäftige Treiben. Ich wusste noch zu gut, was danach auf mich zukommen würde, da ich vor fast 30 Jahren meine Mutter verloren hatte. Die Leere und Verzweiflung standen schon wartend vor unserer Tür. Weshalb also nicht noch einmal ordentlich seine Kräfte verströmen!

Ich nahm auch Verbindung mit Laura auf, dem Mädchen aus Schwäbisch Gmünd, das mit Nico telefoniert hatte, während der Unfall geschah. Ich wollte nicht, dass sie von der Polizei davon erfährt und sich am Ende auch noch Vorwürfe macht. Sie hatte den Unfall zum Glück nicht übers Telefon mitbekommen und dachte lediglich, dass die Verbindung abgerissen sei. An Nicos Trauerfeier in der Kirche spielte sie für ihn mit ihrer Querflöte vor mehr als 600 Menschen ein berührendes Abschiedslied. Später entstand durch viele Begegnungen eine schöne freundschaftliche Verbindung zu ihr und ihrer Familie ins schwäbische Ländle.

Am Abend vor der Trauerfeier liege ich auf dem Sofa. Mein Rücken schmerzt. Es war ein anstrengender Tag gewesen. Ich schaue aus dem Fenster. Die Zweige des alten Baumes vor unserem Haus wiegen sich leicht und beruhigend im Wind. Ich fühle mich irgendwie mit diesem Baum verbunden, es ist, als würde er flüstern: »Ich bin da, ich schaue auf dich.« Was ist das? Ist das der Baum oder eine andere Stimme, vielleicht wieder dieselbe Stimme wie im Krankenhaus oder bei den Großeltern? Ich fühle mich Nico so nahe, ich weiß, er ist hier, er lässt uns nicht im Stich. Ich werde ganz ruhig. Etwas Friedliches breitet sich in mir aus. Vertrauensvoll überlasse ich mich diesem Gefühl. Plötzlich kommen mir Worte in den Kopf, es werden immer mehr. Schnell suche ich einen Stift, um alles aufzuschreiben. Ich schreibe und schreibe. Ich schreibe darüber, dass wir unsere Kinder loslassen müssen, dass sie nicht uns gehören, dass sie, wie der libanesische Poet Khalil Gibran es formuliert hat, »die Söhne und Töchter der Sehnsucht des Lebens nach sich selbst« sind. Ich schreibe, wie seelenverwandt Nico und ich miteinander sind. Immer noch! Ich erzähle von den vielen Gesprächen, unserer ähnlichen Art, uns auszudrücken, unserer gemeinsamen Sprache. Ja natürlich, deshalb kann ich auch alles so aufschreiben. Wir haben sie nicht verloren, es funktioniert auch zwischen den Welten! Ich frage nach dem Sinn des Lebens und weshalb wir alle geboren werden, wenn am Ende doch der Abschied steht, der schmerzt und unerträglich ist. Es beginnt ein Gespräch, denn ich bekomme auf alle meine Fragen eine Antwort. *Vielleicht gerade um die Lebendigkeit des Frühlings zu erfahren, die Lebensfreude des Sommers auf der Haut zu spüren, den Abschied im Herbst zu beweinen und gemeinsam im Winter zu sterben. Ohne Loslassen und Abschied kann nichts Neues entstehen, wir müssen akzeptieren, dass es beides gibt, Glück und Unglück, und dass das eine nicht ohne das andere erfahrbar ist.* Durch Nicos Tod ist die Welt ein wenig zusammengerückt und ich spüre, dass genau dort, wo Trauer und Not am größten sind, mehr Mitgefühl und Liebe entsteht. Ich schreibe all dies auf, weiß aber bereits, dass diese Verbundenheit nicht von Dauer ist und dass mit der Zeit neben der Liebe auch wieder Streit, Missgunst und Ängste Platz nehmen werden.

Irgendwann lasse ich den Stift sinken. Ich weiß nicht mehr, wie lange ich hier gesessen habe, um der Stimme zu lauschen, die sich in meinem Kopf Gehör verschaffte. Ohne es zu beabsichtigen, habe ich eine Abschiedsrede für den kommenden Tag geschrieben.

Unsere Trauerfeier sollte in einer großen Kirche ganz in unserer Nähe stattfinden. Unser damaliger Pfarrer versuchte, alle unsere Wünsche zu erfüllen. »Unsere Kirche steht für Sie offen, das ist das Mindeste, was ich für Sie tun kann.« Mit einem festen Händedruck hatte er Hubertus vertrauensvoll den alten großen Kirchenschlüssel überreicht. Danach standen wir unter dem beeindruckenden Deckengemälde und fühlten uns ein bisschen verloren. Weil die unterschiedlichen Stilarten in der Kirche so gar nicht unserem Geschmack entsprachen, begaben wir uns zusammen mit unseren Freunden erst einmal auf die Suche nach Dekomaterial. Fündig wurden wir in einem kleinen afghanischen Laden in der Freiburger Innenstadt. »Nehmt, was ihr gebrauchen könnt, und bringt es irgendwann wieder zurück.« Ein mittelgroßer Mann mit Lachfalten um die dunklen Augen schloss seinen Laden für uns auf. Es war eine Fundgrube. Bunte Tücher, kleine Edelsteine, riesige Kerzenständer, marokkanische Tabletts, Steintröge. Wir waren im Schlaraffenland, im Wolkenkuckucksheim, im Paradies. Unsere Freunde leisteten Unglaubliches. Innerhalb eines Tages transportierten sie alles in die Kirche und zauberten eine ganz besondere Atmosphäre.

Am 11. Januar fanden dann gleich zwei Abschiedsfeiern für Nico statt. Am Morgen wurden wir in seine Schule eingeladen, wo sich Schüler und Lehrer in der Aula versammelt hatten. Fast alle waren da. Nico war Klassensprecher und Oberstufensprecher gewesen, hatte aktiv in der SMV mitgewirkt und sich für die Jüngeren als Pate engagiert. Einige Freunde und Freundinnen von Nico hatten Reden geschrieben, in denen sie ihre Trauer ausdrückten und Mut machen wollten – den anderen und vor allem auch sich selbst. Ich war beeindruckt, wie selbstverständlich sie über ihre Vorstellungen vom Himmel sprachen und wie viel Trost sie darin suchten. Jessi, Nicos älteste Freundin, die er seit der Grundschule kannte und als einziges Mädchen früher immer zu seinen Geburtstagen eingeladen hatte, sang »Tears in Heaven«. Meine Tränen liefen ungehemmt, es war so schön und traurig zugleich.
Nach dem Unfall ist in der Schule ein Trauerraum eingerichtet worden, den die Schüler zu jeder Zeit besuchen durften, wenn sie es brauchten. Hier konnten sie schreiben, malen, beten oder einfach nur da sein. Die Freunde erzählten uns, dass es seit einer Woche gespenstisch still in den Gängen der Schule war. Selbst die Jüngeren schienen das Lärmen eine Zeit lang verlernt zu haben. Am Ende der Verabschiedung wurden weiße Steine und Stifte verteilt. Jeder durfte etwas daraufschreiben und danach legten wir alle zusammen diese Steine um einen Baum im Garten der Schule. Heute sind sie fast nicht mehr zu sehen, von Gras überwachsen, fast unsichtbar, aber noch immer da.
Ganz bewegt gingen wir nach Hause. Wir mussten uns ausruhen, denn keine drei Stunden später sollten noch mehr Menschen kommen, um sich von unserem Sohn zu verabschieden.

Hubertus und ich gingen zusammen mit unseren Freunden zur Kirche. Der Kirchenraum war groß, erwies sich am Ende aber doch noch als zu klein. Diesen Andrang hatten wir nicht erwartet. Es war kein leichtes Durchkommen und es dauerte eine Weile, bis wir unsere Plätze ganz vorne in der Kirche eingenommen hatten. Dann wurde es still. Hiltrud begann, fand die passenden Worte und gab der Feier den Rahmen. Auf einer großen Leinwand zeigten Kasi und Raphi einen Film, den sie über Nico gemacht hatten. Plötzlich war er mitten unter uns, in der riesigen Kirche. »Bist du da?« Gebannt verfolgte ich die aneinandergereihten Bilder. Dann stupste mich Hubertus an. »Du bist dran.« Unsicher sah er zu mir. »Wirst du es schaffen?« »Ich weiß es nicht.« Langsam gingen wir zum Rednerpult. Mit zwei unserer Freunde und meinem Mann im Rücken und mit Nico im Herzen hielt ich meine Rede. Nico hatte mir seine Stimme geliehen, er tröstete mich und durch mich auch andere in der Kirche. Er machte Mut, gab Zuversicht und schweißte uns zusammen.

Auch Nicos Opa Bertold, seine Patentante Annette und der Direktor seiner Schule hielten zum Abschied ergreifende Reden. Ob auch sie von einer inneren Stimme gelenkt oder geleitet worden waren?

Zum Abschied durfte sich jeder einen bunten Edelstein aussuchen und mit nach Hause nehmen. Noch heute geschieht es manchmal, besonders in der Winterzeit, dass Menschen, wenn sie mir auf der Straße begegnen, ihre Hand in die Manteltasche stecken, um mir ihren Erinnerungsstein zu zeigen.

Draußen vor der Kirche ließen wir bunte Luftballons steigen. Kleine Zettelchen flatterten daran, auf die wir unsere Wünsche geschrieben hatten. BANDOBEIN notierte ich mit Großbuchstaben auf mein Stück Papier. Dahinter malte ich ein großes Herz.

Am Abend nahm mich Birgit beiseite. »Ich muss dir unbedingt noch etwas ganz Wichtiges erzählen.« Ihr fröhlicher Blick machte mich neugierig und ich setzte mich zusammen mit ihr auf eine Bank. Gespannt wartete ich darauf, was sie mir sagen wollte. »Ich stand noch lange mit einigen wenigen auf dem Platz vor der Kirche. Gerade als ich die letzten Ballons steigen lassen wollte, kam ein Mann mit einem blauen Ballon in der Hand auf mich zu. ›Den habe ich von der Straße aufgehoben. Es ist schon ein bisschen Gas entwichen. Ganz alleine wird er nicht mehr aufsteigen können. Würden Sie mir bitte helfen, ihn fliegen zu lassen?‹ Er streckte mir den Ballon entgegen. Da habe ich ihn mit den übrig gebliebenen Luftballons zusammengebunden. Dann ließ ich los. Sie schwebten gemeinsam in den Himmel. Ist das nicht ein wunderschönes Bild?« Birgit strahlte mich an. »Ich bin sicher, Nico hat nicht lange auf der Straße gelegen. Bestimmt waren schnell Helfer zur Hand, die ihn ins Licht und in den Himmel begleiten konnten.« Bevor ich an diesem Abend erschöpft einschlief, dankte ich dem Himmel, dass wir nicht nur einen Familienkokon hatten, sondern auch einen, der aus Freunden bestand.

Wir begruben Nico an einem eiskalten Februartag im Familiengrab. Die bunten Blumenkränze hielten sehr lange, da sie mit einer Eisschicht überzogen und tiefgefroren waren. Im Frühling pflanzte ich Heilkräuter auf sein Grab und im Herbst bereitete ich aus ihren Wurzeln einen Balsam zu. Der Nico-Engelwurzbalsam begleitet mich noch heute, wenn die Tage herausfordernd und kälter sind.

Mein Liebling, nie hätten wir gedacht, dass das Ende der Welt für dich bereits so nahe war. Wir werden dich weiter begleiten, nicht nur bis ans Ende der Welt, sondern weiter, ganz weit darüber hinaus. Und noch jemand ging mit uns weiter als bis zum Ende der Welt. Anne, die ich schon seit fast 40 Jahren kenne und die an der französischen Atlantikküste wohnt und ebenfalls Nicos Patin war, hatte in der Nacht, in der Nico gestorben war, einen Traum. Sie erzählte ihn mir, als ich sie anrief, um ihr zu sagen, dass Nico gestorben war.

Es war ganz still am anderen Ende der Leitung. »Anne!« Ich vergewisserte mich, dass sie noch am Apparat war. »Ja, ich bin noch da«, hörte ich eine dünne Stimme sagen. Ich konnte richtig spüren, wie die Nachricht sie bestürzte. Eine Welle der Zuneigung und freundschaftlichen Liebe durchströmte meinen Körper. Wie gerne hätten wir uns jetzt umarmt. »Ich habe geahnt, dass etwas sehr Schlimmes bei euch geschehen ist.« Sie klang gequält und hatte Mühe, Worte zu finden, aber ich merkte, dass sie mir unbedingt etwas sagen wollte. »Ich hatte letzte Nacht einen Traum.« Stille. »Hallo?« »Ja«, sie schnäuzte sich. »Ich träumte, dass ich mich auf einer Landstraße befinde. Ich war müde und hatte Schmerzen im oberen Halswirbelbereich. Ich wollte einen Arzt aufsuchen. Ich kam zu einem alten Steinhaus und klopfte an die Türe, um Hilfe zu erbitten. Eine Frau öffnete mir. Ich habe nicht wirklich ihr Gesicht gesehen. Sie war in ein langes, weißes Gewand gekleidet. Sie bat mich herein und ich fragte sie um Hilfe. Sie nahm mich in ihre Arme und antwortete mir, dass es keinen Arzt mehr in diesem Dorf gebe, dass die Ärzte alle fortgegangen seien, weil man sie anderswo dringender brauche. Hinter dieser Frau befand sich eine Treppe, auf der lauter kleine Kerzen standen. Das ganze Haus, das ganz weiß ausgestattet war, wurde vom Kerzenschein erhellt. Überall standen kleine Lichter. Sie begleitete mich zurück an die Türe, um mich zu verabschieden. Ich bin hinausgegangen, krümmte mich vor körperlichen und seelischen Schmerzen, ohne genau zu wissen weshalb, und weinte wie noch nie, bitterlich in den Armen meines Mannes. Ich wachte weinend auf.«

J'ai rêvé que j'étais sur une route de campagne. J'étais très fatiguée par une douleur dans le cou. J'avais si mal que je cherchais un docteur.
J'ai enfin trouvé une vieille maison en pierre et j'ai frappé à la porte pour demander de l'aide. Une femme m'a ouvert; je n'ai pas vraiment vu son visage. Elle était habillée avec une longue robe blanche; elle m'a fait entrer et je lui ai dit ce que je cherchais. Elle m'a tenue par le bras et elle m'a répondu qu'il n'y avait plus de docteur dans le village, parce qu'il avait dû partir pour soigner quelqu'un d'autre plus loin.
Derrière elle, il y avait des escaliers remplis de petites bougies et il y en avait aussi partout dans la maison qui était toute blanche. Elle m'a reconduit vers la porte et m'a dit adieu. Je suis sortie, j'étais épuisée physiquement et moralement sans comprendre la raison et j'ai pleuré dehors comme jamais dans les bras de mon mari. Je me suis réveillée de ce rêve en pleurant.

Natürlich war sie mit ihrem Mann zur Abschiedsfeier von Nico von der Atlantikküste hierher gereist.

Zeitintensiv

Nach den Abschiedsfeiern und dem Begräbnis gab es nichts mehr zu tun. Innerlich drängte es mich oft zum Schreiben. Worte, Sprache, Papiergeraschel, Tagebuch, das war mir vertraut, hier konnte ich mich ausdrücken. Aber genau das ging nicht mehr – schreiben! Wenn ich dann vor einem weißen Blatt Papier saß, fiel mir nichts ein. Was soll ich auch schreiben, wenn ich leer bin, nur von Sehnsucht erfüllt? Vielleicht: Sehnsucht, Sehnsucht, Sehnsucht???? Eine Freundin meinte, für Nico sollte man das Wort »Vermissung« erfinden.

Meine Rückenschmerzen wurden stärker und schränkten meine Beweglichkeit ein. Dabei wäre es gerade jetzt so wichtig gewesen, öfter in der Natur zu sein. Ich versuchte vieles. Spritzen in den Rücken, PDA mit Cortison, es half alles nichts. »Sie müssen Antidepressiva zusammen mit Schmerzmitteln einnehmen, denn die Schmerzen haben sich schon in Ihr Gedächtnis eingeprägt.« Der Arzt schaute mich durchdringend an. »Man muss das Schmerzgedächtnis wieder löschen, verstehen Sie, das ist die einzige Möglichkeit.« Ich schaute aus dem Fenster. Ich wollte meinen Schmerz nicht löschen, nicht unterdrücken, ich wollte ihn anschauen, auf ihn zugehen, wenn es sein musste auch durch ihn hindurchgehen. Ich wollte versuchen, durch ihn und mit ihm einen neuen Weg zu finden, aber ich wollte ihn nicht einfach wegschieben, noch nicht. Ich hatte noch ein bisschen Kraft übrig. Heimlich bat ich Nico, mir dabei zu helfen. Aber konnte das ein Schmerztherapeut verstehen? Vermutlich nicht. Also schwieg ich.

Wie lange war ich so der Welt zumutbar, meinem Mann, meinem Sohn? Das ging mir häufig durch den Kopf. Immer wieder hatte ich die Tabletten, die eine schnelle Heilung versprachen, in den Händen. Die Packung raschelte. Die Versuchung war manchmal groß, sehr groß. Was würde passieren, wenn ich sie einnähme? Wäre dann alles leichter? Immer dann, wenn ich wieder einmal das Gefühl hatte, keine Sekunde länger die seelischen und körperlichen Schmerzen ertragen zu können, kamen mir die Worte des Arztes in den Sinn. Der Weg von der Hand in den Mund war kurz und doch sehr weit. Manchmal haderte ich mit mir selbst, hatte bisweilen fast meinen Mut und meinen Glauben verloren. Aber irgendetwas, vielleicht wieder meine innere Stimme, sagte mir, dass dies nicht mein Weg war. Mein Mann unterstützte mich zum Glück darin, meinem Gefühl zu folgen, unabhängig davon, was er dachte oder sich gewünscht hätte. Dafür bin ich ihm heute noch sehr dankbar.

In dieser Zeit, in der mich mein körperlicher und seelischer Schmerz nahezu lähmte, entstand ein neuer Kokon, bestehend aus Müttern von Nicos Schulfreunden. Diese Frauen richteten einen Essensbringdienst ein. Jeden Tag brachten sie mir und meiner Familie eine köstliche Mittagsmahlzeit vorbei. Es war nicht nur das Essen an sich, das uns nährte, sondern die Liebe und Zuwendung, die dahinter stand. Wir mussten nichts organisieren und das war gut so, denn das hätten wir zu diesem Zeitpunkt auch nicht gekonnt. Zwei Frauen schickten sich sogar unabhängig voneinander an, mit mir Fenster zu putzen. Obwohl die Fenster gar nicht das größte Problem darstellten, weil eigentlich alles in meinem Haushalt liegen blieb und ich außerdem mit den Schmerzen überhaupt sehr schlecht putzen konnte, hatte ich noch nie so viel Freude am Fensterputz.

Irgendwann schaffte ich es, mithilfe eines steifen Epoxid-Korsetts, das ich um meinen Bauch und Rücken spannte, wenigstens wieder ein paar Schritte durch den Wald zu spazieren. Eine Freundin, die im Krankenhaus arbeitete, hatte dies für mich organisiert.

Der Schmerz hatte noch eine andere Nebenwirkung. Aufgrund meiner Unfähigkeit, mich viel zu bewegen, musste ich eines nicht haben: ein schlechtes Gewissen, wenn ich las. Und da ich nur Dinge im Liegen tun konnte, las ich neun Monate lang stapelweise Bücher. Ich hatte es mir auf dem Sofa im Wohnzimmer bequem gemacht. Das große, zerknautschte, himbeerfarbene Kissen war ein Farbtupfer auf dem grauen Polster und erinnerte mich beständig daran, dass das Leben auch noch andere Schattierungen zu bieten hatte als Grau und Schwarz. Ich zündete immer eine Kerze an und stellte sie in meine neue schöne Laterne, die ich von Anne geschenkt bekommen hatte. Das wärmte mich irgendwie. Für mich war dieser Ort eine Art Oase, hier fühlte ich mich geborgen. Er gab mir die nötige Sicherheit, die ich brauchte, um mich mit dem Tod und der Trauer auseinanderzusetzen. Zusätzlich war dieser Platz nicht so weit weg vom alltäglichen Geschehen um mich herum, sodass ich das Leben meiner Familie noch mitbekommen konnte. Ich war also mittendrin und doch oft auch für mich allein oder mit Nico, den ich immer wieder sanft spüren durfte. Manchmal hatte ich sogar das Gefühl, dass er mich anstupste und mich geradezu zum Lesen aufforderte. Dann schnappte ich mir wieder begierig eines der Bücher, die sich vor meinem Lesesofa stapelten. Ich fühlte mich wie die »Raupe Nimmersatt«, die frisst und frisst. Nein, ich fraß die Bücher nicht, ich verschlang sie. Und gleich einer Raupe fühlte ich mich nie ganz satt. Kaum hatte ich das eine Buch verschlungen, stürzte ich mich schon auf das nächste. Manchmal knabberte ich sogar an drei Büchern gleichzeitig. »Ich bin so neugierig, mehr über deine Welt zu erfahren, liebster Nico!« Hatte ich das gerade wieder laut gesagt? Ich schmunzelte. Ja, warum nicht? Meine Art war eben, zu sprechen und nicht immer in Gedanken zu kommunizieren. Ich las spirituelle Bücher, Bücher, die von eigenen Verlusten erzählten, und Bücher über Nahtoderfahrungen. Ohne dass es mir so recht bewusst war, schenkte ich mir eine hochinteressante und informative Zeit.

Doch schon nach ein paar Wochen fühlte ich mich ganz vollgefressen und hatte Schwierigkeiten, all das Gelesene zu verdauen. Ich hatte noch viel mehr Fragen als zuvor. Und ich war noch immer kein Schmetterling geworden, konnte nicht fliegen, geschweige denn gehen. Aber es veränderte sich etwas. Ich glaube, es fand in meinem Denken statt. Denn ich begann ganz allmählich, die körperlichen Schmerzen und die Vorstellung, vielleicht nie wieder richtig gehen zu können, zu akzeptieren. Es gab zuvor zehntausend Möglichkeiten, etwas zu tun, nun gab es vielleicht nur noch hundert, also wollte ich mich auf diese Dinge konzentrieren. Gleichzeitig gab ich die Hoffnung trotzdem nicht ganz auf, dass ich doch irgendwann einmal wieder würde gehen können. Manchmal wurde ich natürlich auch ungeduldig, ich wollte rascher alles verarbeiten, als ich es konnte, damit sich schneller etwas veränderte. Dann halfen mir immer wieder meine Bücher. In einem hatte ich gelesen, dass sich jeder nur in seinem ganz eigenen Tempo vorwärtsbewegen könne. Dass jede Phase für die Verarbeitung wertvoll und wichtig sei. Das half mir, auch wenn es natürlich nicht alles einfacher machte, denn auch innerhalb der Familie hatten wir unterschiedliche Geschwindigkeiten und eine andere Gangart. Aber vielleicht war das nicht so wichtig, solange wir in die gleiche Richtung gingen.

An manchen Tagen war ich so dünnhäutig, spürte eine so große Wunde in mir, dass alle klitzekleinen Verletzungen, die im Alltag noch hinzukamen, mir fast die Luft zum Atmen nahmen. Ich lag da, konnte mich kaum bewegen und war einzig und allein mit dem Verdauen beschäftigt. Während ich mit diesem inneren Prozess ausgefüllt war, zog das Leben an mir vorbei. Es ging ganz normal weiter. Der Zeiger der Lebensuhr rückte in die nächste Stunde, in einen neuen Tag. Er fragte nicht: Darf ich mich bitte weiterdrehen oder ist es noch zu früh für dich? Ja, es war zu früh, viel zu früh und es tat so sehr weh. Wie gerne hätte ich den Zeiger, die Uhr, die Welt noch immer angehalten.

Die Welt drehte sich tatsächlich immer weiter und um mich herum vertieften sich die meisten Menschen wieder in ihren Alltag. Das bedeutete oft Stress, Hektik und wenig Zeit. Ich musste akzeptieren lernen, dass ich jetzt ein anderes Leben hatte als die meisten meiner Freunde und Bekannten. Denn das, was ich im Überfluss besaß, war Zeit. Ich war oft alleine mit meinen Gedanken und mit meiner Trauer. Aber ich ließ mich darauf ein. Was sollte ich auch anderes tun?

Einem plötzlichen Impuls folgend, nehme ich die Küchenuhr von der Wand und halte ihre Zeiger an. Wie gut es tut, eine Zeit lang kein Ticken mehr zu hören. Es fühlt sich tatsächlich so an, als stehe die Zeit still. Als meine Hündin Tara laut niest, stolpere ich vor Schreck beinahe über das Computerkabel. Zum Glück ist der Laptop nicht heruntergefallen. Er ist so wichtig für mich geworden. Denn in den Mails an Nico halte ich meine heimlichen Gedanken fest. Ihm zu schreiben, gibt mir zumindest für kurze Zeit das Gefühl, mit ihm auf greifbare Art und Weise verbunden zu sein. Diese Verbindung will ich mir auf jeden Fall bewahren, solange dies möglich ist. Plötzlich zucke ich zurück. Mir wird bewusst, dass ich auch dieses Mal wieder, nachdem ich mein Postfach geöffnet habe, zuerst schaue, ob eine Nachricht von Nico angezeigt wird. Peinlich berührt schreibe ich ihm erneut.

Ach, lieber Nico,
mein Kopf weiß ja, dass ich keine Antwort von Dir bekommen werde. Aber mein Wunsch, von Dir zu hören, ist so unermesslich groß und mein Herz sehnt sich so sehr danach. Immer wieder fallen mir Szenen aus unserem Leben ein, so oft könnte ich schreiben:... weißt Du noch... und gleichzeitig bin ich mir schmerzlich darüber bewusst, dass es keine neuen Gespräche und Erlebnisse mehr geben wird. Unsere gemeinsame Geschichte ist hier auf dieser Welt zu Ende erzählt. Ich bin so traurig,
Deine Mam

Ich stelle meinen Laptop zur Seite. Zwischen meinen vielen Kissen sitzend, kaue ich an einem Apfelstück und schaue aus dem Fenster. Ein Eichhörnchen springt behände von Ast zu Ast. Wie schön es doch wäre, so beweglich zu sein! Da meldet sich plötzlich meine innere Stimme wieder. *Wenn du willst, kannst du dich auch bewegen.* Das Eichhörnchen klettert den Stamm hinauf. Was soll das heißen, ich kann mich bewegen? Ich setze mich auf und lausche. *Deine körperlichen Einschränkungen, behindern sie dich auch in deinem Denken?* Verwundert beiße ich in den geschnittenen Apfel. Nein, natürlich nicht. Ich schüttele mein Kissen auf. *Dann mach dich auf, schwinge dich von Ast zu Ast.* Ich blicke wieder aus dem Fenster. Ja, natürlich, denke ich, auch wenn ich körperlich gerade unflexibel bin, kann sich trotzdem mein Verstand entfalten. Die Gedanken sind frei, oder nicht? Ich muss schmunzeln.

Siehst du, wie beweglich du schon bist? Das Eichhörnchen hält jetzt eine Nuss zwischen den Pfoten. *Und nun überlege noch einmal, wo spürst du den emotionalen Schmerz?* Ich denke nach. Gedankenverloren beiße ich auf die härteren Stückchen in meinem Mund. Mein emotionaler Schmerz führt mich meist in die Vergangenheit. Dort angekommen, versuche ich stets, mich gegen all das aufzulehnen, was geschehen ist. Ich überlege immer wieder, ob und was ich im Vorfeld hätte verändern können. Es ist die berühmte Frage, die sich wahrscheinlich alle Trauernden wieder und wieder stellen: Was wäre gewesen, wenn…? *Weshalb tust du das, dient es irgendeinem Zweck?* Eine gute Frage, auf die ich erst keine Antwort weiß. Ich lehne mich in mein Kissen zurück. Abwesend schneide ich die andere Hälfte des Apfels auf. Du hast ja so recht, es ist vergeudete Energie, die auf kein Ziel gerichtet ist. In der Vergangenheit kann ich nichts mehr verändern, das steht fest. Denn ob ich Nicos Tod akzeptiere oder nicht, es ändert nichts daran, dass Nico tot ist. Der Schmerz hat also noch einen Begleiter, einen, der die Vergangenheit liebt und mein Gehirn mit Möglichkeiten füttert, die längst nicht mehr umzusetzen sind. Ich drehe mich im Kreis und spüre, wie mich das immer wieder neu verletzt. Und trotzdem tue ich dies die ganze Zeit. So erschaffe ich das Leid zusätzlich zum Schmerz. Dieses Leid flackert immer dann am hellsten auf, wenn ich nicht annehmen will, was schon längst geschehen ist.

Draußen vor dem Fenster versucht das Eichhörnchen gerade, seinen Schwanz zu fassen. *Könntest du deine gedanklichen Reisen lenken?* Ich zucke mit den Schultern und versuche einmal, alle anderen Darsteller der Geschichte, die möglichen Ursachen, die Umstände und Ungerechtigkeiten außer Acht zu lassen. Da verschmelze ich plötzlich allein mit dem Schmerz. Jetzt ist er gegenwärtig und auch körperlich spürbar. Ich bin gezwungen, in der Gegenwart zu bleiben. Körperlicher Schmerz ist unmittelbar. Wenn der Körper wehtut, befindet man sich zu jeder Zeit im JETZT. *Wo fühlst du nun deinen Schmerz?* Das Eichhörnchen springt, verfehlt den Ast und fällt in einen benachbarten Busch. Ich fühle den Schmerz in meiner Brust, sie zieht sich zusammen und ich bekomme beinahe keine Luft mehr. Gleichzeitig fühle ich ihn auf meinen Schultern sitzen, er drückt mich fast zu Boden, ich fühle mich erschlagen, alles an meinem Körper tut weh. Es ist schwer, dem Schmerz so unmittelbar zu begegnen. Darauf bin ich nicht gefasst. Ist das Leid vielleicht so etwas wie ein Ausweichmanöver, das mich in die Vergangenheit reisen lässt oder das eine trügerische Möglichkeit schafft, um dem wahren Schmerz nicht direkt begegnen zu müssen? *Siehst du, wie beweglich du bist?* Das Eichhörnchen hat sich berappelt und klettert den Stamm wieder hinauf. *Nur wenn du dich deinem Schmerz stellst, ihn einatmen und ausatmen kannst, versuchst, durch ihn hindurchzugehen, wird er sich eines Tages verändern können.* Noch fühlt es sich nicht sehr beweglich an, obwohl ich gedanklich gerade eine sehr weite Reise unternommen habe. Ich schlucke das restliche Apfelstückchen hinunter und ahne schon, dass ich diese Einsicht mehrmals würde entdecken müssen, bis sie ganz in Fleisch und Blut übergegangen ist. Es wird vermutlich immer wieder Phasen geben, in denen ich zurückschaue, mir wieder dieselben unnützen Fragen stelle, bis ich mir deine Stimme wieder wünsche, die mich daran erinnert, dass ich ja auch springen kann. Das Eichhörnchen hat jetzt endlich die Nuss geknackt und isst die Frucht auf. Es wird mir jetzt klar, dass ich zu jedem Zeitpunkt in der Lage bin, meine Reise zu beeinflussen. Ich ahne nun langsam, was Trauerarbeit bedeutet, nämlich immer wieder diese Sprünge zu wagen, manchmal auch vom Ast zu fallen, um gleich wieder aufzustehen und den

Sprung erneut zu riskieren. Das Eichhörnchen überschlägt sich und läuft flink davon.

Am nächsten Morgen stand ich früh auf, obwohl mir das gestrige Erlebnis noch nachging und ich gerne länger liegen geblieben wäre, um nochmal in Ruhe darüber nachzudenken. Kasi musste in die Schule. Nach dem Frühstück legte ich mein Korsett an. Ich wollte gleich mit dem Hund rausgehen, der schon ungeduldig an der Tür wartete. Das Wetter war noch schön und an diesem Vormittag wollte ich versuchen, ein bisschen weiter zu laufen. Ich schnappte die Leine und zog die Haustüre zu. An den Pferdekoppeln vorbei ging ich zu den Streuobstwiesen. Die Luft roch gut. Ich atmete tief ein, hörte den Vögeln zu und sah, wie die Sonne ihre silbernen Strahlen durch das Geäst einiger Bäume schickte. Ein Strahl fiel direkt auf einen knorrigen Apfelbaum. Auch er musste einmal sehr verletzt worden sein, denn in seiner Rinde klaffte an einer Stelle ein großes Loch. Es sah nicht mehr frisch aus, die Wunde war längst verschlossen. Aber das Loch als Zeugnis einer tiefen Verwundung war geblieben. Ich schaute nach oben. Der Baum zeigte bereits kleine Knospen. Er stand da, neben all den anderen Bäumen, als sei ihm nichts geschehen. Zuversicht strahlte er aus und eine bärige Kraft. Mit einem tiefen Seufzer lehnte ich mich an seinen Stamm. Vielleicht würde ich ja etwas von seiner Energie spüren können? Und tatsächlich, es war nur ein kurzer Augenblick, in dem mein Herz leicht hüpfte und er mir eine kleine Lebensfreude schickte, in Aufbruchsstimmung und vorfrühlingshaft. Liebevoll berührte ich die Wunde des Baumes. Da drängte sich die Stimme meines Vaters wieder in mein Bewusstsein und hämisch hörte ich meinen Verstand sagen: *Gehörst du jetzt auch schon zu den Menschen, die Bäume umarmen?* Erschrocken zog ich meine Hand zurück und schaute mich verunsichert um. Gott sei Dank, es hatte mich niemand gesehen. Gott sei Dank? Ja, was nun? *Lass ihn*, schaltete sich nun eine andere Stimme dazu, *er kann es eben nicht verstehen. Hör nach innen, hör auf mich, auf dein Herz.* Verwirrt setzte ich mich ins Gras und lehnte mich an den dicken Stamm des Baumes. Tara knurrte leicht und forderte mich auf, ihr den Ball zu schmeißen. Vielleicht könnte es sich auch mit meinem Schmerz so verhalten. Die Wunde in meinem Herzen würde immer bleiben, genauso wie das Loch im Stamm des Apfelbaumes. Aber vielleicht könnte es trotzdem möglich sein, irgendwann wieder lebendig zu werden, so wie dieser Baum? Wenn er es geschafft hatte, könnte ich es doch auch. Möglich war ja auch, dass er gerade durch den Schmerz, der ihm zugefügt worden war, so stark und kräftig wurde. Beherzt stand ich auf und schlang meine Arme um den Stamm. »Du wirst von nun an mein Vorbild sein, dicker starker Baum!« *Wenn dich jetzt bloß niemand gesehen hat.* Der Verstand brummte noch leise im Hinterkopf. Aber mein Herz fühlte sich so gut an. *Bravo*, flüsterte es, beglückt, eine neue Verbündete gefunden zu haben. Beim Zurückgehen lief ich sogar etwas leichter als sonst den Weg hinunter. Ich nahm mir fest vor, eben gerade durch den Tod von Nico weiterzugehen, weitere Fragen zu stellen, dahinterzuschauen und mehr zu wollen vom Leben. Von da an besuchte ich ihn öfter, diesen Baum. Es war seltsam, aber nach jedem Besuch trug ich eine Mütze voll Mut und Lebenswillen zu mir nach Hause.

Ein paar Tage später gingen wir zur Polizei. Wir hatten diesen Gang etwas hinausgezögert, weil wir wussten, dass wir dort noch einmal mit dem Geschehen in der Unfallnacht konfrontiert werden würden. Trotzdem wollten wir uns dem stellen. Wir hatten das Gefühl, nichts auslassen zu dürfen, was wir später bereuen könnten. Roland begleitete uns. Ein uns bekannter Polizist öffnete die Tür und zeigte uns den Weg zu dem Zimmer, in dem wir erwartet wurden. Die Tatsache, dass wir diesen Polizisten kannten, machte es mir etwas einfacher. Es mischte sich ein vertrautes Gefühl in die anonymen Gänge, durch die er uns führte. Wir liefen treppauf und treppab. Es erschien mir endlos. Ich verlor völlig die Orientierung. Das Korsett drückte und der Rücken begann, erheblich zu schmerzen. Ich biss mir auf die Lippen. Nur jetzt nicht schwächeln, ich wollte es hinter mich bringen. Es kam mir nicht so vor, als wäre ich gerade auf der Freiburger Polizei. Ich fühlte mich an einem Ort, der keinen Bezug zu unserem Leben haben konnte. Als wir endlich in einem Zimmer ankamen und uns schließlich ein fremder Polizist gegenübersaß, fand ich mich wieder ein wenig in der Realität zurecht. Wir erfuhren, dass der Unfallfahrer automatisch eine Strafanzeige bekommen hatte. Dies würde bei Todesfolge ohne persönliche Anzeige geschehen. Ich ließ mir den Unfallhergang noch einmal ganz genau erklären. Die Polizei hatte versucht, alles zu rekonstruieren. Sie hatten sogar den Unfallhergang nachgestellt und einem Polizisten ähnliche Kleider angezogen, wie Nico sie in der Unfallnacht getragen hatte. Dann stellte er sich an genau die Stelle, an der unser Sohn gestanden haben musste und von wo aus er seinen letzten Schritt in dieser Welt tat. Noch einmal kamen in mir unweigerlich all die Gedanken auf, die ich nicht mehr denken wollte. Was wäre gewesen wenn? Genau eine zehntel Sekunde trennte Nico von Leben und Tod. Es war müßig, darüber nachzudenken, das wusste ich ja, denn genau diese zehntel Sekunde stand ihm jetzt nicht mehr zur Verfügung! Aber es war auch gleichzeitig so schwer, sie ziehen zu lassen, anzuerkennen, dass wir sowieso nichts hätten tun können. Hallo, da waren sie wieder, die alten Muster, der altbekannte Zweifel! So einfach ließ er sich also nicht beiseitestellen. Hubertus atmete schwer. »Gibt es Bilder von der Unfallstelle?« Er schaute auf die Akte, die der Polizist vor uns auf den Tisch gelegt hatte. »Wollen Sie sich das wirklich antun?« Der Mann mit grauen Haaren in Uniform schaute uns besorgt an. Hubertus und ich nickten gleichzeitig. Daraufhin schob er uns die Akte zu.

Die Trauer liegt schwer auf meiner Brust. Ich versuche, durch sie hindurchzuatmen. So wie ich es gelernt hatte. Komm nur, Schmerz, ich habe keine Angst mehr vor dir. Ich halte dich aus, weil ich spüre, dass es in mir noch etwas anderes gibt, etwas, das stärker ist als du. Ich atme dich ein und aus, immer wieder, so lange, bis du mir nicht mehr gefährlich sein kannst. Ich senke meinen Blick auf die Fotos, die vom Unfallort gemacht worden waren. Da liegt er, unser Sohn, am Straßenrand, hinter ihm das Rettungsfahrzeug mit Blaulicht und vor ihm der Unfallwagen, ein großer schwarzer Geländewagen. Er wirkt so bedrohlich. Ich schaue auf und bemerke den unsicheren Blick des Polizisten. Wie oft hatte ich später den Wunsch, dieses Auto mit einem Hammer zu zerstören. Ein aussichtsloser Wunsch, der zu teuer für mich war. Noch heute überkommt mich ein komisches Gefühl, wenn ich so einem Auto im Straßenverkehr begegne. Ich blicke wieder auf die Fotos von der Unfallnacht. Blitzartig werde ich in das Geschehen hineingezogen, es ist, als würde ich gerade miterleben, wie der Unfall passiert. Es tut weh, so weh. Ein innerer Schrei will mich zerreißen. Mir wird schwindelig. Ich halte die Luft an. *Nein, atme, halte den Schmerz nicht fest, lass ihn wieder los.* Ein Seufzer durchdringt die Stille. Ich atme aus, den Schmerz, den Schrei, das Bild von meinem toten Kind. Ich lasse alles gehen. Die Schultern entspannen sich. Das Herz wird warm und ich weiß, du bist hier, bei uns. Ich höre ein Blaulicht tönen, von ferne, draußen vor der Wache, einige Wochen nach deinem Tod. Jetzt wird mir wieder bewusst, wo ich gerade bin.

Wir erkundigten uns nach dem Unfallfahrer, von dem wir noch immer nichts gehört hatten. Wir waren sehr betroffen, als man uns erzählte, dass es ebenfalls ein junger Mann gewesen war, gerade erst 18 Jahre alt. Er hatte sich in dieser Nacht das Auto seines Vaters geliehen und war auf dem Weg von der Arbeit nach Hause gewesen. Ich überlegte, wie er wohl mit diesem Schicksal in Zukunft würde leben können. Die Wärme, die sich in mir ausgebreitet hatte, spürte ich auch für ihn. Unser Sohn war tot. Wir konnten seinen Tod nicht verhindern und arbeiteten daran, uns nicht immer wieder die Frage zu stellen, wie wir es hätten verhindern können. Würde es diesem jungen Mann gelingen, diese Frage eines Tages auch auszublenden? Oder würde die Schuld beständig an ihm nagen? Könnte er eines Tages durch die Schuld genauso hindurchgehen wie wir durch den Schmerz? Hubertus und ich waren uns einig. Wir wollten ihn kennenlernen. »Können Sie eine Verbindung zur Familie des Fahrers herstellen?« Hubertus wischte sich eine Träne aus dem Gesicht. Der Polizist nickte stumm. Wir verließen die Polizeistation mit einer Plastiktüte, in der sich Nicos zerrissene Kleider befanden, die er in dieser Nacht getragen hatte. »Soll ich das übernehmen?« Wir nickten. Roland nahm den Sack an sich. Und dann hatten wir nur noch Nicos Handy, in das er seine letzten Worte gesprochen hatte.

Wir trafen den Unfallfahrer und seine Familie an einem kalten Februartag. Draußen war es ungemütlich und verdrießlich. Hubertus hatte ein Feuer im Kamin angemacht und die Ofenbank war schon einladend warm. Die Eltern des Fahrers wollten ihren Sohn begleiten und so saßen wir mit einer fremdländischen Familie zusammen an unserem Esstisch bei einer Tasse Tee. Es war noch eine ältere Schwester dabei, die sprachlich vermitteln konnte, da die Eltern nur gebrochen Deutsch sprachen. Der junge Mann sagte fast gar nichts. Nur wenn wir ihn etwas fragten, antwortete er knapp. Sein Blick war nach unten gerichtet. Eine Gefühlsregung war nicht zu erkennen. Wer weiß, was in ihm vorging. Ich dachte mir, dass er vermutlich auch noch unter Schock stehen würde.

Anfangs war die Stimmung sehr angespannt. Wir wussten nicht genau, wie wir miteinander umgehen sollten. Keiner wusste von dem anderen, was er erwartete. Wir waren alle sehr verunsichert.

Als mein Blick den der Mutter traf, geschah plötzlich etwas Außergewöhnliches. Es war, als würde ich diese Frau wiedererkennen, so als hätten wir bereits eine sehr lange Verbindung zueinander gehabt. Das verwirrte mich in diesem Moment gar nicht, obwohl wir ja aus völlig verschiedenen Kulturkreisen stammten und wir uns sicher zuvor noch nie begegnet waren. Sie hatte ganz andere Wurzeln und dennoch fühlte es sich so an, als könnte ich ein bislang unsichtbares Band wahrnehmen, mit dem unsere Leben verwoben waren. Mein Herz klopfte wieder an. *Für einen kurzen Augenblick darf sich das Schicksal offenbaren, in dem das Zusammentreffen eurer Kinder schon vor langer Zeit festgeschrieben stand.* Es sah ganz so aus, als würde in der Frau etwas Ähnliches vor sich gehen. Wir standen gleichzeitig ganz langsam auf, gingen aufeinander zu und umarmten uns eine sehr lange Zeit. In dieser Umarmung weinten wir gemeinsam um unsere Kinder. »Ihr seid nun Teil unserer Familie. Das Schicksal hat uns zusammengeführt und miteinander verbunden.« Ihre dunklen Augen füllten sich mit Tränen. »Ich werde euch immer wieder einladen, so werden wir ab und zu diesen schweren Weg gemeinsam weitergehen.«

Ich nickte zustimmend und wir hielten uns noch längere Zeit an den Händen. Irgendwann ließen wir los und setzten uns wieder hin. *Das ist der Weg der Heilung.* Mein Herz fühlte sich leichter an. Wir verabschiedeten uns nach zwei Stunden mit den besten Vorsätzen.

Ein erneutes Treffen hat jedoch nie stattgefunden, denn leider entschied sich die Familie später doch für einen anderen Weg. *Hattest du wirklich daran geglaubt, dass dies gelingen könnte?* Mein zweifelnder Verstand fühlte sich wieder einmal bestätigt. *Gib die Hoffnung nicht auf,* sprach mein Herz. *Oft wählt ihr den für euch vermeintlich leichteren Weg, der sich am Ende dann aber gleichwohl als Umweg entpuppt, da er aus Angst statt aus Liebe begangen wird.*

Wir begegneten uns manchmal in der Schule oder auf der Straße. Diese Begegnungen wurden allmählich immer bedrückender für uns und wir wurden immer unsicherer, wie wir miteinander umgehen sollten.

Das Handy klingelte, eifrig versuchte ich, es aus meiner großen Umhängetasche zu fischen. Bis ich es gefunden hatte, war die Melodie bereits wieder verstummt. Als Klingelton hatte ich damals denselben eingestellt, den Nico auf seinem Handy hatte: »What a Fuck« von Sak Noel. Der passte natürlich gar nicht zu mir, aber erst nach einer Weile, als Kasimir andeutete, wie peinlich das sei, stellte ich den Klingelton um. Ab dann läutete »Jump« von Van Halen, das Kasi mit seiner Band einmal auf dem Schlagzeug spielte. Ich schaute aufs Display und sah, dass Hubertus versucht hatte, mich anzurufen. Ich rief zurück. Er wollte noch einmal wegen des Skiurlaubs mit mir sprechen. Es war Ende Februar. Nicht einmal zwei Monate waren vergangen, seit Nico tot war. Trotzdem überlegten wir, nach Schönried zum Skifahren zu gehen. Letztes Jahr um diese Zeit waren wir noch zusammen mit Nico dort gewesen. Hiltrud, unsere Begleiterin aus dem Bestattungsinstitut, hatte uns geraten, noch einmal an die Orte zurückzukehren, an denen wir gemeinsam mit Nico gewesen waren. Dies könnte zur Heilung und zum Loslassen beitragen. Hubertus wollte jetzt wissen, wie ich mich entschieden hatte. »Ich weiß nicht, ob ich dieser Situation schon gewachsen bin.« Es war still am anderen Ende der Leitung. Dann hörte ich, wie er die Luft einsog. »So etwas kann ich mir auch nicht vorstellen. Wir könnten es höchstens ausprobieren.« Nachdem wir wussten, was Kasi dazu meinte, wählte ich die Nummer von Antoinette, einer Freundin aus der Schweiz, um zu erfragen, ob die Hütte noch frei für uns sei. Es war sicherlich gut, mit Schönried anzufangen, weil wir erst einmal dort gewesen waren und uns nicht eine ganze Urlaubs-Kinder-Ära mit dem Ort verband. Lago di Mergozzo und Sedrun, die Orte, an denen wir über Jahre gemeinsam mit unseren Kindern gewesen waren, im Sommer und im Winter, hätten wir noch nicht gleich wieder aufsuchen mögen.

Wir fuhren schließlich zusammen mit Marion und Roland, ihren drei Kindern und mit Raphi nach Schönried zum Skifahren. Während die anderen auf der Piste waren, machte ich mit Tara viele Spaziergänge im Schnee. Ich trug ja noch immer dieses steife Korsett. Allerdings konnte ich schon etwas länger damit spazieren gehen. Die Einsamkeit der Schweizer Berge tat mir gut. Wenn ich mich ganz allein wähnte, rief ich nach Nico, aber nur das Echo hallte mir aus der Ferne entgegen. Nico, Nico, überall! Er war hier, bei mir, in meinem Herzen, in meinen Gedanken und meiner Erinnerung, hinter den Bergen, im Wald und in den Kristallen des glitzernden Schnees.

Ich wäre auch gerne Ski gefahren, es wäre eine willkommene Ablenkung gewesen, aber mein Körper wollte es anders. Und da wir nur gemeinsam konnten, mein Körper und ich, musste ich mich eben mit meinen Beinen als Fortbewegungsmittel begnügen. Zu dieser Zeit fiel es mir aber besonders schwer, das zu akzeptieren. Ich haderte sehr damit und war überzeugt davon, immer den schwierigsten Part zu bekommen.

An einem sonnigen Nachmittag beschließe ich, wenigstens einmal mit der Gondel auf eine Bergspitze zu fahren, um die Aussicht zu genießen. Der Schnee ist perfekt, alles weiß gepudert, die Menschen um mich bestens gelaunt. Aber als ich dort oben stehe, fühle ich mich plötzlich verloren und einsam. Ich gehöre weder zu den Menschen, die auf ihren Skiern die Berge hinunterfahren, noch zu denen im Himmel. Ich stehe also da, am höchsten Punkt dieses Berges zwischen Himmel und Erde, und weiß auf einmal gar nicht mehr, was ich eigentlich hier oben suche. Ich habe mein Ziel aus den Augen verloren. Ich sehne mich plötzlich nach den schützenden vier Wänden der Ferienwohnung, nach etwas Vertrautem, an dem ich mich festhalten kann. Ich will zu meinem Mann und meinem Sohn. Also steige ich wieder in die Gondel. Ich bin ganz alleine in der Kabine und das erste Mal seit langer Zeit kann ich ganz sicher sein, dass mich niemand hört. Da platzt es plötzlich aus mir heraus. All die aufgestaute Trauer, die Verzweiflung und die Wut verschaffen sich ungehindert Bahn. Es ist wie ein Orkan, eine Tränenflut strömt aus meinen Augen, meine Brust scheint zu zerbersten. Ich brülle und heule abwechselnd, wie eine verwundete Wölfin, der man ihr Junges raubt. Ich weine zwar jeden Tag, aber das hier ist etwas anderes. Mit so viel angestautem Zorn und Empörung habe ich nicht gerechnet. »Nico, weshalb bist du fort, das ist nicht fair!« Niemand antwortet. Auch die sonst so verlässliche Stimme meldet sich nicht. »Ach so ist das«, schreie ich wütend aus dem Fenster. »Du meldest dich

immer nur, wenn es dir passt, aber jetzt könnte ich dich gebrauchen, hörst du, JETZT!« Sille. Aufgebracht rüttele ich an der Kabinentür, die zum Glück gut verschlossen ist.

Mit dem Einfahren in die Liftstation findet mein Gefühlsausbruch ein jähes Ende. Kurz überlege ich, ob ich einfach noch einmal nach oben fahren soll, aber da öffnet ein Mitarbeiter bereits die Türe und ist total verblüfft, als ihm eine völlig verheulte und gänzlich erschöpfte Frau beinahe in die Arme fällt. Danach fühle ich mich erleichtert, denn ich habe ein wenig Ballast in der Gondel gelassen. Die armen Menschen, die nach mir diese Kabine besteigen! Ob sie etwas spüren?

Entkräftet schlurfe ich zu unserer Hütte. Es ist noch niemand da. Außer Tara, die mich freudig begrüßt. Ich schnappe mir ein Buch, setze mich auf die Terrasse in die Sonne und beginne zu lesen. Die Zeilen geben mir Sicherheit und ich kann mich wieder beruhigen, bevor die anderen langsam eintrudeln und wir gemeinsam zu kochen beginnen.

Nach dem Essen setzten wir uns in diesem Urlaub jeden Abend in einen Kreis und erzählten von Nico. Hier war Platz für gemeinsame Erinnerungen, Gedanken und Schmerz. Dann sah ich meinen anderen Sohn an, war so glücklich, dass es ihn gab, und wir versuchten wieder weiterzuleben und uns zu rüsten für einen neuen Tag.

Am letzten Skitag fuhren Kasi und Hubertus auf einen Gletscher. Später erzählten sie mir, dass sich im Sessellift auf 3000 Meter Höhe, an einem eiskalten Februartag ein gelber Schmetterling zu ihnen gesellte. Er umflatterte sie die ganze Fahrt bis nach oben. Einmal ließ er sich auch kurz nieder, um gleich darauf wieder von der Schwerelosigkeit zu kosten und in den Himmel zu fliegen. Dann war er plötzlich wieder da, fröhlich und leicht. Ungewöhnlich, bei der Kälte in dieser Höhe einen Schmetterling anzutreffen. Für die beiden war es, als wolle Nico ihnen eine Nachricht schicken: *Seht doch, es ist heiter dort und freudig.* Und so plötzlich wie er gekommen war, war er auch wieder verschwunden. Was er hinterließ, waren zwei berührte Herzen und ein Hauch Beschwingtheit, als Vater und Sohn ins Tal hinunterrauschten. Hubertus' Augen glänzten, als er mir dieses Erlebnis anvertraute, und es schwang noch immer etwas von dieser Begegnung mit, die trotz der Schwere des erneuten Abschieds voll Glück und Seelenberührung war. Von da an zeigte sich der gelbe Schmetterling den beiden immer wieder. Für Kasi war er sowohl beim Biken unterstützend bei absoluter Achtsamkeit und Konzentration als auch fröhlich flatternd beim Nachhauseweg aus der Schule, so als wolle er seinen Bruder schwatzend begleiten.

Am Abend wurde geputzt und aufgeräumt und wir machten uns wieder bereit, dem Alltag von Neuem zu begegnen. Dass Ihr Euch dazu entschlossen habt, liebe Freunde, mit uns und all unserem schweren Gepäck in den Urlaub zu fahren, werde ich Euch nicht vergessen.

Ohne meinen Laptop fuhr ich inzwischen nirgendwo mehr hin. Nur hin und wieder einige Zeilen an meinen Sohn zu schreiben, war mir zu einer meiner Lieblingsbeschäftigungen geworden. Auf dem Nachhauseweg zog ich den Laptop auf meine Knie und begann zu tippen. Hubertus schielte neugierig zu mir herüber. »Was schreibst du?« »Ach, ich halte nur einige Gedanken fest.« Befangen starrte ich auf den Bildschirm. Er nickte kurz und konzentrierte sich wieder auf die schneebedeckte Straße. Das monotone Geräusch der Scheibenwischer übertönte die eingetretene Stille aus geheimer Verlegenheit.

Lieber Nico,

ich weiß ja, dass Du bei uns bist. Ich kann so oft Deine Gegenwart spüren. In den weißen Bergen, die Du so sehr liebtest, bist Du mir so nahe gewesen. Und trotzdem sehne ich mich so schmerzlich nach Berührung, nach Gesprächen und Konkretem, danach, dass Du auch körperlich bei uns bist und nicht nur mit Deiner Seele. Kannst Du das verstehen?

In Liebe, Mam

Zwischenzeitlich

Wir waren wieder zu Hause. Als wir die Türe aufschlossen, hatte ich für einen kurzen Moment die leise Hoffnung, Nico wäre nur einfach zu Hause geblieben und würde uns jetzt entgegenkommen. Aber das Haus war leer und kalt und musste erst wieder bewohnt werden. In mir machte sich erneut eine große Niedergeschlagenheit breit.

Der Alltag stand schon wieder vor der Tür, grau und monoton. Für mich bedeutete Alltag in erster Linie Trauerarbeit, die hauptsächlich in Einsamkeit stattfand. Schnelle Resultate gab es nicht. Oft hatte ich das Gefühl, wieder von vorne zu beginnen. Aber das stimmte so nicht. Wenn ich genau hinschaute, sah ich die Veränderungen jeden Tag! Es gab immer wieder diese Lichtmomente dazwischen, die mir Kraft gaben, die mich trösteten, die mir Mut gaben weiterzuleben und die mich – sachte noch, aber bestimmt – in die Zukunft schubsten. Meine Freundin Caren holte mich jeden Donnerstag zu einem Spaziergang mit den Hunden ab. Sie stellte sich auf mein Schneckentempo ein und beim Diskutieren über Gott und das Leben erschlossen sich mir neue Welten, die mir Trost gaben und Balsam für meine verwundete Seele waren. Zeitgleich begann ich, Einzelstunden in Feldenkrais zu nehmen. Auch das war wunderbar. Die Feldenkraislehrerin arbeitete in Millimeterarbeit mit meinem Körper. Durch sanfte Bewegungen und das Bewusstmachen meiner Bewegungsmuster vermittelte sie mir einen neuen Zugang zu meinen Gliedmaßen. Diese Arbeit hatte natürlich auch eine Auswirkung auf Seele und Geist. Auch hier durfte ich kleine Augenblicke der Hoffnung erfahren.

Zusätzlich fand ich einen Therapeuten, der mich bei meiner Suche nach einem tieferen, umfassenderen Sinn unterstützte. Ich war so dankbar für die neuen Impulse und Menschen, die mich langsam und beständig weiterführten.

Kasimir gab mir viel von dem Glück dieser Welt. Er war so schnell erwachsen geworden. Nichts war mehr übrig geblieben von dem kleinen kindlichen Kerl, der er einmal gewesen war. Er war reifer geworden, wusste irgendwie, was von existenzieller Bedeutung war, und lernte gerade, wie man mit Situationen umging, die nicht »normal« waren in unserem Alltag.

In gewisser Weise war er mir Vorbild. Er hielt die große Trauer aus und suchte gleichzeitig die Lebendigkeit. Er holte mich immer wieder ins Leben zurück, er forderte mich, und meine Liebe zu ihm gab mir Antrieb und Kraft. Auch er wusste jetzt, wie schnell Veränderungen geschahen und wie geschwind wir aus einem sorglosen Leben herausgeschleudert werden konnten. Wir würden also eine andere, eine grundlegendere Verlässlichkeit brauchen. Ich spürte, wie er danach suchte. Um ihm irgendwann einmal antworten zu können, musste ich erst selbst nach einer Stabilität suchen. Denn zu diesem Zeitpunkt wusste ich ja auch nicht, wie eine Verlässlichkeit aussehen könnte, auf die wir in Zukunft wieder vertrauen konnten.

An einem Sonntagnachmittag saß ich dick eingemummelt im Garten und ließ die ersten wärmenden Frühlingsstrahlen auf mich scheinen. Ich begann zu grübeln.

Wie könnte sie aussehen, diese grundlegendere Verlässlichkeit? Auf was war denn jetzt noch Verlass? Und auf was hatte ich bisher gebaut? Hatte ich darauf vertraut, dass alles gut bliebe, wenn ich mich nur anstrengte? Ich schaute vor mich hin, meine Gedanken verloren sich, ich dachte irgendwie an nichts. Es war nur ein kurzer Augenblick, als dies geschah, aber plötzlich begann wieder dieses leichte Erschauern und mir wurde ganz warm ums Herz. Ich wusste, er war da. Nico begann einen Dialog mit mir. *Was entspricht denn deinen Vorstellungen von gut?* Ich überlegte: Zum »gut sein« gehört beispielsweise, dass die Kinder nach den Eltern sterben und nicht davor. *Und woher weißt du, dass das »gut« wäre?* Ich weiß es nicht, ich will es so. Kaum hatte ich das gedacht, fühlte ich mich ertappt. Dies war also mein Wille. Und natürlich kam prompt: *Kann der Wille ein guter Ratgeber sein?* Nein, natürlich nicht immer, aber ich will dem Schmerz aus dem Weg gehen, ich möchte nicht leiden. Jetzt war ich ein bisschen aufgebracht. Mein Sohn, er forderte mich sehr. Aber er ließ nicht locker. *Schmerz gehört zum Leben, du solltest ihn nicht bewerten.* Du weißt nicht, wie es ist, ohne dich zu leben, dachte ich mir nur und war auf einmal so wütend, dass er einfach gegangen war. Das beeindruckte ihn aber gar nicht. *Bist du wirklich in der Lage, einzuschätzen, was Sinn oder Unsinn ist, was Glück oder Leid, wenn du aus deinen Möglichkeiten heraus nur einen winzig kleinen Teil von allem erfassen kannst?* Ich erinnerte mich plötzlich, dass die innere Stimme oder eben Nico schon einmal versucht hatte, mir das zu sagen. Es war, nachdem ich mit der Operationsärztin gesprochen hatte. Es musste ihm sehr wichtig sein. Mag sein, gab ich kleinlaut bei. Ich war erschöpft. Worauf wollte er eigentlich hinaus? *Vielleicht kann es ein »gut sein« geben, das auf den ersten Blick nicht deinen Wünschen entspricht und dennoch passend für dich sein könnte?*, versuchte er mir zu erklären. Nein, das gibt es nicht, ohne dich niemals, wollte ich gerade trotzig antworten. Da blitzte in mir ein neuer Gedanke auf. Werde ich wieder eine Verlässlichkeit finden, wenn ich mich auf diese andere Art zu denken einlassen könnte? Wenn ich aufhören würde zu werten? Ich wartete auf eine Antwort, aber die Wärme und das sanfte innere Beben waren vorüber. Ich saß in meinem Garten und hörte einzig das Zwitschern der

Vögel, sonst nichts mehr. Diese Fragen würden mich also auf meiner Suche in der nächsten Zeit begleiten. Das Brummen der Kaffeemaschine riss mich aus meinen Gedanken. Mein Mann war nach Hause gekommen.

Trotz aller Unterstützung war der Alltag oft grau und schwer und die Wochen zogen sich endlos in die Länge. Das Wetter glich einem trübsinnigen Menschen, der beschlossen hatte, alle Farbigkeit aus seinem Leben zu streichen. Da ich ja nichts anderes tun konnte als viel zu liegen oder mithilfe des Korsetts spazieren zu gehen, war ich vom gesellschaftlichen Leben ausgeschlossen. Denn außerhäusliche Unternehmungen waren immer mit Sitzen oder Stehen verbunden. Beides war schmerzhaft. Ein graues Sofa gab es eben nur in meinem Wohnzimmer. Doch zum Glück wurde mir an den Wochenenden noch ein anderes, ein rotes Sofa angeboten. Es stand im Wohnzimmer meiner Schwägerin. Ein paar Monate nach Nicos Tod wurden Hubertus, Kasi und ich samstagabends fast regelmäßig von Katrin und Pedro eingeladen. Sie kochten vorzüglich für uns und mit vollem Magen schauten wir dann meist zusammen ein Video an. Manchmal waren auch Raphi oder die ganze Großfamilie mit dabei. Anfangs gab es keinen Moment mehr in unserem Leben, an dem wir nicht ständig an Nico denken mussten. Auch wenn wir einen Film ansahen, begegnete er uns immerzu in unseren Gedanken, denn jeder Film hatte eine Sequenz, die uns an ihn erinnerte. Manchmal ging es um Brüder oder es gab einen Verkehrsunfall oder oder… Dennoch boten uns die Samstagabende die Möglichkeit, zumindest immer wieder zu versuchen, für eine kleine Weile in eine andere Wirklichkeit einzutauchen. Wir begannen sogar, uns ein wenig auf diese Abende zu freuen! Gemeinsam zu trauern hatte für uns eine andere Qualität. Es fühlte sich an, als würden wir uns gegenseitig Mut zurufen, gleich einer Fußballmannschaft vor dem Spiel. Es war verbindend und gab uns Kraft auf eine besonders schöne Art und Weise.

Die Tage verrinnen. Die Küchenuhr hängt längst wieder an ihrem Platz und bekundet Minute um Minute die Vergänglichkeit der Zeit. Aber meine innere Uhr tickt noch hinterher. Es fühlt sich einfach nicht so an, als hätten wir schon drei Monate ohne Nico verbracht. So lange war ich noch nie von ihm getrennt gewesen. Der Tag ist grau. Ich will mich gerade in ein neues Buch flüchten.

Da ruft eine Freundin an. Sie will ihre Wohnung neu streichen und fragt, ob wir noch Farbe übrig haben. Ich schaue im Keller und hole die weiße Wandfarbe nach oben. Ein paar Pinsel habe ich auch noch gefunden. Dann sitze ich auf dem Farbeimer und warte auf das Läuten, da meine Freundin gleich alles abholen will.

Ich denke über unsere Wände nach. Die meisten sind mit einem gräulichen Schleier überzogen. Ich könnte sie auch einmal wieder neu streichen. Eine frische Farbe würden sie schon gut vertragen. Ich lasse meine Gedanken schweifen und stelle mir vor, dem Zimmer einen roten, blauen oder grünen Anstrich zu geben oder es bei Weiß zu belassen. Ich komme nicht weiter, denn es fehlt der Plan, ich weiß nicht einmal mehr, wie ich mein Zimmer anstreichen soll. Ich kann mich für keine Farbe entscheiden. Wahllos tunke ich den Pinsel in einen Topf. Dann stehe ich erst einmal nur da, mit dem Pinsel in der Hand, und führe keinen einzigen Strich aus. Der Pinsel fühlt sich schwer an. Dann versuche ich aber doch ganz kleine Pinselstriche zu machen, zu mehr reicht meine Kraft nicht aus. So wenig braucht es, um mich zu erschöpfen. Plötzlich rutscht mir der Pinsel aus. Es entstehen kleine Sprenkel an der Wand. Bei genauerem Hinsehen erkenne ich ein Muster darin. Ich bin noch unschlüssig, dann gebe ich mir einen erneuten Ruck, tunke den Pinsel wieder in einen Farbeimer und erwische ein Gelb. Na so was! Oh, da ist auch ein Lila und ein Orange. Da merke ich, wie viele Farben mir zur Verfügung stehen. Meine Palette wird bunter. Hoppla, der Grauschleier kann sich nicht verteidigen, als einziger Ton an der Wand. Ich male weiter, mixe sogar die Farben und probiere ganz neue aus. Nein, das gibt es doch gar nicht, da stehe ich nach einer Weile vor meiner Zimmerwand und bin ganz erstaunt, wie bunt sie mit der Zeit geworden ist.

Das Klingeln an der Haustüre schreckt mich auf. Ich drücke auf den Türöffner und meine Freundin kommt herein. Irgendwie bin ich stolz. Ihr fällt es sichtlich schwer, meinen neuen Gesichtsausdruck zu deuten. Schade, dass ich ihr mein Kunstwerk nicht vorführen kann.

Als sie gegangen war, suchte ich meinen Laptop. Nachdem ich ihn endlich gefunden hatte, begann ich zu schreiben. Zu lange schon hatte ich ihn in eine Ecke verbannt. Weshalb nur? Ich weiß es nicht. Vorsichtig machte ich das Postfach auf. Schon wieder nichts. Hoffte ich heimlich noch immer auf himmlische Post? Es war doch nicht zu fassen, es gelang mir nicht, mich umzuprogrammieren. Nun, dann musste ich mich eben damit abfinden, jedes Mal wieder ein bisschen enttäuscht zu sein. Aber was bedeutet schon eine kleine Enttäuschung neben dem großen Gefühl der Hoffnung?

Lieber Nico,
heute hatte ich es ein wenig bunt in meinem Leben. Ich beginne wahrhaftig, wieder Farben wahrzunehmen. Ich bin sicher, dass Du Dich darüber freust und mich darin bestärken wirst. Ich hab Dich lieb, Deine Mam

Am nächsten Tag schlenderte ich wieder einmal mit Tara über die frühlingshaften Wiesen hinter unserem Haus. Die Schneebälle mussten allmählich durch andere Bälle ersetzt werden. Deshalb steckte ich jetzt jedes Mal einen Tennisball in meine Jackentasche. Nichts liebte mein Hund mehr, als diesem gelben Ball mit vollem Einsatz hinterherzujagen. Tara wirkte ein bisschen gelangweilt, wenn der Wurf dürftig ausfiel, und ließ mich das auch spüren. Dann strengte ich mich das nächste Mal natürlich mehr an.

Nicht nur Tara war ballbegeistert. Nico war es auch. Neben dem Snowboarden war Fußball seine zweite Leidenschaft gewesen, er hatte schon als kleiner Junge angefangen zu kicken. Er war Torwart, zuletzt seinem Alter gemäß in der B-Jugend. Am liebsten spielte er bei lauwarmem Wetter und leichtem Nieselregen. Immer wenn wir jetzt eine solche Witterung haben, denke ich wieder ganz besonders daran, wie er nach dem Fußballspielen auf unserer Terrasse stand, von oben bis unten schlammverschmiert und schelmisch grinsend. Nico war natürlich immer der schmutzigste Kerl von allen, da er als Torwart ständig nach dem Ball hechtete. Ich war nicht so erfreut bei der Vorstellung, alles wieder waschen zu müssen, aber es berührte trotzdem jedes Mal mein Herz, weil ich sah, wie glücklich er dabei war.

Einmal war ich zu einem Einzeltraining mitgekommen. Nico war damals vielleicht acht oder neun Jahre alt. Er wirkte winzig klein, als er in dem großen Tor stand. Sein Trainer schoss mit voller Wucht und Nico versuchte, den Ball zu halten. Einmal zuckte er leicht mit den Augen, als der Ball besonders hart kam. Der Trainer fragte ihn herausfordernd: »Hast wohl Angst vor dem Ball?« Nico schüttelte den Kopf. »Dann geh raus, stell dich daneben.« Der Trainer versuchte, ihn noch immer zu provozieren. Nico schüttelte wieder den Kopf. »Angsthasen können wir nicht gebrauchen!« Jetzt reicht's, dachte ich, und wollte schon eingreifen. Diese rüden Methoden konnte ich nicht gutheißen. Aber ich spürte, wie wichtig es Nico war, dies selbst zu regeln. Er blieb einfach, ohne ein Wort zu sagen, mutig im Tor stehen. Also zwang ich mich, ebenfalls ruhig zu bleiben. Ich kochte innerlich, aber auf meinen Sohn war ich mächtig stolz.

Leider sind wir viel zu selten mit zu den Spielen gegangen. Das habe ich später natürlich sehr bereut. Aber Fußball und vor allem das Drumherum war einfach nicht unsere Welt. Ein Problem war für unsere Familie auch der Alkohol nach den Spielen, der in Mengen floss. Anfangs schaffte Nico es, sich noch zurückzuhalten, aber ab einem gewissen Alter war das nicht mehr so einfach. Ich musste auch lernen, mit meiner Angst um ihn zurechtzukommen, denn die Verletzungsgefahr im Fußball ist groß. Wie oft hatte ich ihn verbinden müssen, weil er vom Schlittern über den Rasen riesige Brandwunden am Oberschenkel hatte. Er jammerte nie und es war auch niemals ein Grund, beim nächsten Training zu fehlen. Nico war nicht zimperlich.

Bei einem seiner letzten Spiele hatte er großen Erfolg gehabt. Er hielt fast alle Bälle, war in Hochform und wurde von seinem Trainer und seiner Mannschaft sehr gelobt und gefeiert. Er kam ganz stolz nach Hause und erzählte uns von dem Spiel. Wir würden viel dafür geben, dabei gewesen zu sein. Wenn der Tod dazwischenkommt, wiegen verpasste Gelegenheiten viel schwerer, als wenn man einfach auf ein anderes Mal hoffen kann. Beim nächsten Spiel sind wir dann gleich mitgegangen. Wir merkten, dass er es sich so sehr wünschte. Also platzierten Hubertus, Kasi und ich uns in der Nähe des Tores und stellten fest, dass wir Nico gar nicht mehr peinlich waren, sondern er sich sehr freute, dass seine ganze Familie gekommen war.

Aufgeregt standen wir am Zaun und verfolgten das Spiel. Es war natürlich wieder ganz anders als das Mal zuvor. Aber er war gut, behielt den Überblick und gab als Kapitän der Mannschaft Anweisungen zum Spielverhalten.

Nico hatte natürlich auch eine Dauerkarte des Freiburger Sportclubs und verpasste fast kein Heimspiel. Nach seinem Tod hielten seine Fußballkumpels auf der Nordtribüne ein Banner mit dem Schriftzug »Kämpft für Nico« hoch. Auf diese Weise haben sie ihn noch ein letztes Mal mit ins Stadion geholt. Zwei Monate nach Nicos Tod wurden wir von seiner Mannschaft noch einmal zu einem Spiel eingeladen. Sie wollten uns am Ende noch etwas fürs Grab überreichen. Dafür hatten sie Geld gesammelt. Diese Geste berührte uns sehr. Und obwohl wir natürlich Angst davor hatten, ein Spiel von Nicos Mannschaft ohne ihn mitverfolgen zu müssen, wollten wir es auch nicht ablehnen. Wir hatten das Gefühl, dass es unsere Aufgabe war, den Abschiedsgruß der Spieler an seiner Stelle entgegenzunehmen. An einem Samstagnachmittag spazierten Hubertus und ich also zu den Fußballplätzen ins Wildtal. Die Spieler waren schon auf dem Feld und wärmten sich auf. »Schön, dass Sie kommen konnten.« Wir nickten stumm. Der Trainer reichte uns die Hand. »Die Jungs tragen Trauerflor und spielen heute für Ihren Sohn.« Wir nickten stumm. »Können Sie nach dem Spiel noch einmal kurz zur Mannschaft kommen?« Wir nickten stumm. »Äh … ich muss dann wieder zu den Spielern.« Wir nickten stumm. »Also dann, bis später.« »Bis später«, sagten wir gleichzeitig und ich glaube, der Trainer war froh, sich wieder dem bevorstehenden Spiel zuwenden zu können. Wir begaben uns an den Spielfeldrand. Einige andere Eltern waren auch da. Wir bemerkten sie nur am Rande. Alles war wieder so unreal. Wir waren ganz auf uns und unsere Gefühle konzentriert. Meine Beine begannen zu zittern. Der Rücken schmerzte, aber ich wollte durchhalten. Ich hielt mich am Geländer fest, um stehen bleiben zu können. Starr schaute ich immer wieder zum Torwart hinüber und versuchte, mir wenigstens einen einzigen Moment lang vorzustellen, dass dieser junge Mann im Tor Nico sei, dass alles so war wie früher, als Nico im Tor die Nummer 1 trug. Ich war irgendwie aus der Zeit gefallen. Aber leider nur für einen ganz kurzen Augenblick. Denn sobald der Torwart anfing, sich zu bewegen, fiel ich wieder in die Wirklichkeit zurück. Mein Trugbild brach in sich zusammen. Dort stand einfach ein anderer junger Mann im Tor, der aufmerksam den Ball fixierte. Nicos Bewegungen kannte ich zu gut, als dass ich mir einen anderen an seiner Stelle hätte vorstellen können. Da kam der Anpfiff. Das Spiel interessierte mich nicht und ich weiß nicht einmal mehr, wie es ausgegangen ist. Ich konnte immer nur an unseren Sohn denken. Es tat weh, zweimal 45 Minuten lang, obwohl Nico ja da war, nur, dass er diesmal nicht im Tor, sondern an unserer Seite gestanden hatte.

Wir waren erleichtert, als der Schlusspfiff ertönte. Auf einmal kamen die Jungs alle auf uns zugelaufen. Etwas unbeholfen und unsicher, wie sie mit uns umgehen sollten, überreichten sie uns einen großen Keramiktopf mit schönen Blumen für Nicos Grab. Der Schweißgeruch der Jungs vermengte sich mit dem Geruch des frischen Rasens. Genauso hatte Nico auch immer gerochen, wenn er von seinen Fußballspielen nach Hause kam. »Du stinkst«, hatte ich ihm manchmal zugerufen. Nun konnte ich nicht genug davon bekommen. Ich versuchte möglichst unauffällig tief zu atmen. Wir nahmen den Topf entgegen, waren dankbar für so viel Anteilnahme und froh, dass wir es geschafft hatten, bis zum Schluss zu bleiben. Zu Hause angekommen, fielen wir bleischwer auf unser Sofa, unfähig, an diesem Tag noch irgendetwas anderes tun zu können.

Im März hatte ich das erste Mal nach Nicos Tod wieder einen Termin bei Cara, meiner Heilerin in der Schweiz. Die Fahrt hin und zurück war gut an einem Tag zu schaffen. Ich nahm mir sehr viel Zeit und fuhr rechtzeitig los. Aber mit dem steifen Korsett Auto zu fahren, war sehr beschwerlich, deshalb machte ich einen kurzen Zwischenstopp und schnallte es ab. Doch bald bekam ich so starke Schmerzen, dass ich meinen Fuß nicht auf dem Gaspedal lassen konnte. Also zog ich es wieder an.

Mir kam in den Sinn, dass ich schon seit drei Jahren regelmäßig zu ihr ging. Ich schaltete das Radio ein. »In Norwegen und Schweden ist es ganz natürlich, dass Menschen, die vormittags Brötchen backen oder Wurst verkaufen, am Nachmittag ein Schild mit ›Heilerin‹ vor ihre Haustüre hängen.« Ich drehte lauter. »Was denken Sie darüber?«, hörte ich die Stimme im Radio fragen. »Ich glaube, dass alles heilt, was aus Liebe gegeben wird, und dass jeder auf seine Art auch Heiler oder Heilerin sein kann, egal welchen Beruf oder welche Konfession jemand hat. Vielleicht sind manche Menschen etwas geübter im Heilen, so wie andere eben besser im Tortenbacken sind. Manchmal sind es doch die ganz kleinen Momente im Leben, ein Lächeln zur rechten Zeit, ein Ohr oder ein Mitgefühl, das unser Herz erwärmt und unsere Seele nährt.« Ich näherte mich der Grenze und der Sender begann zu rauschen. Mist, ich hätte so gerne noch mehr über das »Heilerwerden« erfahren. Aber es war nichts zu machen. Im Schweizer Dialekt hörte ich immer deutlicher eine Stimme über glutenfreie Backvarianten fachsimpeln. Ich schaltete das Radio aus und hing wieder meinen Gedanken nach. Ich erinnerte mich an die Rückenschmerzen bei meiner allerersten Fahrt zu der Heilerin. Ich hatte zwar noch kein Korsett, aber schnelles Laufen, Skifahren oder andere sportliche Aktivitäten waren unmöglich. Da die Schulmedizin mir nicht mehr weiterhelfen konnte, versuchte ich, andere Wege zu gehen. Ich glaubte schon immer an die Macht der Gedanken und an die Auswirkungen einer positiven Einstellung und Energie. Ich wusste aber nicht, wie ich sie einsetzen konnte. Ich hatte damals schon viel von dieser Heilerin gehört. Als ich dann schließlich vor ihrer Tür stand, war ich sehr aufgeregt. Zwei gegensätzliche Gefühle kämpften in mir. Auf der einen Seite konnte ich mir gar nicht vorstellen, dass ich da nun hineingehen würde und schmerzfrei wieder herauskommen könnte. Andererseits hoffte ich natürlich, sofort von den Schmerzen geheilt zu werden, quasi eine Spontanheilung zu erfahren. In meinen Träumen stellte ich mir bildlich vor, wie ich meine Freundinnen verblüffen könnte, wenn ich sie bei ihrer wöchentlichen Dienstags-Joggingrunde plötzlich abpassen würde und mich anschickte, mit ihnen zu laufen. Warum nicht doch einmal eine Spontanheilung erfahren? Ich hatte gehört, dass diese Frau schon vielen Menschen hatte helfen können, selbst bei Krankheiten, die aus medizinischer Sicht unheilbar waren.

Ich schaltete das Radio wieder ein. Begleitet von einem leisen Rauschen, war das ursprüngliche Programm plötzlich wieder da. »Ich glaube, dass eine Heilung erst dann geschehen darf, wenn man bereit dafür ist. Das lässt aber auf keinen Fall den Rückschluss zu, dass Menschen, die keine Heilung erfahren, noch nicht so reif sind wie andere. Denn jeder wird nur nach seinem eigenen Weg, seiner eigenen Reife gemessen. Es gibt kein Besser oder Schlechter, kein Weiter und Weiser. Manchmal haben Schmerzen eine wesentliche Bedeutung für den Weg der Betroffenen, den sie ohne den Schmerz so nicht eingeschlagen hätten. Veränderungen finden tragischerweise meist dann statt, wenn man in Not ist.« Zzzzzzz. Nun war es endgültig vorüber. Das Sendersuchprogramm hatte sich unwiderruflich für die Backsendung entschieden. Aber ich hatte genug gehört, um sicher zu sein, dass der Schritt über die Schwelle ins Wartezimmer der Heilerin wegweisend für meine künftige Entwicklung werden würde.

Drei Monate nach Nicos Tod saß ich nun also erneut in ihrem Wartezimmer. Noch immer war ich aufgeregt, aber nicht mehr deshalb, weil ich nicht wusste, was da auf mich zukommen würde, sondern weil ich mich so freute, sie wiederzusehen. Es ging jedes Mal etwas ganz Besonderes von ihr aus, etwas, das unendlich guttat. Sie liebte die Menschen ohne Vorbehalt und das spürte ich.

Ihre Energie erfüllte den ganzen Ort. Bereits im Wartezimmer nahm ich eine höhere Schwingung wahr, ein Gefühl, das ich in letzter Zeit immer häufiger bemerkte, vor allem, wenn ich Nicos Nähe spürte. Ich hatte ein Foto von ihm in die Tasche gesteckt. Als ich Cara dann gegenübersaß und von seinem Tod erzählte, zeigte ich ihr auch sein Bild. Sie sah es lange an. »Nico ist eine sehr alte Seele, Sie müssen sich nicht sorgen, er ist bereits im Licht.« Tränen traten in meine Augen. Ich wollte das so gerne glauben. Ich hatte ja auch gespürt, wie viel Kraft er mir nach seinem Tod gegeben hatte und in welch schöner Weise wir immer wieder miteinander verbunden waren. Aber es war eben nur ein Gefühl, ein Gefühl, das kam und ging und auf dessen Präsenz ich keinen Einfluss hatte. Wie gerne hätte ich einen Beweis gehabt, wie sehr wünschte ich mir einen verlässlichen Fingerzeig, der keinen Zweifel daran ließ, dass es Nico gut ging. Aber war das überhaupt möglich? Was wäre denn, wenn Nico eines Tages vor mir im Zimmer stünde? Ich wäre sicher fassungslos und überwältigt und würde in diesem Moment keinen Zweifel daran hegen, dass das Ereignis real ist. Aber wie würde es sich in ein paar Tagen, Wochen oder gar Monaten verhalten? Wäre ich dann nicht schon wieder bereit, all dies infrage zu stellen und dem Zweifel beziehungsweise der kritischen Stimme meines Vaters den Vortritt zu geben? Sicher würde ich es meinem Wunschdenken zuschreiben, einem verständlichen Wunsch, der eben Halluzinationen hervorrufen konnte, weil man die Wirklichkeit nicht mehr länger ertragen wollte. »Sie können sich immer wieder entscheiden, ob Sie sich auf die Botschaften einlassen möchten oder sie als Auswuchs allzu großer Fantasie einer trauernden Mutter deuten.« Verlegen schaute ich zur Seite, ich fühlte mich ertappt. Konnte sie meine Gedanken lesen? Ich entschied mich erst einmal, es anzunehmen, wenn ich mich auch später immer wieder zwischen beiden Möglichkeiten hin- und hergerissen fühlte.

Cara griff unvermittelt nach dem Foto von Nico und schaute es nachdenklich an. »Seelenverwandte gehen nicht verloren, sie werden sich immer wieder finden. Aber es wird ganz anders sein, als Sie es sich jetzt vorstellen können.« Ihre Stimme klang so selbstverständlich, als könnte es gar nicht anders sein. Sie hatte ihre Zweifel längst überwunden. Mich stellte diese Antwort jedoch nicht ganz zufrieden. »Wie viele Jahre wird meine Lebenskerze noch brennen? Für den Fall, dass wir wiedergeboren werden, könnten wir uns dann verpassen?« Sie schüttelte den Kopf. »In der geistigen Welt gibt es keine Zeit, sie ist nur Orientierungshilfe für uns hier auf der Erde. Sie werden Ihren Sohn wiedersehen und dann wird es sich anfühlen, als sei nicht einmal eine Sekunde vergangen.« Wie sollte dies möglich sein? Ich fühlte und dachte schon mein ganzes Leben in Zeitabschnitten. Es gelang mir nicht, ein Leben ohne Zeit zu denken. »Der Kontakt zu Ihrem Sohn wird sich im gemeinsamen Wirken auszeichnen. Nico kann auf diese Weise mehr auf der Erde bewirken, als ihm dies zu Lebzeiten möglich war.« Jetzt war ich ganz aufgeregt und wollte natürlich wissen, wie das aussehen könnte. Genau das wünschte ich mir insgeheim ja schon längst, nämlich mit Kasi und Hubertus das weltliche Leben weiterzuleben und mit Nico eine himmlische Verbindung eingehen zu können. So würde ich mit meinen beiden Jungs und meinem Mann den Weg weiter fortsetzen können. »Sie müssen jetzt noch ein wenig Geduld haben«, mit einem sanften Lächeln drückte sie meine Hände. Oh, ich hatte alles, alles außer noch mehr Geduld. Hätte sie mir gesagt: »Kämpfe«, dann hätte ich noch am selben Tag zum Schwert gegriffen, hätte sie mir gesagt: »Sei mutig«, dann wäre ich noch am selben Tag vom Zehn-Meter-Brett gesprungen. Hätte sie mir gesagt: »Fang an zu arbeiten«, dann hätte ich heute noch den Garten umgegraben. Aber sie sagte: »Haben Sie noch etwas Geduld«, das war am allerschwersten. Sie verstand meinen inneren Kampf sofort: »Ihr Wunsch entspringt verständlicherweise dem Verlangen, nicht mehr länger leiden zu müssen und keine Sehnsucht mehr zu haben. Aber wenn ein Kind stirbt, ist die Trauer unumgänglich, Sie müssen sie erst durchleben. Eine Verbindung zu Ihrem Sohn kann nur dann entstehen, wenn sie nicht als Notnagel oder Seelentröster fungiert, sondern frei ist von Wollen und Erwartungen. Wenn Sie durch diese Tiefe hindurchgegangen sind, kann der Weg wieder frei sein für neue Erfahrungen.« Ich musste mich also wohl oder übel auf einen langen Weg einstellen. Drei Monate nach Nicos Tod war ich mir nicht einmal sicher, ob ich überhaupt dahin gelangen konnte. Würde meine Seele wieder heiler werden und mein Körper weniger wehtun, sodass ich irgendwann wieder ohne Korsett gehen könnte?

Nachdem die Heilerin mich behandelt hatte, sah sie nochmals Nicos Bild an. »Haben Sie noch mehr davon, von diesem Foto, also einen ganzen Stapel?« Sie deutete auf Nicos Bild. Ich nickte stumm. »Haben Sie die Bilder mit einer Schleife versehen und an Freunde und Verwandte verschenkt?« Überrascht schaute ich sie an. »Ja, unser Freund hat Nicos Bild auf einen kräftigeren Karton gezogen und uns gleich mehrere davon vorbeigebracht. Ich habe dann immer eine Schleife darumgebunden, bevor ich ein Bild verschenkte.« Liebevoll strich sie über das Bild. »Das hat Nico sehr gefreut.« Sie lächelte. Jetzt kam meine Hoffnung zurück, ich war wieder quietschlebendig, die Traurigkeit von vorhin war wie weggeblasen. Ich wollte mehr wissen. Diese kleine Information, die sie ja eigentlich nicht hatte wissen können, weckte in mir den Wunsch, noch mehr Details über Nico zu erfahren. Deshalb löcherte ich sie: »Und sonst hat er nichts gesagt, etwas ganz Wichtiges vielleicht?« Die Heilerin sah mich liebevoll an. »Das war ihm wichtig, denn darüber hat er sich sehr gefreut.« »Ja schon«, versuchte ich es noch einmal. »Aber vielleicht möchte er noch mehr sagen, wie und wo wir uns treffen könnten, miteinander kommunizieren…?« Oh Gott, was sagte ich da eigentlich für wirres Zeug. Kaum war es draußen, schämte ich mich sogleich. »War schon wieder ungeduldig«, flüsterte ich kleinlaut, »es tut mir leid.« Cara lächelte freundlich. »Ich kann Sie so gut verstehen und werde Sie gerne auf Ihrem Weg unterstützen.« Als ich wieder draußen im Auto saß und den Zündschlüssel umdrehte, fiel mir die Stimme im Radio ein. »Heilung geschieht, wenn die Zeit reif dafür ist. Manchmal haben Schmerzen eine wesentliche Bedeutung für den Weg.« Dann dachte ich wieder an den Bilderstapel und daran, was die Heilerin darüber gesagt hatte, und musste schmunzeln. Ja, das war so typisch für Nico gewesen, immer wenn er sich über etwas freute, musste er es dem Betreffenden gleich mitteilen, er hielt selten etwas hinter dem Berg. Ich vertraute Cara und dennoch fiel es mir schwer, ihr alles zu glauben, was sie gerade gesagt hatte. Selbst in so großer seelischer Not saß mir der Zweifel noch immer im Nacken. Wichtig war jetzt jedenfalls, dass ich nicht so sehr »wollte«, sondern das Leben geschehen ließ. Ich nahm mir vor, mich langsam im Loslassen zu üben und mir Zeit zu geben.

Als ich wieder zu Hause war, ging ich in meine Werkstatt, um ein Buch zu suchen. Vielleicht hatte ich es hier liegen lassen? Ich setzte mich kurz auf einen Stuhl. Sofort schweiften meine Gedanken wieder zur Silvesternacht. Kurz vor seinem Unfall feierte Nico mit zwei Freunden hier in meiner Werkstatt, um den Silvesterabend einzuläuten. Sie hörten laute Musik und Nico tanzte dazu. Eine kleine Sequenz wurde per Handy aufgenommen und noch heute stehen mir die Tränen in den Augen, wenn ich mir das Video ansehe. Hubertus machte in dem alten Ofen, der in meiner Werkstatt stand, noch Feuer für die Jungs, bevor er selbst zum Feiern aufbrach. Immer, wenn er in der folgenden Zeit die Flammen anschaute, die später züngelnd und tänzelnd viele Veranstaltungen begleiteten, musste mein Mann daran denken, dass dies das Letzte war, was er für seinen Sohn getan hatte. Kopfschüttelnd und ungläubig stand er viele Male davor, zu irreal war das alles noch für ihn. »Danke, Papa, für das Feuer, jetzt haben wir es mollig warm.« Es sollte das letzte Telefonat gewesen sein, das er mit Nico führte.

Ich wollte nicht, dass dieser Raum, den mein Mann und ich vor längerer Zeit ausgebaut und renoviert hatten, nur noch mit schwermütigen und schmerzenden Gefühlen angereichert wurde. Vor Nicos Tod hatte ich hier Kräuterkurse gegeben. Da ich die Heilpflanzen liebte und sie mich immer wieder faszinierten, war es für mich ein Geschenk, dieses Wissen um ihre Qualitäten weitergeben zu können.
Seit Nicos Tod war ich noch nicht wieder in der Lage gewesen, neue Kurse anzubieten. Aber ich spürte, dass mein Interesse

von Tag zu Tag wieder zu wachsen begann. Fürs Erste hatte ich gerade genug Energie, die Jahreskreisfeste zu planen. Zusammen mit fünf anderen Frauen gestalteten wir alle Feste, die früher die Kelten begangen hatten. Diese Freundinnen waren ein wichtiger Bestandteil meines Lebens und allein, dass es sie gab, half mir jetzt in dieser schweren Zeit. Einige der Frauen kannten Nico schon seit klein auf. Meistens trafen wir uns in meiner Werkstatt. Ich mochte es sehr, alles herzurichten, gemütlich zu machen und Stimmung zu zaubern. Diesmal wollten wir Ostara, die Frühlings-Tag-und-Nacht-Gleiche feiern. Dafür machten wir im Garten ein großes Feuer. Wir schrieben alles auf, was wir loslassen oder verändern wollten, und übergaben das beschriebene Blatt Papier den Flammen. Ich kämpfte innerlich mit mir. Wie gerne wollte ich Nico ziehen lassen, ihn freigeben für einen Weg, den ich noch nicht nachvollziehen konnte. Und wie gerne wollte ich ihn gleichzeitig festhalten und mit ihm jede einzelne Erinnerung, auch die in der Werkstatt, die beim Anblick des Ofens aufkam und so sehr schmerzte. Ich hatte es mir doch vorgenommen. Loslassen. Ohne zu wissen, was kommt. Zu vertrauen. Nachdem ich eine Weile in die gierigen Flammen gestarrt hatte, gab ich mir endlich einen Ruck und übergab auch meine Worte dem Feuer. Wir Frauen hielten uns an den Händen und baten Gott, er möge uns zusammenhalten. Danach löschten wir die Glut.

Diese Möglichkeit, einen Ort auch wieder mit anderen Gefühlen und Stimmungen füllen zu können, hatte ich mir von Kasi abgeschaut. Er versuchte auf seine Art, den Schmerz und das Leben zu verbinden. Obwohl auch er wusste, dass Nico seine letzten Stunden in der Werkstatt verbracht hatte, wollte er dort seinen 14. Geburtstag feiern. Er hatte mich schon Anfang März danach gefragt. Als es so weit war, wurde die Werkstatt leer geräumt, die Musikanlage nach unten getragen und natürlich der Ofen angemacht. Kasi verspürte so viel Hunger nach Leben und Glück, trotz der Trauer, die auch er in sich trug. Während der Feier spickelte ich kurz durchs Fenster und sah Übermut, Ausgelassenheit, Freude und Lebendigkeit! Kasi war mir immer wieder Antrieb genug, auf meinem Weg weiterzugehen und nicht zu verzweifeln. Ja, wir haben noch einen Sohn und er ist genauso einzigartig wie Nico. Wir lieben ihn auf dieselbe Weise und spüren ihm gegenüber eine große Verantwortung. Kasi war kein Kind mehr. Der Tod seines Bruders, den er immer bewundert und geliebt hatte, ließ ihn reifer werden und die Sorge um seine Eltern raubte ihm seine kindliche Unbekümmertheit. Er kannte nun auch die andere Seite des Lebens und musste, wie wir, erst einmal einen Umgang damit finden.

Auf dem Weg zurück ins Haus überlegte ich wieder einmal, was für eine Verlässlichkeit ich ihm denn noch vermitteln konnte. Manchmal suchte ich verzweifelt nach neuen Werten, an denen wir uns wieder festhalten konnten. Das war nicht einfach. Ich war noch weit davon entfernt, auf die Geschicke einer höheren Macht, die ich noch nicht durchschaute, gänzlich zu vertrauen. Meine innere Natur suchte aber immer wieder nach Gedankengängen, aus denen ich Kraft ziehen konnte, gerade dann, wenn ich mich wieder von meinen Ängsten überrollt fühlte. Einer dieser stärkenden Gedanken entsprang der Feder des Sufi Dschalal ad-Din ar-Rumi: »Du kannst Gott anhand von allem und jedem im Universum betrachten, denn Gott ist nicht auf eine Moschee, eine Synagoge oder eine Kirche begrenzt. Doch wenn du dann noch glaubst, wissen zu müssen, wo genau Er ist, kannst du ihn nur an einem Ort finden: im Herzen eines wahrhaft Liebenden.«

Diese wenigen Sätze wärmten mein Herz. Dennoch war ich traurig. Ich klappte wieder meinen Laptop auf und schrieb eine sehr lange E-Mail an meinen Sohn:

Lieber Nicolai,

heute bist Du schon über drei Monate tot! Es schmerzt so sehr, dass mir ganz übel ist! Du fehlst! Du bist mir im Herzen so nahe und bleibst dennoch unerreichbar!

Hinter jedem Baum, jedem Buschwindröschen, jedem Veilchen, jeder Knoblauchsrauke und jedem Holunderbusch wartet die Sehnsucht! Die Sehnsucht nach DIR. Wohin ich auch gehe, ins Nachbardorf, in ein anderes Land oder bis ans Ende der Welt, die Sehnsucht wird mich begleiten, wird auf mich warten, auch dort hinter der entlegensten Vegetation!

Meine starke Sehnsucht hindert mich schon wieder daran, Deinen Tod zu akzeptieren. Noch immer blitzen zwischendurch die altbekannten Fragen auf, von denen ich längst weiß, dass sie nur mehr Leid verursachen und mich nicht weiterbringen werden. Ich kann sie dennoch nicht immer vertreiben. Wenn ich damals eine Ahnung gehabt hätte in der Silvesternacht, hätte ich Dich dann festgehalten? Und wenn ja, was wäre dann in den folgenden Tagen geschehen? Für mich fühlt sich Dein früher Tod noch immer so falsch an. Ich habe in einem Buch (es heißt »Warum es wichtig ist, anders zu sein«) von Eckhart Tolle gelesen, dass in diesen scheinbar schrecklichen Erfahrungen eine Gnade verborgen liege. Wenn wir lernen könnten, sie zu akzeptieren, würde sich diese Gnade entfalten. Ja, irgendetwas davon findet in mir eine Entsprechung. Freiwillig würde ich so eine Erfahrung, wie Deinen Verlust zu erleben, nie machen wollen. Aber wenn es geschieht, beginnt unweigerlich ein neuer Weg. Er fühlt sich ganz anders an als all die Wege, die ich zuvor gegangen bin. Indem ich versuche, weiterzuleben und zu überleben, beginne ich, mich zu verändern. Auch diesen Gedanken hat Tolle so wunderbar ausgedrückt, indem er meint, dass Fische niemals freiwillig an Land hüpfen würden, um dort herumzukriechen. Aber wenn ein Gewässer langsam austrocknet und die Tiere in Not kämen,

seien sie schließlich gezwungen, sich an eine andere Situation anzupassen, um zu überleben. Ich denke, dass Tolle mit diesem Beispiel verdeutlichen möchte, dass der erste Schritt zu einem neuen Bewusstsein spätestens dann notwendig wird, wenn wir aufgrund unserer Lebenssituation dazu gezwungen werden. Ja, liebster Nico, ich kann nur immer wieder mein Bestmögliches geben und probieren, mich wie diese Fische an meine neue Lebenssituation anzupassen. Und dazu gehört auch, jeden Tag von Neuem daran zu arbeiten, meinen großen Verlust, dass Du gegangen bist, zu akzeptieren. Was mich daran hindert, ist die unermessliche Sehnsucht, die ich täglich nach Dir habe. Du fehlst mir so sehr,
Deine Mam

Ich speicherte den Brief, kopierte ihn in das Postfach und gab wieder die Mailadresse von Nicolai an: nicolai.schmidt@web. de; Betreff: Vermissung. Dann drückte ich auf »Senden«.

Auf dem Weg in die Küche blieb mein Blick an dem Bild meines Sohnes hängen. Die Fotos, die Niels für die Verabschiedung drucken ließ, hingen in unserem Esszimmer. Ein kleiner Tisch diente als Altar. Darauf standen ein kleiner Buddha, eine Kerze und ein Strauß Schlüsselblumen. Genau dieser Tisch hatte schon einmal als Altar gedient. Das war an unserer Hochzeit gewesen, als wir uns inmitten von Wiesenblumen im Schwarzwald das Jawort gegeben hatten. Merkwürdig, mal Hochzeitsaltar, mal Traueraltar, derselbe Tisch in ganz unterschiedlichen Funktionen. Dann müsste es mir doch auch gelingen, um Nico zu trauern und gleichzeitig mit Kasi fröhlich zu sein. Dieselbe Mama mit unterschiedlichen Eigenschaften. Aber wie ging das bloß?

Reisezeit

In der zweiten Osterferienwoche flogen wir zu dritt nach Mallorca. Ein Onkel und eine Tante von Hubertus, die den Frühling und Herbst immer auf dieser Insel verbrachten, hatten uns eingeladen. Hubertus wollte ohnehin die Osterferien dort verbringen. Schon vor Nicos Tod hatte er geplant, mit Freunden dort Rennrad zu fahren.

Am Flughafen bereitete mein Korsett, das ich noch immer tragen musste und ohne das ich keine fünf Schritte laufen konnte, einige Schwierigkeiten. Ich konnte es nicht für längere Zeit abschnallen, das Personal wollte es aber eingehend untersuchen. Vermutlich dachten sie, ich hätte so etwas Ähnliches wie einen Sprengstoffgürtel unter meinem T-Shirt. Sie erschraken auch ordentlich, als ich die Klettverschlüsse des Korsetts aufriss, und wichen zwei Schritte zurück. Das war aufregend und auch belustigend. Endlich war da mal wieder ein anderes Gefühl zwischen all der Trauer. Als wir schließlich doch noch durch die Kontrolle kamen, konnten wir einen Fensterplatz ergattern und das Flugzeug hob ab. Ich erinnerte mich an einen Flug zusammen mit den Kindern nach Andalusien. Ich hatte Nico extra meinen Fensterplatz überlassen, damit er hinausschauen konnte. Irgendwann blickte er mich verzweifelt an und fragte, ob er auch auf einen anderen Platz sitzen könne. Erst da hatte ich erkannt, dass mein Sohn unter Höhenangst litt und diese schöne Aussicht nicht im Geringsten genießen konnte. Später hat er es nur mit seinem starken Willen und kognitivem Training geschafft, Sesselbahn oder Gondel zu fahren, um zum Snowboarden auf den Berg zu kommen.

Eigentlich konnte ich mir noch immer nicht vorstellen, wie so ein großer Eisenvogel fliegen kann. Beim Start hatte ich fast noch das Gefühl, nachhelfen zu müssen. Ich meinte, das Gewicht des Flugzeugs zu spüren, als es langsam abzuheben begann. Doch als der Flieger durch die Wolkendecke brach, schwebte er fast schwerelos unter einem strahlend blauen Himmel.

Ob wir Nico jetzt näher waren? Merkwürdig, man begräbt die Toten unter der Erde und versucht, sie im Himmel wiederzufinden. Aber der Himmel war beängstigend weit und grenzenlos. Sosehr ich meine Augen auch anstrengte, um irgendetwas entdecken zu können, ich sah nichts außer dem Blau des Himmels und dem gleißenden Weiß der Sonne. Eigentlich wusste ich auch gar nicht, was ich suchte oder erwartete. Vielleicht einen kleinen Hinweis darauf, dass es sie gab, die andere Welt, in der sich Nico jetzt aufhalten könnte?

Das Märchen von Frau Holle kam mir in den Sinn. Da stürzen Goldmarie und Pechmarie in den Brunnen und gelangen am Ende beide zu Frau Holle, die es von oben auf die Erde schneien lässt. Schon als Kind erschien mir das unlogisch. Wie gerne würde ich manchmal ein bisschen mehr begreifen können von der Größe, dem Darüberhinaus, dem Dahinter! Wahrscheinlich gibt es nicht einmal einen Ort, an dem unsere Verstorbenen sich aufhalten, oder er gestaltet sich ganz anders, als wir es mit unserer Logik denken können. Vielleicht hatten die Brüder Grimm es längst verstanden, als sie das Märchen schrieben? Ich blickte aus dem Fenster. Wolkenpuderweiß, Frau Holle, Federbetten, Himmelblau.

Ich verbrachte die Tage auf dieser schönen Insel mit einem starken Gefühl der Verbundenheit. Es war eine wunderschöne Zeit, denn ich spürte meine beiden Söhne. Mit Kasi an meiner Seite entdeckte ich langsam wieder die Schönheit der Natur.

Mallorca war im Frühjahr so herrlich, alles blühte und duftete, sodass ich mir gar nicht vorstellen konnte, dass es irgendeinen Ort geben sollte, einen Himmel oder ein Paradies, das noch schöner war als diese atemberaubende Landschaft. Das Wohlgefühl wurde noch dadurch verstärkt, dass sich, wann immer ich traurig wurde, ein unsichtbarer Arm um meine Schulter legte. Nico war da. Ich fühlte so unmittelbar, dass es keine Trennung gab, dass diese beiden Welten miteinander verbunden waren. Die Zweifel waren in diesem Moment wie weggeblasen. In dieser Verbindung konnte ich nach und nach eine andere Ausrichtung erkennen, ich konnte spüren, dass wir alle mit allem verwoben waren und auch unsere Leben sich gegenseitig bedingten, im Großen und im Kleinen.

Drei Tage vor unserer Abreise gingen Kasi und ich in ein Café. Dort trafen wir auf ein Ehepaar aus Deutschland. Wir kamen ziemlich schnell miteinander ins Gespräch und es kam eine Diskussion über den Glauben auf. Die Fremden schilderten ein schlimmes Erlebnis, das ihnen widerfahren war, und sie fragten, wie man an einen Gott glauben könnte, der all das persönliche Leid, die Kriege und Umweltkatastrophen zuließe. Diese Frage war mir nicht fremd. Ich kannte einige Menschen, die auf der Suche nach tröstlichen Antworten an dieser Frage scheiterten. Damals hatte ich mich noch zu kurze Zeit mit all den existenziellen Fragen beschäftigt und wusste darauf keine kluge Antwort. »Ich glaube nicht, dass man Gott dafür verantwortlich machen kann.« Verunsichert schaute ich in die Runde und begegnete skeptischen Blicken. »Nein, natürlich nicht«, die ältere Frau mit blond gefärbten Haaren und etwas nach unten zeigenden Mundwinkeln zog die rechte Augenbraue hoch. »Weil es keinen Gott gibt.«
Aufgewühlt ging ich später auf unser Zimmer. Mein Vater, der

Physiker und Mathematiker, klopfte plötzlich wieder vehement an. Seine Art zu denken kannte ich ja nur zu gut. Obwohl ich gerade erst andere Dinge erfahren hatte als das, was mir seit frühester Kindheit immer wieder dargelegt worden war, kam das Vertrauen in meine Intuition und in meinen Glauben wieder gehörig ins Schwanken, sobald ich Zweiflern begegnete.

Es ist gar nicht so wichtig, an was du glaubst, es zählt allein, dass alles, was du tust, von der Liebe zu den Menschen und zu dir selbst geleitet wird. Der unsichtbare Arm meines Sohnes legte sich um meine Schultern und ich konnte all die quälenden Fragen und Gedanken für diesen Abend vergessen.

Vor dem Einschlafen blätterte ich noch ein wenig in dem Buch von Samuel Koch, dem bei »Wetten, dass…?« verunglückten Sportler. An einer Stelle blieb ich hängen. Darin beschrieb er die höchste Form von Liebe, nämlich, jemandem seinen eigenen Willen zu lassen. Gott bedeutete für ihn die höchste Form der Liebe. Deshalb, so Koch, könnten wir Menschen eben auch frei entscheiden. Ich war beeindruckt über seine Worte, über sein Buch »Zwei Welten« und darüber, mit wie viel Zuversicht und Stärke er sein Schicksal trug und Mutmacher wurde für unzählige Menschen. Was für eine Kraft musste dahinter stecken! Sein Glaube schien ihm die Stärke und den Sinn zu verleihen, die er brauchte, um trotz seines schweren Schicksalsschlages weiterzuleben und zwar nicht einfach auszuhalten, sondern positiv und mit Liebe zu agieren.

Am nächsten Vormittag, ich war alleine etwas umhergeschlendert, traf ich das Ehepaar zufällig wieder. Sie überredeten mich, mit ihnen noch einen Kaffee zu trinken. Eigentlich wollte ich mich gar nicht mehr auf ein längeres Gespräch einlassen, ich wusste ja, dass es mir nach dem gestrigen Abend erst einmal nicht gut gegangen war. Aber irgendwie ließ es sich nicht abwenden und kurze Zeit später waren wir wieder in eine Diskussion verstrickt. Ich erzählte ihnen, was ich gelesen hatte. »Vielleicht können wir an schmerzhaften Erfahrungen auch innerlich wachsen?« Der Mann schaute kritisch, er runzelte die Stirn. »Wie naiv sind Sie denn, junge Frau?« Er beugte sich zu mir vor. »Wissen Sie, auf so eine Erfahrung kann ich wirklich verzichten, ich glaube nicht an so einen Hokuspokus, ich glaube an das, was ich sehen, hören und fühlen kann.« Was konnte ich darauf schon antworten?

Vielleicht wäre es besser gewesen, an dieser Stelle einfach zu gehen. Aber ich war gekränkt wegen des Vorwurfs, naiv zu sein, und wollte mich noch einmal erklären. Also versuchte ich einen erneuten Anlauf, obwohl mir mein Gefühl sagte, dass es nichts in der Anschauungsweise des Ehepaares verändern würde. »Platon beschrieb in seinem Höhlengleichnis, dass die Menschen oft aus Bequemlichkeit und Unbeweglichkeit an ihren alten Glaubensmustern festhielten, damals wie heute. Kennen Sie das Gleichnis?« Beide schüttelten den Kopf. »Platon beschreibt darin Menschen, die in einer Höhle gefangen gehalten werden und so gefesselt sind, dass sie nur in eine Richtung, nämlich an die Höhlenwand blicken können. Hinter ihnen befindet sich ein breiter Spalt, durch den Sonnenlicht in die Höhle dringt. Wenn andere Menschen außen an diesem Spalt vorübergehen, sehen die Menschen in der Höhle, wie sich deren Schatten bewegen. Da sie nichts anderes kennen als die Schatten an der Höhlenwand, glauben die Gefesselten, dass diese die Realität darstellen. Einem Höhlenbewohner gelingt es jedoch, sich zu befreien. Er schlüpft aus der Höhle, sieht all die anderen Menschen und ihm wird bewusst, dass nicht die Schatten real sind, sondern dass es eine ganz andere Wirklichkeit gibt, die er sich, als er in der Höhle gefangen war, nicht vorstellen konnte. Er geht wieder zu den Gefangenen und will ihnen voll Freude seine neu gewonnene Erkenntnis erzählen. Zu seiner Überraschung stößt er aber nur auf Ablehnung und Widerstand.« Zufrieden mit mir lehnte ich mich zurück. »Halten wir nicht auch heute noch allzu oft an alten Denkmustern fest, in ähnlicher Weise wie die gefesselten Menschen in der Höhle? Verwechseln Sie als Skeptiker vielleicht am Ende Naivität mit Mut, sich für andere Möglichkeiten zu öffnen und flexibel zu sein?« Ich hoffte, dass sie mich jetzt verstehen würden, und wartete auf eine Reaktion. Das Paar warf sich bedeutungsvolle Blicke zu. Die Frau berührte flüchtig meine Schulter. »Wir können erahnen, wie Sie sich jetzt fühlen, aber glauben Sie mir, Sie werden auch noch in der Realität ankommen, früher oder später.« Ich ärgerte mich, es war zwecklos. »Vielleicht, vielleicht auch nicht.« Ich stand auf, zahlte und verließ das Café, in der Hoffnung, diesem Paar nie wieder zu begegnen. Tränen standen mir in den Augen und ich hatte Mühe, sie zurückzuhalten. Erschöpft setzte ich mich auf einen Stein und schaute auf das weite Meer.

Da spürte ich etwas Warmes und Vertrautes. *Ihr könnt nicht immer verstehen, was auf dieser Welt geschieht. Ihr könnt einzig entscheiden, wie ihr mit den alltäglichen Herausforderungen umgehen wollt. Klagt ihr Gott an und verbittert oder aber öffnet ihr euch für neue Erfahrungen und bleibt neugierig, auch wenn es zuweilen sehr schmerzhaft ist. Nur dann kann Änderung geschehen. Woher wollt ihr wissen, ob es wirklich schlimm ist, zu sterben, wo ihr den Tod doch gar nicht kennt und ihn nur nach euren Werten und Ängsten beurteilt?* Ich stand lächelnd auf und dachte an das Ende der platonischen Geschichte. Die Augen des befreiten ehemaligen Höhlenbewohners wurden derart vom hellen Licht geblendet, dass er nichts mehr sehen konnte, als er wieder ins Höhleninnere ging, um den anderen die gute Nachricht zu überbringen. Er konnte sich nicht mehr in ihre Lage versetzen. Bist du, Nico, auch schon in einem so hellen Licht, dass du die dunklen irdischen Dinge, wie Zweifel und Ängste, längst nicht mehr nachvollziehen kannst?

Ich ging zum Hotelzimmer zurück. Es war Zeit, wieder nach Kasi zu schauen. Nichts war umsonst, auch nicht ein Gespräch, das zuerst unsinnig und schmerzhaft erschien.

Nachmittags wollten wir Hubertus in den mallorquinischen Bergen besuchen. Zusammen mit ein paar Freunden hatten sie sich ein süßes, aber sehr kaltes Häuschen abseits vom pulsierenden Leben auf der Insel angemietet. Wir genossen es, alle drei einmal wieder zusammen zu sein, denn seit Nicos Tod waren wir uns sehr viel mehr bewusst darüber, was wir aneinander hatten.

Am Abend waren Kasi und ich aber doch froh, wieder bei Onkel und Tante am Meer zu sein, dort war es schon deutlich wärmer als in den Bergen und die Weite des Meeres wirkte wohltuend auf unsere Stimmung.

In den Tagen auf Mallorca ist mein Blick wieder öfter auf die Heilpflanzen gefallen. So langsam erwachte mein Interesse an der Natur. Das war ein gutes Zeichen. Vielleicht würde ich doch irgendwann wieder damit beginnen, in meiner Werkstatt Kräuterkurse zu geben und Wildkräuterwanderungen anzubieten.

Wir hatten neue Eindrücke und schöne Erinnerungen im Handgepäck, als wir uns am Flughafen einfanden, um wieder nach Hause zu fliegen. Ich war dankbar für diese unvergessliche und ganz besondere Zeit. Hubertus' Rückflug war erst zwei Tage später gebucht. Ich fürchtete mich davor, wieder zurückzukommen in das Leben, in das Haus, in dem wir nach unserem Umzug elf glückliche Jahre zu viert gelebt hatten.

Als wir in unser Haus zurückkamen, war dort das kleine Glück überall in den Ritzen zwischen der Trauer zu finden. Tara begrüßte uns schwanzwedelnd. Caren hatte während dieser Woche auf unsere Hündin aufgepasst und überall in unserer Wohnung kleine Blumengrüße verstreut, in der Küche, im Wohnzimmer, im Bad, im Esszimmer, sogar auf der Terrasse. Jetzt war ich richtig froh, dass ich wieder zu Hause war. Das, was man am meisten braucht in der Zeit der Trauer, ist das Gefühl, nicht alleine zu sein, Menschen zu haben, die mit einem sind, die einfühlsam versuchen, einem das Leben so angenehm wie möglich zu gestalten.

Am nächsten Morgen frühstückten wir mit Veronika, der Studentin, die bei uns wohnte, und mit ihrer Mutter, die gerade auf Besuch war. Das Leben hier zu Hause hatte uns wieder und wir fühlten uns getragen. Als Veronika bei uns eingezogen war, hatte sie mit Nico zusammen den dritten Stock unseres Hauses bewohnt. Es war wie in einer WG, jeder hatte sein Zimmer und Bad und Küche bewohnten sie gemeinsam, nur, dass Nico zum Essen immer noch zu uns nach unten kam. Sie hatten sich auf Anhieb verstanden und waren nach ganz kurzer Zeit sehr vertraut miteinander gewesen, fast ein wenig so, wie langjährige Freunde es waren. Sie lernten zusammen in der Küche, erzählten sich gegenseitig all ihre Probleme und lachten viel miteinander. Ich dachte in dieser Zeit, dass wir es schöner nicht haben könnten.

Später öffnete ich meinen Laptop, um eine E-Mail an Nico zu schreiben:

Lieber Nico,
wir müssen uns bald etwas wegen Deinem Zimmer überlegen.
Wärst Du einverstanden, wenn wieder jemand darin wohnen würde? Die Fenster sind immer so dunkel, der Tod gegenwärtig.
Sollten wir es nicht wieder mit Leben füllen, wenn wir wieder

lebendiger werden möchten? Wenn Du mir doch wenigstens hier
ein Zeichen geben könntest?
Deine Mam

Ungefähr vier Monate, nachdem Nico gestorben war, nahm ich mir vor, mit Veronika über die momentane Wohnsituation zu sprechen. Als wir uns wieder einmal im Hausflur begegneten, ergriff ich gleich die Gelegenheit. »Wie geht es dir denn alleine da oben im dritten Stock? Würdest du gerne ausziehen? Es wäre bestimmt leichter für dich, irgendwo anders neu zu beginnen, ich könnte das gut verstehen.« Das Licht im Flur erlosch und ich konnte ihr Gesicht nicht mehr sehen. Aber ihre Antwort berührte mich sehr. »Ich bin sehr froh, mit euch zusammen durch die Trauer gehen zu dürfen, ich bewundere eure Art und Weise, wie ihr mit Nicos Tod umgeht. Ich möchte auf jeden Fall bei euch bleiben.« Dankbar nahm ich sie in meine Arme, denn auch für mich fühlte sich ein gemeinsamer Weg leichter an. Im Folgenden hatten wir viele gemeinsame Gespräche, wir lernten uns besser kennen und noch im selben Monat entschieden wir, Nicos Zimmer zu räumen und an eine weitere Studentin zu vermieten. Wenn wir weiterleben wollten und wenn wir nach vorne blicken sollten, mussten wir versuchen, für uns und unsere Mitbewohner das Leben so angenehm wie möglich zu gestalten. Ich stellte mir immer vor, wie schwer es für Veronika sein musste, neben dem verwaisten Zimmer zu wohnen, in dem niemand mehr ein und aus ging, das immer dunkel blieb und das Nico niemals mehr mit seiner fröhlichen Lebendigkeit füllen würde. Wenn ich abends nach Hause kam und zu dem dunklen Fenster seines Zimmers aufsah, in dem kein Licht mehr brannte, verkrampfte sich jedes Mal mein Herz.
Veronika schlug eine Kommilitonin vor, die wenig später bei

uns einzog. Zuvor entschied sie, in Nicos Zimmer umzuziehen. Das war ein Geschenk, denn es war viel einfacher für mich, zu wissen, dass jemand, der sich mit Nico verbunden fühlte, nun in seinem Zimmer wohnte.

Die Zeit zwischen Ostern und Pfingsten war kurz. Kaum hatten wir uns wieder eingelebt, stand schon die nächste Reise nach Elba an. Ich war mir zwar nicht sicher, ob ich mit Korsett diese lange Fahrt überstehen würde, ohne Gefahr zu laufen, am Ende mit noch mehr Schmerzen wieder nach Hause zu kommen. Doch wir wollten noch einmal auf dasselbe Familiencamp gehen, wo wir ein Jahr zuvor mit Nico gewesen waren. Wir verbrachten den ersten und letzten gemeinsamen Urlaub mit Nico auf Elba, denn wir bereisten es bereits, als ich mit ihm schwanger gewesen war. Dieses Jahr wäre Nico sicher noch einmal mit uns gefahren, weil ihm das Camp mit all den netten Leuten so gut gefallen hatte.

Seit Nicos Tod waren wir schon einige Schritte gegangen und hatten dem Schmerz schon viele Male direkt ins Auge gesehen. Wir scheuten uns nicht vor den Erinnerungen und den seelischen Schmerzen, die auf uns zukommen würden. Wir wollten ja weitergehen und dazu gehörte eben auch, auf die Dinge zuzugehen, die uns ängstigten. Viele Menschen vom letzten Jahr waren wieder dabei und auch die Crew war fast dieselbe wie im Jahr zuvor. Sie alle hatten Nico kennen und lieben gelernt. Mit seiner charismatischen Art hatte er schnell die Herzen der Menschen erobert und er fügte sich nach anfänglichen Schwierigkeiten, die wir seiner pubertären Phase zugeschrieben hatten, schnell in die Gemeinschaft ein. In diesem Camp frühstückten wir alle miteinander und fanden am Abend wieder zum Essen zusammen. Die Zeit dazwischen stand jedem zur freien Verfügung. Wir lernten surfen, segeln, tauchen, wir kletterten, fuhren Fahrrad, schlenderten über die italienischen Märkte oder besuchten die kleinen süßen Städtchen der Insel.

Als wir uns ein halbes Jahr nach Nicos Tod wieder für Elba entschieden hatten, stellte sich heraus, dass sich sowohl mein Hausarzt als auch mein Therapeut mit Familie für dasselbe Camp angemeldet hatten. Nach anfänglichen Bedenken fand ich das nun richtig gut. »Jetzt kann mir eigentlich nichts mehr passieren. In diesem Urlaub bin ich gut versorgt.« Ich schmunzelte und Hubertus schüttelte ungläubig den Kopf. Es wäre mir natürlich im Traum nicht eingefallen, die Ferien der beiden zu stören. Aber allein zu wissen, dass sie in meiner Nähe waren, gab mir irgendwie ein sicheres Gefühl.

Laura, die wir im Frühjahr in Schwäbisch Gmünd besucht hatten und die Nico vor einem Jahr auf Elba kennengelernt hatte, fragte uns, ob sie mit uns kommen dürfte. Nachdem wir alles mit ihren Eltern besprochen hatten, fuhren wir schließlich zusammen in Richtung Süden. Ein Jahr später sagte sie einmal zu mir, dass sie sicher nicht alles so gut hätte verarbeiten können, wenn sie damals nicht mit uns mitgekommen wäre. Auch uns tat es gut, Laura dabeizuhaben. Wir haben zusammen viel geredet und gelacht. Wir schmunzelten noch lange, wenn wir an die vielen Schuhe dachten, die fein säuberlich in Reih und Glied vor dem Zelt von Kasi und Laura aufgestellt standen.

Da ich noch immer auf mein Korsett angewiesen war, konnte ich nicht an all den sportlichen Aktivitäten teilnehmen. Also las ich sehr viel und versuchte, etwas längere Spaziergänge mit Freunden oder alleine mit Tara zu machen. Ich kam jeden Tag ein Stückchen weiter. Das spornte mich an und ich hatte Hoffnung, irgendwann wieder richtig laufen zu können. Ich entdeckte wundervolle Plätze, die umrahmt waren von Thymianbüschen, Rosmarin und wenigen Zistrosenblüten. So früh im Jahr war die Insel noch farbenprächtig. Rosa, lila, weiß, blau, gelb, grün, braun, fast alle Farbspektren flossen ineinander. Die Blätter kitzelten meine Beine und vereinzelte Dornen hinterließen Spuren in der schon leicht gebräunten Haut.

Mit einem Mal öffnete sich der schmale Weg und ein kleiner runder Platz tat sich auf. Eine Feuerstelle zeigte an, dass schon andere Menschen hier eine Zeit lang verweilten. Dieser Ort war umrahmt von Kiefernbäumchen, deren duftende Zapfen mein Wohlsein noch verstärkten. Einem Impuls folgend schrieb ich »Nico« in die staubige Erde. Es roch so gut nach warmer Rinde und ätherischen Ölen. Plötzlich konnte ich alle Teile der Erde fühlen, es war, als sei ich selbst Teil von allem, als würden meine Moleküle mit all dem, was sich um mich befand, verschmelzen. Alles stammte aus demselben Ursprung. Diesmal war es nicht mein Kopf oder die Stimme, die sich ab und zu meldete, die mir diese Sicherheit vermittelte, ich spürte es ganz tief in mir drin. Alles auf der Erde und sogar im Universum war auf eine unerklärliche Weise miteinander verbunden, suchte eine Entsprechung. So ein starkes Gefühl von innerem Frieden hatte ich noch nie zuvor erlebt. Ich fand zu einer Liebe, die in diesem Moment grenzenlos war. Ich war eins und verbunden mit den Düften des Südens, den Wellen des Meeres, den Wolken am Himmel, der Vegetation, den Tieren und mit Nico. Ich blieb sehr lange Zeit an diesem schönen Platz. Irgendwann stupste mich Tara zaghaft an, ich fiel aus dieser Verbindung und merkte, dass es schon spät geworden war. Also machten wir uns auf den Rückweg.

Als ich wieder auf unserem Campingplatz war, ging ich an der Rezeption ins Internet. Ich suchte nach einer plausiblen Erklärung für das, was ich da gerade erlebt hatte. Mein Verstand wollte schon auch gleich wieder befriedigt werden.

Nach eingehender Recherche stieß ich auf das indische Sanskrit. Im Internet las ich, dass in dieser Sprache die ältesten überlieferten religiösen Texte der Menschheit niedergeschrieben seien. Sie versuchen, Antworten zu geben auf die wichtigsten Fragen der Menschheit, die auch heute noch Gültigkeit haben: »Wer bin ich, wo komme ich her, was geschieht nach dem Tod, was ist der Sinn des Lebens?« Weiter las ich, dass das Sanskrit der Ursprung aller Religionen sei und in Wahrheit alles auf demselben intuitiven Wissen des Universums beruhe. »Man sieht die Dinge, wie sie eigentlich sind, aber man erfährt es nicht über den Verstand, sondern als Erfahrung tief in sich drin.« Ich schaute über die Bucht. Das klang alles ganz schön groß, so mächtig. War es möglich, dass ich einen ganz kurzen Augenblick, der aus diesem Gefühl bestand, erleben durfte? Vielleicht machte das Universum bei uns Menschen keinen Unterschied und jeder konnte das Gefühl erfahren? Sei's drum, bloß nicht wieder darüber nachdenken, diese Erfahrung veränderte ein kleines Stück weit meine Trauer und meinen Blick auf die Geschehnisse dieser Welt. Es war doch egal, welchen Ursprung sie hatte. Aber da es ein Gefühl war, verblasste dieses Erlebnis mit der Zeit auch wieder. Nur ein kleiner Funke dessen blieb zurück. Er reichte aus, den Glauben an einen tieferen Sinn nicht zu verlieren und mein Leben immer wieder von Neuem anzunehmen.

Ich hatte die Zeit vergessen. Schnell packte ich meinen Computer zusammen, lief zu unserem Platz und wollte nach den anderen schauen. Kasi und Hubertus waren das erste Mal alleine Katamaran gefahren und ganz begeistert wiedergekommen. Auch sie hatten ein schönes Erlebnis gehabt. Bald gab es Abendessen und ich merkte, wie hungrig ich war. Nach dem Essen wollten sich Hubertus und ich zurückziehen, um noch ein bisschen zu lesen. Kasi war schon wieder unterwegs. Er genoss das Leben und ich war so froh darum. Zuerst schnappte ich aber nochmal meinen Computer, um Nico meine Erlebnisse, die sich am Nachmittag zugetragen hatten, zu schildern.

Lieber Nico,
heute war ein ganz besonderer Tag für mich, denn ich bin Dir und Deiner Welt sehr nahe gekommen ...

Ich packte all die Ereignisse in die E-Mail und drückte auf »Senden«. So wie eine Ecke meines Unterbewusstseins das Erlebte behüten sollte, bewahrte es das Postfach in anderer Form ebenfalls für mich auf. Noch einmal erinnerte ich mich deutlich an die Gefühle, welche ich an dem Platz am Meer empfunden hatte. Ich erzählte es Hubertus und vertraute ihm das erste Mal meine Konversation mit unserem Sohn an. Er hielt mich gar nicht für verrückt, sondern las interessiert meine letzte gesendete E-Mail. Als er damit fertig war, nahm er mich in seine Arme und hielt mich fest, eine sehr lange Zeit.
Dann klappte ich den Laptop zu und fuhr fort, in dem Buch »Die Hütte – ein Wochenende mit Gott« von William Paul Young zu lesen. Silke hatte es mir für die Ferien geliehen. Ich war beim vorletzten Kapitel angelangt und wollte es unbedingt fertig lesen. Deshalb machte ich es mir schnell in dem gemütlichen Bett unseres Eriba-Wohnwagens bequem und schlug begierig die letzten Seiten auf. Nach kurzer Zeit klappte ich das Buch zu. »Fertig«, sagte ich eigentlich eher zu mir selbst. Ich griff nach meinem Handy und tippte schnell eine SMS für meine Freundin: »Ich wünsche mir auch ein Wochenende mit Gott!« Es dauerte nicht lange, bis ein Piepsen ihre Antwort ankündigte: »Ich würde dir auch meinen Wagen leihen!« Das Auto, das in dem Buch ein Mann seinem Freund für dieses Wochenende geliehen hatte, wurde bei einem Autounfall völlig

zerstört. Ich schrieb also zurück: »Auch wenn es danach völlig kaputt ist?« Antwort: »Auch dann!«

Nico war überall. So vieles erinnerte mich an ihn. Er hätte sich bestimmt prima mit dem Team verstanden, denn er mochte diese Art Jungs, ähnlich wie er selbst, lässig, lustig, offen und charmant. Diesmal war noch ein junger Tauchlehrer dabei. Viele im Camp, die Nico kannten, meinten, dass er ein richtiger Nico-Typ sei, und es war richtig, seine Statur, die Form des Kopfes und seine Frisur erinnerten an ihn. Nur sein Gesicht, seine Bewegungen und sein Charakter waren natürlich ganz anders, zum Glück!
Eines Abends, auf dem Sardinenfest, stand der Nico-Typ auf einmal neben Kasimir. Ich schaute eine ganze Weile in die Richtung der beiden. Dabei wusste ich, dass ich es besser nicht tun sollte. Ich versuchte, meinen Blick abzuwenden, ertappte mich aber immer wieder dabei, wie ich noch einmal hinüberschaute. Da verschmolzen meine Vorstellungskraft und die Realität miteinander. Die beiden Brüder standen plötzlich nebeneinander! Kasi etwas größer, was durchaus hätte sein können, Nico etwas kräftiger und die Mädchen jetzt schon um beide geschart. Der leichte Dampf, der beim Braten der Sardinen entstand, verstärkte noch die Situation, weil die Gesichter im Nebel undeutlicher und verschwommener wirkten. Das half mir, bei meiner verzerrten Wahrnehmung zu bleiben. Mit diesem Bild wurden natürlich auch wieder das Begehren und der Wunsch verstärkt, dass dies wirklich so sei.
Mein Therapeut hatte recht: Wenn man die Realität nicht akzeptieren wollte, tat es umso heftiger weh! Aber ich wollte sie trotzdem nicht akzeptieren, jetzt gerade nicht, noch nicht, ich konnte nicht! Ich hatte noch immer diesen einen so großen Wunsch, nämlich dass er wiederkommt, unser Nico, wieder an

unserer Seite steht, mit uns lacht, atmet und weint. Ich wollte mit ihm wieder mein Leben teilen, in derselben Welt, ich wollte auch selbst wieder leben und fröhlich sein, ohne bei jeder Kleinigkeit an meinen Schmerz erinnert zu werden, die Wunde zu spüren, Tag für Tag. Ich gehörte nicht mehr zu diesen Menschen, die lachten und unbekümmert sein konnten. Sie hatten Sorgen, die auch immer wieder schnell vergingen, so, wie es früher auch bei uns gewesen war. Unser Schmerz aber würde bleiben, für immer?

Ein kurzer Moment des Glücks, um dann wieder umso heftiger abzustürzen, in die Tiefen des Schmerzes? Lohnte sich das? Meine Motivation war jedenfalls groß, es in Zukunft zu unterlassen. Die Realität war nämlich gnadenlos, sie holte mich ein, ob ich wollte oder nicht, und es tat schrecklich weh. Irgendwann verkrümelte ich mich in unseren Wohnwagen und weinte die ganze Nacht. Auch Hubertus' Zusprüche konnten nicht helfen. Am nächsten Morgen wollte ich mich wieder der Wirklichkeit stellen. Da hatte ich kurz zuvor mit einer so schönen Erfahrung eine große Gnade erlebt und ein paar Schritte weiter stieß ich schon wieder an meine Grenzen. *Es ist, wie es ist.* Die altvertraute innere Stimme meldete sich. *Gott würfelt nicht.* Das ist doch von Einstein. *Ich weiß.* Aber weshalb immer diese Herausforderungen? Ich fühle mich überfordert, es geht alles so schnell, immer wieder neue schwere Schritte. *Es ist, wie es ist.* Das ist nicht fair. *Du hast wie immer eine Wahl, es anzunehmen oder gegen dich zu verwenden.* Ich nickte unmerklich. Es stimmte. Ich konnte das letzte schmerzhafte Erlebnis verdammen oder ich versuchte, es als Herausforderung zu sehen, als neue Lektion anzuerkennen. Im Grunde genommen war es gar nichts Neues, es war immer wieder dasselbe Lehrstück, das es zu erlernen galt, nur in unterschiedliche Gewänder verpackt. *Gott würfelt nicht.*

Wenn uns etwas fortgenommen wird, womit wir tief und wunderbar zusammenhängen, so ist viel von uns selbst fortgenommen. Gott aber will, dass wir uns wiederfinden, reicher um alles Verlorene und vermehrt um jenen unendlichen Schmerz.
Rainer Maria Rilke

Ein paar Tage nach unserem Urlaub wachte Hubertus morgens auf und war völlig verstört. Er weckte mich sofort, weil er mir erzählen wollte, was er gerade erlebt hatte. Es war ein Traum, nein, es war eigentlich gar kein Traum, er sagte mir, es sei so etwas wie eine innere Reise gewesen. Es fühlte sich an, als hätte er das alles gerade wirklich erlebt. Es war so unglaublich intensiv, dass es ihm schwerfiel, die Heftigkeit seiner Gefühle in Worte zu fassen. Er schluchzte und zitterte am ganzen Körper und ich musste ihn erst einmal beruhigen, bevor er anfangen konnte zu erzählen. Dann räusperte er sich und setzte sich ein wenig im Bett auf:

»Nico ist noch nicht volljährig. Eines Morgens stellen wir fest, dass er weggelaufen ist, ohne uns zu sagen, wohin. Wir fühlen uns von ihm verlassen, denn wir können nicht verstehen, weshalb er einfach fortgegangen ist. Während seiner Abwesenheit wird Nico 18 Jahre alt. Er kann also jetzt über sein eigenes Leben verfügen. Aber zum Leben braucht er Geld und da er keines mitgenommen hat, kommt mir die Idee, nach seinen Kontodaten zu schauen, auch, um zu sehen, von wo aus er das Geld abheben wird. Ich erhoffe mir, so seinen Aufenthaltsort zu erfahren. Wir verschaffen uns unerlaubt Zutritt zu einem kleinen Ladengeschäft. Drinnen steht ein Computer, in den ich Nicos Zugangsdaten eingebe. Aber statt der erwarteten normalen Kontoauszüge, auf denen man hätte sehen können, wie viel Geld wann wo abgehoben wurde, geht plötzlich ein großes Bildschirmfenster auf. Wir können hindurchschauen und erkennen auf einmal Nico. Er befindet sich an einem großen See, vielleicht ist es der Bodensee. Wir sehen, wie er lachend mit anderen sehr sympathisch aussehenden Jugendlichen den Strand entlang durch das Wasser springt. Die Stimmung ist sehr ausgelassen und fröhlich. Die Jugendlichen bespritzen sich gegenseitig mit Wasser und werfen sich Gummireifen zu. Für mich ist ganz klar zu beobachten, dass Nico sehr glücklich ist. Am Strand sitzen auch unbeteiligte Menschen, es ist relativ voll. Im Fokus der Kamera aber ist immer nur Nico mit seinen Freunden. Die Freunde kenne ich allerdings nicht. Gleichzeitig ist mir auch bewusst, dass Nico uns nicht wahrnehmen kann, dass der Kanal nur in eine Richtung geöffnet ist, so wie bei einem Fernsehbild. Aber da fehlt doch etwas. Es fühlt sich so kalt an. Ich bin irgendwie glücklich und gleichzeitig verzweifelt. Glücklich deshalb, weil ich mir jetzt ganz sicher bin, dass es ihm gut geht, aber gleichzeitig bin ich auch so verzweifelt, weil mir klar wird, dass ein weiteres gemeinsames Leben nicht mehr stattfinden kann. Nachdem wir Nico eine Weile beobachtet haben, ziehen wir uns wieder zurück. Unsere Stimmung ist seltsam, schwer zu definieren, eher unbefriedigt. Wir wissen jetzt zwar, dass es ihm gut geht, aber noch immer nicht, weshalb er uns eigentlich verlassen hat. Wir schweigen lange Zeit zusammen. Dann fällt mir ein, dass wir ihm eine SMS schicken können. Er ist ja ständig mit seinem Handy beschäftigt. Es ist mir aber plötzlich auch wieder klar, dass das nicht funktionieren wird. So lasse ich es. Auf einmal komme ich auf die Idee, doch noch einmal nach den Kontodaten zu schauen. Bei all den unverhofften Ereignissen haben wir ganz vergessen, nach dem Ort des Geldabhebens zu schauen. Wir dringen also noch einmal in das Ladengeschäft ein. Aus irgendeinem Grund müssen wir aber nun für den Rechnerzugang in einem Holzofen ein Feuer entzünden. Das bekommen wir trotz mehrmaliger Versuche nicht hin, obwohl ich auf dem Dach den Abzug überprüft habe. Nach einer Weile geben wir resigniert auf. In Gedanken und mit starken Gefühlen laufen wir dann schweigend durch den Ort nach Hause. Dann wache ich auf.«

Hubertus war es übel, er fühlte sich krank. Tränen standen ihm in den Augen.

»Trotz des unglaublichen Verlustgefühls bin ich irgendwie auch erleichtert, dass ich sehen durfte, dass es Nico jetzt so gut geht, dass ich ihn wenigstens für einen Augenblick noch einmal kurz so erleben durfte, wie ich ihn kannte, wie er war. Jetzt spüre ich aber gleichzeitig diesen unendlich großen Schmerz, weil die beidseitige Verbindung zu Nico nicht mehr vorhanden ist. Und mir wird auch noch einmal mehr bewusst, dass er einfach nicht mehr bei uns lebt, sondern sich an einem für mich unerreichbaren Ort befindet. Wie schön war unsere gemeinsame Zeit, wie intensiv so viele gemeinsam durchlebte Momente. Ein Kontakt und Austausch ist jetzt nicht mehr möglich, das Bild hat sich wieder geschlossen. Wer weiß, vielleicht für immer? Und das ist unvorstellbar für mich. Ein klein wenig hilft mir dieses nahezu realistische Erlebnis aber auch, zu akzeptieren, dass alles im Leben seinen Sinn hat und nach dem Tod nicht alles vorbei sein wird.« Ich hatte kein einziges Mal gewagt, ihn zu unterbrechen. Gebannt und berührt folgte ich seiner Erzählung. An diesem Tag blieb Hubertus im Bett liegen. Er sah so krank aus, dass ich überzeugt war, dass ihn zusätzlich auch noch die Grippe erwischt hatte. Aber am Tag darauf war alles wie weggeblasen, die Gliederschmerzen, das Kopfweh und das Fieber. Hubertus arbeitete wieder, als wäre nichts Bedeutendes geschehen, und so verging die Zeit. Die Trauer blieb, aber auch die Gewissheit, dass Nico ihm durch dieses Erleben mitteilen wollte, dass es ihm gut ging.

Unser Trauerweg verlief nicht linear, er machte wellenförmige Bewegungen. Manchmal hatten wir das Gefühl, wieder ganz am Anfang zu stehen. Dann wieder spürten wir ab und zu ein kleines Gefühl, das dem Glück nahe kam. Der Tod unseres Sohnes war für uns zwischendurch noch immer unfassbar. In uns war so viel Schmerz und Sehnsucht! Nicos Tod hatte uns als Familie näher zusammengebracht. Aber da wir sehr unterschiedlich trauerten, war es wichtig, dass jeder offen für den Weg des anderen blieb. Daran arbeiteten wir täglich und wir versuchten, es nicht aus unserem Blick zu verlieren. Ich wusste nicht immer genau, was Kasi in seinem Inneren bewegte. Manchmal sorgte ich mich, weil er so wenig darüber sprach. Vielleicht hatte er ein Ventil über seine Musik gefunden. Bereits in der Grundschule wollte Kasi Schlagzeuger werden. Später hatten sich dann einige Musikbegeisterte zusammengefunden und eine Band gegründet. Er spielte gut und leidenschaftlich. Vielleicht konnte dieses Instrument ihm jetzt helfen, seine Stimmungen auszudrücken und sich abzureagieren? Hubertus machte im Winter einige Skitouren und im Sommer fuhr er Mountainbike. Er war am liebsten in der Natur. Draußen fühlte er sich Nico oft sehr nahe. Ich las sehr viel und machte häufiger Spaziergänge mit Tara. Abends trafen wir uns wieder und erzählten, was uns bewegt hatte, und manchmal sprachen wir auch zusammen über Nico.

Es war Anfang Juli und ziemlich warm geworden. Ich war auf der Suche nach meinem Fächer. Da fiel mir ein Papier in die Hände, auf dem eine besondere Geschichte geschrieben stand. Es ging darin um Shiwa und Shakti, ein hinduistisches Götterpaar. Sie schauten hinunter auf die Erde. Als Shakti einen sehr armen Mann entdeckte, bekam sie Mitleid mit ihm und bat ihren Gatten, diesem Mann zu helfen und ihm etwas Gold zu geben. Shiwa sagte, er könne diesem Mann nicht helfen, da dieser noch nicht bereit sei, seine Hilfe anzunehmen. Shakti wollte das nicht glauben und zeterte so lange, bis Shiwa dem Armen einen Beutel voller Gold auf den Weg legte. Als der arme Mann diesen Beutel bemerkte, sagte er zu sich selbst: »Welch ein großer Stein! Zum Glück habe ich ihn gesehen, ich hätte mir sonst noch meine letzten Schuhe daran gestoßen und sie beschädigt.« Vorsichtig stieg er über den Beutel und ging seines Weges.

Ich ließ das Blatt sinken. Vielleicht lag da ja öfter auch ein Beutel voller Gold auf meiner Strecke? Wie oft hatte ich ihn wohl schon übersehen? Was war mein Beutel in meinem Leben? Für was stand er stellvertretend? Jäh meldete sich plötzlich mein Schmerz im Rücken wieder. Vermutlich war ich wieder einmal zu lange in einer ungünstigen Position gesessen. Schnell heftete ich das Blatt Papier in einen Ordner und legte mich, ohne meinen schönen Fächer gefunden zu haben, erst einmal wieder auf mein graues Sofa. Ich war frustriert und lehnte mich wieder einmal innerlich gegen diese starken Schmerzen auf. Es gab Zeiten, da konnte ich sie besser akzeptieren, und dann wieder wollte ich sie keine Minute länger mehr ertragen. Sie behinderten mich in fast allem, was ich vorhatte. Jetzt hielten sie mich beispielsweise davon ab, weiter nach meinem Fächer zu suchen. Das einzig Gute, das ich in ihnen sehen konnte, war, dass sie mir Zeit verschafften: für mich und meine Bedürfnisse, Zeit zum Lesen, Zeit zum Nachdenken, Zeit, um ganz viel mit ihm, meinem toten Sohn zu sein.

Der Schmerz nagte weiter an mir und da mir zurzeit nichts besser half, als mich mit Nico zu verbinden, begann ich wieder einen Brief.

Lieber Nico,

vollgestopft mit Medikamenten, die den körperlichen Schmerz etwas unterdrücken sollen, starte ich wieder einmal in den grauen Alltag. Ein Alltag ohne Dich, mein Schatz. Der Kopf, der Rücken, das Herz, alles schmerzt! Ist das nun mein Leben? Ein Aushalten, ein Absitzen. Bis zum Ende? Wie sportlich ich einmal war! Jetzt bin ich froh, wenn ich einen kleinen Spaziergang machen kann. Der Tag ist so grau, es regnet seit gestern ununterbrochen. Hubertus ist arbeiten gegangen und Kasi in die Schule. Ich bin hier, ohne wirklich eine Aufgabe zu haben.

Was könnte ich auch tun, wenn ich nicht einmal längere Zeit ohne Schmerzen sitzen kann.

Das Korsett, das ich trage, engt mich ein und verhindert gleichzeitig, dass mein Herz zerspringt. Der Satz meiner Heilerin geht mir nicht mehr aus dem Sinn. »Manchmal haben Schmerzen eine wesentliche Bedeutung für den Weg.« Könnte also das Bündel Gold, von dem diese Geschichte erzählt, in meinem Leben stellvertretend für die manchmal fast unerträglichen Schmerzen stehen? Da regt sich in mir natürlich Widerstand. Aber wenn ich auf mein Leben zurückschaue, durchziehen sowohl die körperlichen als auch die seelischen Schmerzen mein ganzes bisheriges Leben. Schmerzen, die mich fast bis an die Grenze dessen brachten, was ein Mensch auszuhalten vermag. Schon als Teenager spürte ich nach dem Tod meiner Mutter einen so starken körperlichen Schmerz, dass ich mir, als der Arzt mir nur noch mit Morphium helfen konnte, letztendlich therapeutische Hilfe holte. Damit begann ein ganz anderer Weg. Kürzlich erst hatte ich wieder darüber gelesen, dass Menschen Schmerzen bekämen oder erkranken könnten, wenn ihre Seele verletzt würde. Das kann ich natürlich nur unterstreichen. Immerhin habe ich zwei meiner mir wichtigsten Menschen verloren. Nur, wie sollte jetzt wieder alles ins Lot kommen? Natürlich glaube ich daran, dass

Körper, Geist und Seele im Zusammenhang stehen. Nur wenn meine Seele heilt, werden auch meine körperlichen Schmerzen erträglicher werden. Aber wie soll sie heil werden, meine Seele, bei so viel Schmerz? Womit soll ich beginnen, da es doch gerade so aussieht, als läge alles in Scherben? Allein die gedankliche Verbindung von Spiritualität und Heilung reicht offensichtlich nicht aus, um Schmerzfreiheit zu erfahren. Ich weiß momentan keinen Weg, kannst Du ihn mir zeigen, mein geliebter Sohn? Ich bin jedenfalls bereit für den nächsten Schritt.
Deine Mam

Ich schaute vom Laptop hoch. Unten hörte ich schon Türen schlagen. Kasi war nach Hause gekommen.

Jugendzeit

Ich konnte mein Leben weitergehen und empfand neben meiner großen Trauer auch immer wieder Gnade. Seltsam, ich war oft so dankbar für die kleinen Momente, die zwischendurch aufblitzten. Ich freute mich, wenn Kasi gute Musik auflegte, wenn der Wind durch meine Haare strich, ich freute mich über leckere Vollmilchschokolade, über Wortspielereien, über Komplimente und ein Lächeln. Und ich freute mich, dass den ganzen Sommer über immer wieder ein paar von Nicos Freunden zu mir kamen, einfach, um hier zu sein und zu reden. Auch sie suchten nach einer Möglichkeit, das Geschehene zu verarbeiten, sie wollten einen Sinn in all dem finden, das war doch alles so schwer zu begreifen. Sie waren im Aufbruch, das Leben war schön, die Zukunft stand ihnen offen, sie spürten die Freiheit und das pulsierende Leben – und plötzlich wurden sie ausgebremst. Denn einer von ihnen war plötzlich tot.

Ich war beeindruckt, wie offensiv und ehrlich die Jugendlichen an der Schwelle zum Erwachsenwerden mit ihrer Trauer umgingen. Sie schauten nicht weg, sie hatten keine Angst vor der Konfrontation mit dem Tod, sie wollten mehr verstehen, besser begreifen und Trost finden. Sie stellten all die Fragen, die Jugendliche eben haben, wenn sie plötzlich dem Tod begegnen. Ich war sehr dankbar dafür, denn sie gewährten mir ein wenig Einblick in ihre Generation. Und ich erfuhr über sie auch noch einiges mehr von Nicolai, wie sie ihn erlebt hatten und was er ihnen bedeutete. Diese Frische und Lebendigkeit bereicherte mich und tat mir so gut. Irgendwann begann ich, sie zum Mittagessen einzuladen. Das sprach sich herum und es kamen noch andere hinzu. Ich hatte Freude daran, Gerichte auszusuchen und neue Rezepte auszuprobieren. Es füllte meinen Tag aus. Mehr brauchte ich gar nicht. Was hatte ich früher alles nebenher gemacht, da mitgemischt und dort teilgenommen. Es war merkwürdig, aber damals war ich nicht annähernd so erfüllt gewesen wie jetzt in dieser Zeit. Kasi, der ja drei Jahre jünger war und außer mit mir und Hubertus noch mit niemandem über seinen Bruder gesprochen hatte, saß dabei, hörte einige Zeit zu, um sich dann, wenn es ihm zu viel wurde, in sein Zimmer zu verkrümeln. Auf diese Weise beschäftigte er sich vorsichtig mit der Trauer, in der Dosis, die er ertragen konnte und die er selbst für sich wählte.

An einem regnerischen Nachmittag überlegte ich, was ich mit Nicos Kleidern tun sollte. Nachdem Veronika in sein Zimmer gezogen war, hatte ich all seine Sachen erst einmal in unserem Schlafzimmer abgeladen. Es wurde Zeit aufzuräumen. Da ich selbst öfter ein Armband von ihm trug, fand ich es naheliegend, einige seiner Freunde zu fragen, ob sie gerne etwas von ihm haben wollten. Das fand bei vielen unter ihnen große Resonanz. Ich verschenkte seine Halskette, sein Halstuch, sein Torwarttrikot, Pullover und T-Shirts. Vielleicht ist es ja irreal, aber auch ich fühlte mich stärker und beschützter, wenn ich sein Lederarmband trug. Das mache ich immer noch, wenn ich Mut brauche, bei Kursen oder einem öffentlichen Auftritt oder einfach auch, wenn ich verreise.
Als ich zu seinen Schriftstücken kam, fiel mir ein Umschlag auf. Er war aus grüner Pappe. Mit roter Schrift stand in großen Buchstaben DANKE darauf. Als ich ihn öffnete, fielen mir ein paar Karten entgegen. Mit zitternden Händen nahm ich die erste auf. Drei Erdmännchen schauten mich mit einem frechen Gesichtsausdruck an. Obendrüber stand: »Wir haben dich

ganz doll lieb!« Mein Herz klopfte, ich drehte die Karte um. »Lieber Nico, DANKE dass du die Meinung der Jungs so erfolgreich vertreten hast. Wir schätzen es sehr, dass du, als Junge, dich so engagierst. *Wir haben dich ganz doll lieb.* Deine Klasse 10c« Der vorletzte Satz war mit Sternchen umrahmt. Ich griff zur nächsten Karte. »Danke, lieber Nico, dass du so viel Zeit in die Hütte gesteckt hast und dabei immer gute Laune hattest, wir sind stolz auf dich.« Es gab noch weitere Karten, alle in demselben Ton, dem gleichen Kontext. Ich weinte. Weil die Welt in diesem Moment so unglaublich sinnlos war, weil sich alles so unerträglich schmerzlich anfühlte, weil ich es nicht verstehen konnte. Kraftlos und unendlich traurig ließ ich die Postkarte sinken.

Nico konnte jedem Menschen das Gefühl vermitteln, etwas ganz Wertvolles zu sein und in einer besonderen Beziehung zu ihm zu stehen. Wenn jemand in seinem Umfeld gemobbt wurde, nahm er sich seiner an und wies die anderen in die Schranken. Man konnte ihn Tag und Nacht anrufen und das nahmen auch viele an. Ich glaube, er fühlte sich damals schon jedem auf seine Weise verbunden. Nachdem Nico gestorben war, bekamen wir von vielen seiner Freunde und Freundinnen Briefe, in denen sie ausdrückten, wie wichtig er für sie gewesen war und wie traurig und untröstlich sie sich fühlten. Nico, da bin ich mir sicher, hatte viele Leben berührt.

Seit Nicos Tod war unsere Welt ein Stück mehr zusammengerückt. Nicos Freunde fühlten sich ihm noch immer sehr verbunden. Es beglückte mich, wie tief diese Liebe zu ihm ging. Nico verband uns Trauernde auf seine ganz eigene Art und Weise über seinen Tod hinaus. Nicht alle Verbindungen blieben bestehen, oft ging man ein Stück des Weges gemeinsam, um dann wieder einen ganz anderen, eigenen Weg zu beschreiten. Vielleicht werden manche dieser Nico-Verbindungen bleiben, vielleicht kreuzen sich unsere Wege später wieder einmal in einem bestimmten Augenblick. Vielleicht sind es manchmal auch nur Gedanken, die plötzlich wieder aufblitzen, um uns über Kilometer hinweg wieder miteinander zu verbinden. Als Kasimir langsam älter wurde, engagierte er sich ebenfalls in der SMV und wurde sogar zum Schulsprecher gewählt. Ich bin mir sicher, dass er zu seinem Bruder eine tiefe innere Verbindung fühlt und vielleicht seinen Auftrag ein Stück weit zu Ende führt, mit seiner ihm eigenen Kraft und Liebe.

Nico hatte sich auch schon Gedanken über die verschiedenen Facetten der Liebe gemacht. Jessi erzählte mir an einem Nachmittag, als sie zum Essen gekommen war, dass sie in der 10. Klasse in Religion einen Essay über die Liebe schreiben sollten. Als Nico seinen Aufsatz vorlas, sei es ganz still im Klassenzimmer geworden. Es sei beeindruckend gewesen, wie viele Arten von Liebe er beschrieben hatte. Ich konnte mich noch gut an den Tag erinnern, an dem er mir diesen Essay zeigte. »Kann ich das in der Schule vorlesen?« Er hielt mir ein Blatt unter die Nase und grinste verschmitzt. Ich nahm es und begann zu lesen. Als ich fertig war, nahm ich ihn in die Arme und hielt ihn lange Zeit ganz fest. »Ja, das kannst du und ich bin sehr stolz auf dich.« Also trug er es am nächsten Tag vor.
Hastig suchte ich jetzt nach dem Schriftstück. Einmal in den Sinn gekommen, wollte ich es unbedingt noch einmal durchlesen. Ich fand es schnell, denn ich hatte es in einer Box gut verwahrt. Ein kurzer Augenblick des Zögerns, dann faltete ich das DIN-A4-Blatt auf und las:

Was ist Liebe?

Wer hat es sich nicht schon einmal gefragt, was Liebe ist? Wann liebe ich eine Person? Und ja, wie fühlt es sich eigentlich an, richtig verliebt zu sein? Ich glaube, dass sich gerade Jugendliche verstärkt Gedanken über diese Fragen machen. Wenn sie so langsam in das Alter zwischen dreizehn und siebzehn Jahren kommen und sich vielleicht auch das erste Mal verliebt haben, oder zumindest denken, ein Gefühl für eine gewisse Person entwickelt zu haben. Vielleicht kann es einigen Jugendlichen helfen, Gedanken und Auffassungen anderer über das Thema Liebe zu hören. Darum werde ich im Folgenden ein bisschen genauer über das Thema »Was ist Liebe?« schreiben.

Natürlich gibt es auch wieder verschiedene Definitionen dafür, wen man liebt. Meistens liebt man seine Eltern, seine Geschwister und seine Freunde. Doch glaube ich, dass man sie alle auf eine andere Art liebt, wie seine Freundin oder seinen Freund. Auch von Selbstliebe kann man reden, jedoch kommt es bei ihr auf das richtige Maß an. Wenn man sich selbst nicht liebt, kann man auch andere nicht lieben. Übertriebene Selbstliebe führt zu Egoismus und Eitelkeit.

Ich persönlich bin der Meinung, dass man es spürt, wenn man verliebt ist. Viele sagen auch, man habe Schmetterlinge im Bauch, was so viel heißen soll, dass es im Bauch ein bisschen kribbelt. Doch ist das ein verlässliches Gefühl, der Bauch? Sollte man seinem Bauch glauben? Wenn nicht, wie könnte man sonst merken, dass man verliebt ist? Nicht jedes Mädchen, jeder Junge passt zu einem und das muss man häufig erst herausfinden. Wenn man sich mit einer Person des anderen Geschlechtes, in meinem Fall ein Mädchen, gut versteht, heißt das aber noch lange nicht, dass man diese auch lieben könnte oder sogar automatisch liebt. Fühlt man sich allerdings zu ihr hingezogen und dieses besagte Kribbeln setzt ein, kann man möglicherweise von

Liebe sprechen. Sich liebende Menschen zeigen oft besondere Verhaltensweisen, häufig küssen sie sich oder sie umarmen sich. Unterscheiden muss man allerdings auch in der Art der Liebe. Es fühlt sich meistens anders an, wenn man frisch verliebt ist, als wenn man schon lange zusammen ist. Dieses Kribbeln lässt mit der Zeit nach und verwandelt sich in ein tieferes, beständigeres Gefühl. Ja, wir schwenken nun so langsam in die Richtung der Liebe, wenn man endlich seine erste, neue oder auch große Liebe gefunden hat. Eine Beziehung basiert auf Vertrauen. Genauso ist gegenseitiges Verständnis sehr wichtig. Jeder sollte seinem Partner auch mal einen Gefallen machen und da sein, wenn der andere ihn braucht. Auch das sind Dinge, die man für jemanden gerne macht, den man liebt. Doch lässt sich Liebe wirklich sachlich definieren? Es gibt viele Metaphern, die auf besondere Emotionalität verweisen: Noch nie etwas davon gehört, wie: »Ich schweb auf Wolke 7« oder »Jemanden durch eine rosa Brille sehen«? Es gibt auch ein sehr schönes Gedicht von Bertolt Brecht zum Thema Liebe: »Der den ich liebe, hat mir gesagt, dass er mich braucht. Darum gebe ich auf mich acht, sehe auf meinen Weg und fürchte von jedem Regentropfen, dass er mich erschlagen könnte.« (...) Liebe zeigt sich anhand mehrerer Facetten. Doch sollte man sie nie als Besitz und »haben wollen« verstehen, sondern sie in Freiheit und gegenseitiger Akzeptanz leben.

Ich wollte laut schreien und Gott oder sonst jemanden, der für den Tod verantwortlich sein konnte, anklagen. Es gab niemanden. Außerdem hatte ich gelernt, mich nicht gehen zu lassen. »Was sollen denn die Menschen denken, wenn du so ein Theater machst«, sagte meine Mutter zu mir, wenn ich als kleines Kind meinen Unmut zum Ausdruck bringen wollte. Nun saß ich da, erwachsen zwar, aber gefangen in meiner Moral, meinem Anstand, meiner Artigkeit. Es war immer noch so irreal, am Grab meines Kindes zu stehen. Ich weinte oft oder ich sang, wenn gerade niemand in der Nähe war. Manchmal betete ich auch. Später hielt ich mein Gebet in der E-Mail fest:

Lieber Nicolai,
das Leben war zu schön mit Dir, bitte hilf mir, damit ich wieder die Kraft finde, ohne Dich auf dieser Welt zurechtzukommen. Ich versuche, wieder zu leben, und doch vergeht keine Minute, keine Sekunde, in der mein Herz nicht schwer ist, aus Trauer, dass Du nicht mehr da bist, nicht mehr mit uns leben kannst. Lass mich wieder meinen Mut finden, meine Kraft spüren, hilf, dass ich aus Liebe weiterleben kann! Ich glaube, dass meine Gedanken auch einen Einfluss auf Deine Welt haben. Deshalb arbeite ich daran, dass sie positiver und fröhlicher werden. Aber so einfach geht das leider nicht. Ich muss eben alles erst wieder neu erlernen. Aus Liebe will ich wieder Hoffnung finden und die Schmerzen der Trennung aushalten, aus Liebe zu Dir, lieber Nico, und aus Liebe zu Kasi und Hubertus und ein klein wenig vielleicht auch schon wieder aus Liebe zu mir. Vielleicht braucht es gar keine Wahrnehmungen und Geister, kein »Sehenkönnen«, das ich mir ja so sehr wünsche, vielleicht braucht es einzig diese Liebe. Wie schön, dass es etwas gibt, auf das ich mich verlassen kann.
Deine Mam

Senden – plopp – die E-Mail war weg. Würde sie ihn erreichen? Ich schaute auf. War es das, wonach ich suchte, das festere Fundament, die Verlässlichkeit, war es am Ende so einfach, ein bescheidenes Wort, das jeder kannte, das mir den Halt und die Sicherheit geben konnte, nach der ich mich so sehnte? War es schlicht und einfach die – LIEBE? Sonst nichts?

Die Sommerferien hatten gerade begonnen. Mein emotionales Empfinden schien sich auf der Stelle zu bewegen. Was den Schmerz anbelangte, fühlte es sich manchmal so an, als sei ich erst einige wenige Schritte weitergegangen. Noch immer litt ich seelisch sehr unter dem Verlust meines Sohnes und hatte nach wie vor starke körperliche Schmerzen.

In der ersten Ferienwoche im August sollte ich einen Kinderkräuterkurs in der Ferienbetreuung einer Schule geben. Schon lange vorher hatte ich zugesagt. Ich wollte auch endlich wieder einmal etwas anderes machen und arbeitete gerne mit den Kindern. Je näher der Termin rückte, desto weniger konnte ich mir vorstellen, mit diesen Schmerzen eine Woche lang einen Kräuterkurs zu gestalten. Da die Periduralanästhesie, bei der zwischen zwei Dornfortsätzen der Wirbelsäule eine Nadel in den Rücken eingeführt wird, um beispielsweise Kortison einzuspritzen, um den Schmerz zu lindern, damals nichts genutzt hatte, würde ich dies auch niemals wieder ausprobieren. Ich fragte also meinen Hausarzt, ob ich für diese Zeit ein Morphinpflaster haben könnte, fest davon überzeugt, dass dies wenigstens für ein paar Tage helfen würde. Wie schön wären eine schmerzfreie Zeit und eine Pause zum Verschnaufen. Doch zu meiner Überraschung tat sich nichts, überhaupt nichts. Selbst mein Hausarzt war verblüfft. Irgendwie habe ich es trotzdem geschafft, diesen Kurs zu leiten. Ich hatte immer mein Korsett dabei und war erstaunt, wie natürlich die Kinder damit umgingen. Es gab keine blöden Fragen, kein Mitleid, es war eben ein Korsett, das ich tragen musste, weil ich Rückenschmerzen hatte, so wie andere mit Krücken gingen, weil sie sich den Fuß gebrochen hatten. Durch die Kinder lernte ich allmählich einen selbstverständlicheren Umgang damit. Es hat mir viel Spaß gemacht, mit ihnen zu arbeiten. Besonders genossen habe ich aber, dass Kasimir den Kurs begleitete, eigentlich in der Rolle des Fotografen, aber letztendlich übernahm er viele wichtige Funktionen und die Grundschulkinder liebten ihn. Obwohl meine Gedanken oft in der anderen Welt und bei Nico waren, lernte ich Schritt für Schritt, mich auch wieder in dieser Welt einzurichten. Das fiel mir natürlich leichter, wenn ich Kasi an meiner Seite hatte.

Als der Kurs zu Ende war, begann das schlechte Wetter. Der Regen trommelte ununterbrochen gegen die Fensterscheiben. Es war trostlos. Fast schien es, als würde der Himmel die ungeweinten, aufgestauten Tränen der ganzen Welt übernehmen und alle auf einmal ausschütten wollen. In dieser Regenweltuntergangsstimmung nahm ich mir vor, mit dem Ordnen von Nicos Schriftsachen, seinen Schulheften und seiner Trauerpost weiterzumachen. Das war jetzt genau das Richtige, es musste sowieso einmal gemacht werden und nach draußen zog es nicht einmal meinen Hund. Also saß ich auf dem Boden im Arbeitszimmer, an die Wand gelehnt, mit einem Stapel Blätter in der Hand. Immer wieder blieb ich an Textstellen hängen, die mich besonders berührten. Es war wie ein Sog, der mich in eine andere Bewusstseinsebene zog. Ich war dankbar für die ganze Trauerpost und auch dafür, dass Nico einiges aufgeschrieben hatte, es spiegelte ja seine Gedanken wider. Da wurde ich plötzlich lebendig. Auf der Suche nach einem ganz bestimmten Schriftstück wühlte ich mich durch den gesamten Stapel. Ich musste es unbedingt finden und gleichzeitig überkam mich die Angst. Mein Herz klopfte wie wild. Da war es, ich hielt ein paar Blätter in meinen Händen, seinen Sozialpraktikumsbericht. In der 10. Klasse mussten die Schüler seines Gymnasiums ein Sozialpraktikum absolvieren. Nico machte sein Praktikum an einer Schule für schwerst mehrfachbehinderte Kinder. Anfangs war er skeptisch gewesen, ob er sich das zutraute, aber er war gleichzeitig auch sehr neugierig und offen dafür. Bereits nach den ersten Tagen kam er ausgeglichen und sehr glücklich nach Hause. Sollte ich seinen Bericht noch einmal lesen? Jetzt? Nein! Entschlossen legte ich die Blätter wieder zur Seite und begann den Schreibtisch aufzuräumen. Immer wieder schielte ich zu dem Bericht. Würde ich ihn lesen, könnte es so sein, als säße Nico vor mir und als führten wir wieder eines unserer vielen Gespräche. Wir hatten ja dieselbe Sprache und konnten stundenlang miteinander reden. Ich glaube, dass das ungewöhnlich war. Auch das Schreiben verband uns. Er liebte wie ich die Worte und wollte Deutsch- und Sportlehrer werden. Das hätte gut zu ihm gepasst. Es könnte aber auch gefährlich sein, den Bericht zu lesen, zu viel Gefühl, zu viel Schmerz. Ich wusste noch ungefähr, was in dem Bericht stand. »Komm, sei mutig«, flüsterte ich mir selbst zu und nahm die Blätter wieder auf. Da spürte ich endlich wieder einmal dieses schöne, vertraute Gefühl. Nico war da und legte schützend seinen unsichtbaren Arm um meine Schultern. Ich begann zu lesen:

Manche Sätze überflog ich, an einigen blieb ich hängen. *Am Anfang schaute ich sehr viel zu. Nach einer kurzen Eingewöhnungszeit konnte ich dann aber auch einzelne Arbeiten übernehmen.... Im Fach Religion zerkleinerten wir in der Hand Blätter, um die einzelnen Bestandteile des Waldes besser kennenzulernen. Wir wollten mit dieser Lernmethode den Kindern verdeutlichen, was Vergänglichkeit bedeutet.* Verzweifelt suchte ich ein Taschentuch, denn schon lief meine Nase. Aber begierig las ich weiter. *Ich habe sehr viel für mein zukünftiges Leben dazugelernt.... Die Verbindung und Zuneigung zwischen den Schülern und mir ist gewachsen. Besonders zwei kleine, zarte Mädchen, welche jeweils starke Behinderungen haben, und ein kleiner Junge sind mir sehr ans Herz gewachsen. Alles* verschwamm vor meinen Augen und ich musste erst einmal schnäuzen, bevor ich weiterlesen konnte. *Ich dachte nicht, dass ich diese Kinder jemals so in mein Herz schließen könnte.* Ach, Nico! *Auch dass ich alles essen kann, habe ich zu schätzen gelernt. Ein Teil der Schüler hat jeden Morgen einen Brei mitbekommen und wurde dann von uns gefüttert.* Ich hielt die Luft an, las immer schneller. *Sehr berührt – Erfahrung – nämlich – Kinder berichteten – Mitschülerin – verstorben war – zeigten – mir Fotos von ihr – wurde sie immer wieder erwähnt.* Ich musste Luft holen und las nun wieder langsamer weiter. *Die Kinder hatten sich einfach länger und intensiv damit auseinandergesetzt und konnten so vielleicht besser mit dem Tod ihrer Mitschülerin umgehen. Für mich war es jedenfalls ein beeindruckendes Ereignis. Es hat mir auch gezeigt, was für eine Solidarität unter den Schülern besteht, jeder fühlt sich mit jedem verbunden, auch wenn er die andere Klasse bzw. die Person, welche verstorben ist, gar nicht kannte. Ich glaube auch, dass diese Kinder dem Tod viel näher sind, da sie sich öfter als die Schüler an meinem Gymnasium damit auseinandersetzen müssen.* Ich bemerkte, dass ein paar meiner Tränen auf das Blatt getropft waren. Vorsichtig versuchte ich das Papier wieder trocken zu tupfen.

Ich könnte mir sehr gut vorstellen, ein Freiwilliges Soziales Jahr in einer Schule für schwerst mehrfachbehinderte Menschen zu machen, weil der Umgang mit den Schülern mir sehr viel Spaß gemacht hat. Sie waren einfach sehr offen, natürlich und lebensfroh, trotz ihrer Behinderung. Ich finde es sehr wichtig, Schülern mit einer Behinderung zu helfen, ein annähernd »normales« Leben zu führen. Auch sie haben ein Recht darauf, in die Schule zu gehen. Außerdem ist die Schule eine willkommene Abwechslung in ihrem Leben. »Flori?«, rief jemand von unten. »Gleich, nicht jetzt!« Ich musste unbedingt diesen Bericht zu Ende lesen. *Für mich war das Mithelfen eine anstrengende, aber fröhliche Abwechslung zu meinem Schulalltag. Abends war ich immer sehr müde, aber sehr zufrieden und konnte mit dem Gefühl schlafen gehen, etwas Sinnvolles getan zu haben. Auf diese Weise anderen zu helfen, ist eine erfreuliche und positive Erfahrung. Auch ich habe von den Kindern sehr viel lernen können, da sie mir zeigten, wie viel das Leben wert ist und dass ich die kleinen Momente und positiven Erfahrungen in meinem Leben stärker wahrnehmen sollte. Sie nehmen so viel dankbarer alle Möglichkeiten entgegen, die das Leben ihnen bietet.* Meine Hände zitterten so sehr, dass ich den Rest kaum mehr lesen konnte. *Ich kann dankbar dafür sein, dass ich mich bewegen kann und so viel Abwechslung in meinem Leben habe.*

Am Ende des Berichts angekommen, triefte meine Nase und die Augen brannten von all den geweinten Tränen. Aber das warme Gefühl war noch immer da und umgab mich, bis ich es schaffte, mich aufzurappeln und nach unten zu gehen.

Engelzeit

Die Menschen um mich herum genossen die Leichtigkeit und Unbekümmertheit des Seins, es war warm, die Sonne schien wieder häufig und drang auch in die muffigsten Ecken des Lebens. Meine Seele ließ nur bedingt Sonnenstrahlen an sich heran, so viel, wie sie eben schon ertragen konnte. Aber es tat gut, ab und zu ein wenig in das Sonnenlicht einzutauchen.

Ich machte mich wieder zu meiner Heilerin in die Schweiz auf und war ganz aufgeregt. Weshalb eigentlich? Natürlich, ich hoffte, dass Nico sich nochmals melden würde. Voller Vorfreude fuhr ich mit offenem Schiebedach auf der Autobahn, drehte die Musik etwas lauter und sang sogar – das erste Mal seit langer Zeit – lauthals mit. Ich hatte endlich wieder eine Verabredung mit meinem Sohn, das beflügelte mich und ich gab Gas. Plötzlich sah ich eine Radarkontrolle und trat mit dem Fuß auf die Bremse. Oh je, das wäre beinahe schiefgegangen und teuer geworden. Ich schimpfte mit mir, weil ich mich dazu habe hinreißen lassen, zu schnell zu fahren. Was hatte ich mir eigentlich dabei gedacht? Es hätte Schlimmeres passieren können, als ein Bußgeld bezahlen zu müssen. Mein Herz klopfte noch, aber meine Hochstimmung war vorüber. Ich zügelte mich. Ich hatte noch eine Menge Zeit und würde nicht zu spät kommen. Als ich durch das Tor in den Innenhof fuhr, in dem ich immer mein Auto abstellen konnte, war ich über eine Stunde zu früh. Ich spazierte an den schönen, alten Holzhäusern vorbei, den kleinen Hügel hinauf, bis ich von dort aus die schneebedeckten Berge der Alpen sehen konnte.

Als ich endlich bei Cara im Behandlungszimmer saß, hatte ich wie immer sehr viele Fragen. Sie antwortete mir geduldig. Danach behandelte sie mich. Ein Wohlgefühl ging durch meinen Körper. Obwohl eigentlich nichts Besonderes geschehen war, schienen sich die Moleküle neu zu strukturieren. Ich fühlte mich heller und lichter als zuvor. Als sie fertig war, schaute sie mich liebevoll an. »Sie sollten nicht mit so hohen Erwartungen zu mir kommen.« Cara hielt meinem Blick stand, obwohl sie die Enttäuschung nicht übersehen konnte, die darin lag. »Nico hat sich also nicht bei Ihnen gemeldet?« Traurig senkte ich meinen Blick. Die Hoffnung, die Zuversicht, die Vorfreude, von ihm zu hören, alles brach gerade in sich zusammen. Da hatte ich die Chance, zu einer der bekanntesten Heilerinnen der Schweiz zu gehen, und dann sollte ich nichts erwarten?

Sie berührte sanft meine Schulter. »Ich kann nichts herbeiführen, für das die Zeit noch nicht reif ist. Ihr Sohn wird durch Sie sprechen, ihr braucht mich nicht dazu. Aber zuerst muss Ihre Seele heilen, der Körper kommt dann später nach, er reagiert immer in Verbindung zur Seele und braucht meist etwas mehr Zeit. Spontanheilungen können dann geschehen, wenn der Mensch seine ihm eigene Lektion gelernt hat. Ich kann keine Wandlung bewirken, die nicht schon in Ihnen selbst angelegt ist. Ich kann nur versuchen, einen Anstoß zu geben, damit der Selbstheilungsprozess schneller in Gang gesetzt werden kann. Sie müssen sich jetzt erst einmal wieder richtig gesund werden. Das ist das Wichtigste und sollte an erster Stelle stehen.« Ich erinnerte mich daran, dass auf meiner letzten Fahrt zu Cara die Radiostimme etwas Ähnliches gesagt hatte.

Cara schaute mich zärtlich, aber bestimmt an. Obwohl ich mich noch dagegen sträubte, wusste ich natürlich, dass sie recht hatte. Aber was machte ich jetzt bloß mit meiner Ungeduld? Ich stellte mir die vielen weiteren Jahre vor, in denen ich mich immer wieder mit dem Zweifel auseinandersetzen und die Schmerzen aushalten müsste. Denn der Glaube an eine Führung, eine Verlässlichkeit und einen tieferen Sinn stand noch immer auf dem Prüfstand. Manchmal verließen mich fast der Mut und die Kraft, weiterzumachen. Aber irgendwie machte mich diese Schmerzerfahrung auch stärker. Denn immer, wenn ich wieder einmal durch den tiefen Schmerz hindurchgegangen war, wusste ich, dass ich es aushalten konnte. Wir verabschiedeten uns und ich fuhr nach Hause. Obwohl ich dieses Mal nichts von Nico gehört hatte, war ich dennoch ein bisschen erfüllter und glücklicher als zuvor. Es hatte sich nichts sichtbar verändert und trotzdem empfand ich diesen Nachmittag als großes Geschenk. Der aufgewühlte und freudig erregte Zustand war einer tiefen Ruhe gewichen. Es fühlte sich an, als münde der plätschernde geschwätzige Bergbach in einen ruhigen See.

Aber mit der Zeit vermisste ich den Kontakt zu Nico immer mehr. Ich hatte noch nicht einmal von ihm geträumt und die Stimme war auch seltener geworden. Darüber war ich sehr traurig. Wahrscheinlich hatte Nico ja seine Gründe, weshalb er nicht viel von sich hören ließ. Das Telefon klingelte und erlöste mich aus meinen trübsinnigen Gedanken. Meine Schwiegermutter wollte sich mit mir treffen.

Ich bin mit Karin im Freiburger Münster verabredet. Dort wird eine Messe gefeiert, die den Verstorbenen gewidmet ist. Obwohl ich spät dran bin, halte ich ein paar Minuten inne, bevor ich die große Kirchentür öffne. Ich war schon lange nicht mehr in einer Kirche. Warum jetzt? Egal. Ich atme kurz ein und wieder aus und gehe hinein. Sofort überkommt mich ein ehrfurchtvolles Gefühl. Ich fühle mich klein angesichts der hohen

Decken und des großen Raumes. Es sind schon ein paar Menschen dort, aber sie füllen den Raum nicht aus, und so erscheint er noch gewaltiger. Ich gehe leise das Kirchenschiff nach vorne, an den Bänken vorbei und suche meine Schwiegermutter. Es brennen viele Kerzen. Als ich sie sehe, setze ich mich in die Bankreihe neben sie. Da beginnt der Pfarrer auch schon zu sprechen und mit seinen ersten Worten fließen bei mir gleich die Tränen. Es ist alles so irreal. Ich bin also in dieser Kirche, weil mein Sohn gestorben ist, und erhoffe mir hier Trost, wo ich doch die Predigten oft so inhaltsleer und oberflächlich finde? In diesem Fall kann ich aber sowieso nicht mehr hören, was der Pfarrer sagt. Ich bin so damit beschäftigt, nicht laut zu schluchzen, dass ich nur einzelne Satzfetzen aufschnappen kann, die mich sofort wieder zum Weinen bringen. Das Ventil ist geöffnet und ich finde den Hahn nicht mehr, um es wieder zu schließen. Da bemerke ich, dass die Frau, die rechts von mir sitzt, immer wieder zu mir schaut. Ich versuche, mit dem Weinen aufzuhören, komme mir so dumm vor, schließlich bin ich ja nicht die Einzige, die hier um einen Menschen trauert. Bei niemandem sonst fließen die Tränen. Aber es gelingt mir einfach nicht. Ich bemerke, wie die Frau neben mir mit sich ringt. Natürlich gehe ich davon aus, dass ich sie störe, und schäme mich. Da fragt sie mich schließlich: »Um wen weinen Sie? Ich habe meine Schwester verloren und vermisse sie sehr.« Wir schauen uns an. Sie hat schwarzes Haar, eine markante Nase und sehr dunkle Augen. »Ich habe meinen Sohn verloren.« Ich will gerade meinen Blick abwenden, da bemerke ich ihren bestürzten Gesichtsausdruck. Sie ist fassungslos. Dann ergreift sie plötzlich voller Zärtlichkeit meine Hand und streichelt sie. Trotz ihres eigenen großen Schmerzes ist diese Frau fähig, mit mir zu fühlen. Jetzt weint auch sie. Eine Welle von Mitgefühl schwappt auf mich über. Da befinde ich mich nun im großen

Münster, auf der einen Seite meine Schwiegermutter, die irritiert immer wieder zu uns schaut, und auf der anderen Seite eine mir völlig fremde Frau (oder ist sie vielleicht gar nicht so fremd?), die jetzt mit mir schluchzt, als hätte sie meinen Sohn gekannt. Auf einmal höre ich, wie sie aufschreckt. »Ist das der Junge, dessen Kreuz mit Bild an der Zähringerstraße steht?« Ich nicke leicht. »Ich fahre jeden Morgen auf meinem Weg zur Arbeit daran vorbei.« Sie atmet schwer. »Jetzt wird diese Stelle eine ganz besondere Bedeutung für mich haben, weil ich die Mutter dazu kenne.« Sie drückt sanft meine Hand und es fühlt sich plötzlich so an, als sei es das Normalste der Welt, mit einer unbekannten Frau Hand in Hand in einer Kirchenbank zu sitzen und zu weinen. Wir sind eingehüllt in ein mir schon vertrautes Gefühl der Verbundenheit, das nicht haltzumachen scheint vor Menschen, die ich noch nie zuvor in meinem Leben getroffen habe. Als die Messe zu Ende ist, verabschieden wir uns, ein letzter Händedruck, ein vorsichtiges Lächeln, Adieu und hab Dank, du liebe Frau. Ich habe sie nie wiedergesehen.

Mitte August flatterte ein Brief in unser Haus. Er war an mich adressiert. Ich freute mich, wieder einmal Post zu bekommen. Nachdem die Flut der Trauerbriefe langsam nachgelassen hatte, fand ich im Briefkasten oft nichts als gähnende Leere vor. Meistens tauschte ich mich ja per Mail, SMS oder Whatsapp aus. Ein Brief war zu etwas Besonderem geworden. Statt schwarzem Trauerrand auf weißem Kuvert zierte diesmal eine kleine Blume den roten Umschlag. Nachdem ich ihn eine Weile in meinen Händen gehalten hatte, schlitzte ich die Hülle eilig auf und las den Brief. Die Frau meines Schulfreundes Klaus schrieb unter anderem, dass sie vor vielen Jahren eine Jenseitserfahrung hatte und mir, wenn ich wollte, darüber berichten würde. Nervös überflog ich den Brief noch weitere zwei, drei

Mal, als könnte ich gleich die ganze Geschichte aus ihm herauswringen. Ich hatte schon viel über Jenseitserfahrungen gelesen. Dies aus Büchern zu erfahren war interessant, aber Jemandem gegenüberzusitzen und in dessen Augen und Gesicht sehen zu können, musste etwas ganz anderes sein. Bereits ein paar Tage später saßen Hubertus, Niels und ich gespannt wie ein Flitzebogen im Auto Richtung Stuttgart. Während der Autofahrt hing jeder seinen Gedanken nach. Hip-Hop-Klänge aus dem Radio. Stau auf der Straße. Als wir endlich ankamen, waren wir noch immer angespannt, aber die aufgeschlossene und natürliche Art unserer Gastgeber löste das schnell auf. Bald schon saßen wir gelöst und unbekümmert schwatzend beisammen, als hätten wir nichts anderes vor, als uns über Walnuss-Vanillecreme-Torte mit Karamellsplitter zu unterhalten. Nachdem wir zusammen Tee getrunken und ordentlich viel Kuchen gegessen hatten, teilte Gaby ihre Geschichte mit uns. Sie hatte sie zuvor nur wenigen Menschen erzählt und ich war sehr dankbar für ihr Vertrauen. »Ich selbst war über diese Erlebnisse zunächst sehr irritiert gewesen und habe sie lange Zeit erst einmal verdrängt. Später dann suchte ich nach Antworten, studierte Bücher, so lange, bis ich langsam zu verstehen begann, was mir damals widerfahren war.« Ihre großen sattblauen Augen bekamen einen leichten Glanz, als sie sich wieder an Einzelheiten erinnerte. »Jetzt, durch Nicos Tod, kamen meine Erlebnisse wieder an die Oberfläche, alles war auf einmal wieder sehr präsent.« Ihr Gesicht war so offen und ehrlich, dass ich keine Minute an der Wahrheit ihrer Worte zweifelte. Freudestrahlend schaute ich sie an. »Mir bedeutet es viel, dass du uns dein Erleben geschildert hast, denn so wächst in mir die Hoffnung, mit Nico irgendwo und irgendwann wieder ganz vereint zu sein.« Dieser Nachmittag hat uns sehr gut getan, darin waren wir uns alle einig. Aber als wir drei wieder im Auto saßen, um nach Hause zu fahren, und ich in die vorbeifliegende Landschaft blickte, kam plötzlich der starke Wunsch auf, selbst einmal eine ähnliche Erfahrung machen zu dürfen. Wenn ich meinen verstorbenen Sohn doch nur einmal sehen könnte, nur einmal aus eigener Empfindung heraus erleben dürfte, wie es ihm jetzt geht, wie viel leichter müsste es für mich sein, seinen Tod zu ertragen. Sicher war ich Nico während der ersten Zeit des Abschieds sehr nahe gewesen und seine Führung war deutlich zu spüren. Aber ich wollte mich damit nicht zufriedengeben. Offensichtlich gab es wirklich Menschen, die einen Jenseitskontakt erlebt hatten. Der Wunsch, dies auch einmal erfahren zu dürfen, ließ mich nicht mehr los.

Deshalb klappte ich, als wir wieder zu Hause waren, erst einmal meinen Laptop auf, um an Nico zu schreiben.

Lieber Nico,
ich wünsche mir eine Nahtoderfahrung, denn dann könnte ich Dir doch sicher ganz nahe sein, oder? Aber bitte, es soll nicht so wehtun, den Schmerz kenne ich ja schon gut. Bleibende Verletzungen möchte ich bitte auch nicht haben und natürlich darf nichts schiefgehen, denn Kasimir braucht mich noch eine Weile.
Ich las durch, was ich gerade geschrieben hatte, und kam mir sehr dämlich vor. So ging das ja wirklich nicht. Eine Nahtoderfahrung mit Bedingungen! So etwas hatte ich noch nie gehört. Aber ja, anders ging das eben nicht. O.k., ich hatte verstanden und ergänzte meine Mail:
Vielleicht ist es doch nicht der richtige Weg, um mit Dir in Kontakt zu kommen. Gibt es wirklich keine andere Möglichkeit? Ich kann nicht aufhören, mir zu wünschen, Dich bald wiederzusehen, Dich in meine Arme zu schließen, mit Dir zu reden, zu

lachen und zu weinen. Die Vermissung ist zu groß, das musst Du doch einsehen! Hallo – kommt bei Dir überhaupt an, was ich schreibe?

Natürlich blieb der Computer stumm, keine Mail kam ins Postfach geflattert, auch wenn ich es mir noch so sehr herbeisehnte. Wütend knallte ich den Deckel zu und verbannte den Laptop ins Nebenzimmer. Ich nahm mir vor, keine E-Mails mehr zu schreiben, es hatte ja sowieso keinen Sinn.

Ende desselben Monats brachen Kasi und Hubertus in die Alpen auf, um zu biken. Tara, unsere Hündin, kam bei ihrer Lieblingsgastfamilie unter, weil ich alleine nicht so häufig mit ihr spazieren gehen konnte. Ich musste nun noch mehr als sonst das Loslassen üben. Meine vertrautesten Menschen waren fort, ich konnte schlecht gehen und trug noch immer dieses steife Korsett.

So beschloss ich, mir etwas Gutes zu tun. Ich fuhr zu Munay und Petra, die an einem verzauberten Ort mitten im Schwarzwald leben. Die beiden Frauen wohnen dort in zwei süßen kleinen Häuschen und beherbergen für eine gewisse Zeit Menschen, deren Leben aus den Fugen geraten ist. Ich freute mich sehr, sie wiederzusehen. Als ich an dem kleinen Glöckchen am Torbogen zum Eingang des Gartens läutete, hörte ich schon Munays Begrüßungsruf: »Juhu!« Sie waren also zu Hause. Munay eilte mir entgegen. »Herzlich willkommen, liebe Flor!« Aus einem sonnengebräunten Gesicht strahlten mir liebevoll wache, hellgrüne Augen entgegen, die von vielen kleinen Fältchen umrahmt waren. Schon fühlte ich mich zu Hause. Petras schneeweißen Kopf sah ich durch die Fensterscheibe. Sie war bereits in der Küche beschäftigt. Als sie mich bemerkte, kam auch sie nach draußen. Sie nahmen sich Zeit, mit mir zur Begrüßung eine Tasse Tee zu trinken. Dann richtete ich mich in meinem Zimmer ein. Ich wählte das blaue. Es hatte eine große Schrankwand, ganz in dieser Farbe, mit einem Spiegel, der die gegenüberliegenden Sprossenfenster wiedergab. Ich öffnete das Fenster und atmete tief ein. Hier tickte das Leben anders als in der Stadt. Es gab keine Ablenkung, denn die Zimmer waren nicht mit WLAN und Fernsehgerät ausgestattet. Das war natürlich auch anstrengend. Auf mich selbst zurückgeworfen, würden nach einiger Zeit die Themen hochkommen, die ich im Gepäck mitgebracht hatte. Sie waren zwar gut in den vielen Fächern des kleinen Koffers verstaut, aber hier würde ich sie auspacken müssen, das spürte ich sofort. Ich merkte, wie schwer mein Gepäck wog und dass es nicht darauf ankam, wie viel ich dabeihatte, sondern was ich mit mir herumtrug. Bei diesem Gedanken wurde mir ganz mulmig. Noch konnte ich meine Sachen wieder zusammenpacken und abreisen. Plötzlich verließ mich der Mut. Ich schnappte meinen kleinen Koffer und öffnete die Tür einen Spalt. Würde es mir gelingen, unbemerkt zu meinem Auto zu gelangen? »Fehlt etwas?« Petra warf mir im Vorbeigehen einen raschen Blick zu. Erschrocken stammelte ich: »Nein, nichts…«, schob meinen Koffer möglichst unauffällig ins Zimmer zurück und gab ihm einen kleinen Tritt. Er donnerte mit lautem Knall gegen die Spiegelwand. Zum Glück war Petra schon wieder die Treppe hinuntergegangen. »Du willst kein Feigling sein«, sagte ich laut zu mir und ließ mich auf das Bett fallen. Ich hatte mich doch für diese Schritte entschieden. Entschlossen stand ich auf und begann damit, mein Bett zu überziehen.

Ich war schon mehrmals bei Munay und Petra gewesen und deshalb waren mir die täglichen Abläufe schon sehr vertraut. Die Frauen lebten in intensivem Kontakt mit der Natur. Jeder, der bei ihnen für eine Zeit wohnte, stellte sich darauf ein. Wir gingen nach Sonnenuntergang ins Bett und standen sehr früh wieder auf. Es gab keine Elektrizität, ein weiterer Grund, bald schlafen zu gehen. Ich freute mich sogar darauf, wieder jeden Morgen gegen sechs Uhr mit schönen Klängen geweckt zu werden. Auf dem Weg ins Badezimmer brannten Kerzen und verbreiteten ein warmes Licht in der Dunkelheit. Weil ich dieses Mal nicht weit gehen konnte, fuhren wir jeden Morgen mit dem Auto auf einen Berg, um den Sonnenaufgang zu begrüßen. Die vielen Male, die ich später zu ihnen kommen sollte, machten wir ausgiebige Wanderungen, badeten im See und traten erst sehr spät, wenn die Sonne schon weit nach oben geklettert war, hungrig den Rückweg an. Das Frühstück schmeckte danach natürlich besonders lecker.

Während die beiden dann ihrer täglichen Arbeit nachgingen, war ich bis zum Spätnachmittag alleine und auf mich gestellt. Beim gemeinsamen Abendessen fanden wir schließlich wieder zusammen.

Ich mache einen Spaziergang und laufe über die große Wiese, Munays früheren Kräutergarten, und weiter bis zum Waldrand. Dort setze ich mich auf ein kleines Bänkchen. Ich atme heftig. Der Koffer wiegt schwer. Ich habe ihn natürlich immer dabei. Ob ich schon einmal vorsichtig hineinschauen soll? Nein, gut dass er verschlossen ist. Ich lasse meine Beine baumeln und versuche, unbekümmert zu sein. Ich könnte jetzt doch einfach gehen und meine ganze Habe stehen lassen! Gute Idee! Ich klopfe mir gedanklich auf die Schulter. Ich starre den Koffer an. Der Koffer starrt zurück! Bin ich jetzt völlig übergeschnappt? Ich kann mich nicht fortbewegen, wie angewurzelt bleibe ich sitzen. Ängstlich schiele ich auf das Schloss. Es klingt bizarr, aber irgendwie fühle ich mich aufgefordert, es zu öffnen. Mit zitternden Händen nestle ich an dem Verschluss herum, es rührt sich nichts. Schon allein das ist schwierig.

Mein Herz beginnt laut zu klopfen. Plötzlich springt das Schloss doch auf. Mit einem Schrei ziehe ich den Spalt, der entsteht, schnell wieder zu. Aber ich weiß ja, dass ich mir sowieso alles irgendwann würde anschauen müssen, was da drinnen liegt. Also nehme ich noch einmal meinen ganzen Mut zusammen, stecke meine Hand hinein und ziehe etwas aus dem Koffer heraus. Ein jäher Schmerz durchflutet mich. Mir wird schwindelig und ich weine, weine so lange, bis ich keine Tränen mehr in mir habe. Jetzt dröhnt mein Kopf. Erschöpft strecke ich mich auf der Bank aus, den Kopf auf dem Koffer, damit er sich ganz bestimmt für heute nicht mehr öffnen kann. Intuitiv spüre ich, dass es richtig war, einen Blick hinein zu riskieren. Ich muss doch schließlich wissen, was ich alles in meinem schweren Gepäck mit mir herumtrage. Nur so kann ich ausmisten und nur dann würde mein Koffer mit der Zeit auch wieder an Gewicht verlieren.

Als ich nach ein paar Stunden meine Bank verlasse, um wieder zu den Häuschen zurückzuschlendern, bin ich sogar ein klein wenig stolz. Es gibt Abendessen. Erleichtert über die willkommene Ablenkung setze ich mich an den gedeckten Tisch. Munay und Petra haben eine Mahlzeit mit vielen heilenden Kräutern vorbereitet und alles liebevoll mit Blüten dekoriert. Ich habe großen Appetit und fühle mich, als hätte ich Schwerstarbeit geleistet.

Munay setzte sich häufig zu mir und sah den Inhalt des Koffers mit mir zusammen an. Sie hatte manchmal einen anderen Blick auf die Dinge und half mir dabei, durch die Trauer hindurchzugehen und Schritt für Schritt meinen Sohn loszulassen. »Schau genau hin, Flor«, sie berührte sanft meine Hände, als ich wegsehen wollte. »Du kannst es und es wird sich verändern.« Zögernd schaute ich einen kurzen Augenblick wieder ganz tief hinein, in meinen Koffer. Ich erschrak. Wie düster es darin war und wie muffig es roch. Mir wurde ganz übel. Doch Munay schien keine Angst zu haben, sie verscheuchte die Zweifel, die sich ganz tief unten im Koffer festgesetzt hatten und jetzt aufstiegen, hielt meine Wut aus und meinen grenzenlosen Schmerz. Nach einigen Tagen Kofferarbeit fand ich tatsächlich am Boden des Gepäckstückes noch etwas anderes, etwas, das mich tröstete. Ich konnte es nicht genau fassen, in Worte kleiden, vielleicht war es am besten mit dem Wort »Gnade« zu beschreiben. Erleichtert lehnte ich meinen Kopf an Munays Schulter.

Am Abend machten wir unter der Anleitung von Petra Yoga bei Sonnenuntergang, beziehungsweise ich versuchte, was mir mit Korsett möglich war. Wir verabschiedeten dankbar den vergangenen Tag. Es ist unglaublich, wie viel Kraft ich gewinnen konnte, weil ich täglich die Sonne begrüßen und wieder verabschieden durfte. Die Nächte waren sternenklar und warm. Deshalb schliefen wir alle draußen. Munay legte unsere Matratzen auf das Garagendach und Petra schlief unten im Garten. Das Firmament wölbte sich über uns wie ein schützendes Dach. Sternschnuppen fielen vom Himmel und unser ganzes Sein verfloss im großen Ganzen. Wir waren nicht mehr getrennt voneinander und auch nicht vom Universum, alles war eins. Friedlich und dankbar schlief ich irgendwann an Munays Seite ein.

Munay ist immer authentisch in dem, was sie denkt, sagt und lebt. Manchmal ist sie sehr ernst, ein anderes Mal auch voll ungestümer Freude wie ein Kind oder plötzlich wieder reich an Gedanken und Worten wie eine weise Frau. Sie kann schweigen und kreativ sein, sie ist Urmutter, Freundin, Kind und Heilerin zugleich. Sie ist Liebe. Petra ist wie ein Fels, sie strahlt Stärke aus, Lebensfreude und Kraft. Die beiden ergänzen sich sehr. Ich habe noch nie zuvor solche Menschen kennengelernt, aber ich weiß, dass es nicht nötig ist, in die Welt zu reisen, um ganz besonderen Menschen zu begegnen. Munay und Petra vereinen Weisheit, Integrität und Liebe.

Nach einer Woche spürte ich eine innere Kraft wie schon lange nicht mehr seit Nicos Tod. Ich belud mein Auto und fuhr nach Hause. Mein Koffer fühlte sich tatsächlich leichter an. Ich freute mich auf meine Männer, denn Hubertus und Kasi wollten am Abend auch wieder zurück sein. Wir würden uns viel zu erzählen haben.

Anfang September fuhr ich mit meiner kleinen Familie und ein paar Freunden an den Lago Maggiore, um noch ein paar spätsommerliche Sonnenstrahlen zu tanken. An einem Nachmittag wartete ich in einem Café am See auf eine Freundin, die hier ebenfalls gerade Urlaub machte. Wir wollten uns auf einen kurzen Cappuccino treffen. Es war für mich zwar noch immer mit erheblichen Schmerzen verbunden, mit Korsett auf so unbequemen Stühlen zu sitzen. Aber ab und zu musste ich ja auch etwas für meine Seele tun. Mein Blick schweifte in die Ferne. Pünktlich zum mittäglichen Glockengeläut der nahe gelegenen Kirchturmuhr kam Sylvia mit ihrem Hund im Schlepptau um die Ecke gebogen. Ich konnte die Uhr nach ihr stellen. Sie band die Hundeleine an einen Sonnenschirm und umarmte mich. Wie immer, wenn wir uns trafen, versuchten wir gleich alle ungelösten Geschehnisse der Welt zu hinterfragen. Kaum hatte Sylvia Platz genommen, musste ich ihr von meinen Gedanken erzählen, die mich beim Anblick dieser großartigen Kulisse befielen. »Schau mal, wie gut man über den See bis zum anderen Ufer sehen kann. Die Berge gegenüber mit den kleinen Ortschaften, die sich vom Ufer bis zu den Hügeln hinaufschlängeln. Und im Dunst weiter hinten die

Gipfel, auf denen noch etwas Schnee vom letzten Winter liegen geblieben ist. Sie sehen aus, als wären sie mit Zitronencreme überzogen. Aber dann ist Schluss. Mehr kann ich nicht sehen. Wenn ich nicht wüsste, dass es danach noch weitergeht und sich dahinter unzählige Landschaften erschließen, würde ich glauben, dass das Ufer mit den Bergketten das Ende der Welt anzeigt.« Verträumt und sehnsüchtig sah ich wieder auf die andere Seite hinüber. Sylvia klatschte in die Hände, weil sich die Leine gelöst hatte und Mino sich heimlich davonstehlen wollte. Reuig kam er sofort wieder angetrottet. »Stimmt, du kannst dich nicht allein auf deine fünf Sinne verlassen, denn keiner von ihnen lässt dich erkennen, dass die Welt nicht hinter der Bergkette zu Ende ist. Du kannst es weder sehen noch fühlen, schmecken, hören oder riechen.« Ihr fränkisches rollendes »R« klang schwungvoll und vertraut. Ich zeigte über den See. »Ich war schon einmal hinter diesen Bergen, deshalb weiß ich aus Erfahrung, dass es dahinter weitergeht.« Sylvia nickte. »Und deshalb glaubst du jetzt, wo wir am gegenüberliegenden Ufer in einem Café sitzen, noch immer daran, oder?« Ich fasste an Nicos Lederarmband, das ich seit seinem Tod ab und zu trug. »Ich habe schon einige Botschaften von Nico bekommen.« »Scusi?« Der Kellner kam an unseren Tisch, um die Bestellung aufzunehmen. »Vorrei due cappuccini e due bicchieri d'acqua, per favore.« Ich sah Sylvia erstaunt an. Sie grinste. »Das hab ich zufällig vorher in einem Übersetzungsbuch entdeckt, nicht der Rede wert«, sagte sie, wie immer bescheiden. »Aber erzähl weiter, wo warst du stehen geblieben?« »Kann ich deshalb dann auch davon ausgehen, dass es noch etwas anderes als unsere Wirklichkeit gibt? Der einzige Unterschied liegt doch darin, dass ich in diesen anderen Welten physisch noch nicht gewesen bin, in den Landschaften hinter den Bergen aber schon?« Ich nippte an dem köstlichen italienischen Cappuccino. Nachdem ich genüsslich meinen weißen Milchschaumbart abgeschleckt und den aromatischen Kaffeeduft inhaliert hatte, sann ich weiter. »Es gibt auch Landschaften und Kontinente, die ich selbst noch nicht erkundet habe. Trotzdem zweifle ich nicht daran, dass sie wirklich existieren. Ich habe schon viele Bilder, Fernsehberichte und Videos darüber gesehen und ich vertraue auf die Erzählungen anderer Menschen.« Sylvia schnippte mit den Fingern, wie sie es immer tat, wenn etwas für sie schlüssig war. »Genauso gibt es Menschen, die berichten, schon einmal in der geistigen Welt gewesen zu sein. Menschen, die für tot erklärt worden waren und wieder zurückgekommen sind, auch Wissenschaftler und Mediziner. Sie alle hatten Wahrnehmungen während dieser Zeit, die nach medizinischen Gesichtspunkten eigentlich unmöglich sind.« Mit dem Finger holte ich auch noch den letzten Rest Milchschaum aus der Tasse, um ihn dann genüsslich im Mund zergehen zu lassen. »Du meinst also, wir können auch diesen Menschen vertrauen, die bereits in der anderen Welt, hinter diesem Horizont gewesen sind?« Ich gab dem Kellner ein Zeichen. »Unbedingt«, sagte Sylvia bloß. »Du musst auf jeden Fall Papaji lesen.« Ich schmunzelte. Von ihr wurde ich immer mit den besten Büchern versorgt. Wir bezahlten und verabredeten uns, zu Hause recht bald wieder an der Elz spazieren zu gehen, um dort noch einmal all das, was wir hinter dem Horizont vermuteten, gründlich unter die Lupe zu nehmen.

Immer am letzten Ferienwochenende im September fand in der Freiburger Altstadt ein Künstlermarkt statt. Ich wollte unter allen Umständen hingehen, denn ich liebte es, mich auf diese Weise inspirieren zu lassen. Und ich musste dringend etwas für meine Stimmung tun, egal, was mein Rücken dazu sagte. Es war eine der wenigen Aktivitäten, die ich mir in dieser

Zeit vorgenommen hatte. Mit dem Auto fuhr ich in die Stadt und parkte bei den Großeltern. Den Rest ging ich zu Fuß. Der Rücken tat weh. Aber ich ging weiter. Gleich am Anfang vom Markt, ich war also noch gar nicht weit gegangen, blieb ich an einem der Stände hängen. Eine Frau hatte aus Strandgut und anderen Dingen wunderschöne Engel gestaltet. Als ich sie genauer anschaute, entdeckte ich einen wie zufällig liegen gebliebenen Flyer. »Mit Liebe heilen« stand darauf. Ich besah ihn mir genauer und erkannte Bettina, eine Freundin aus der Zeit, als ihr Sohn und Nico noch sehr klein gewesen waren. Wir hatten uns öfter getroffen und viele Nachmittage miteinander verbracht. Später, als sich der Lebensmittelpunkt immer mehr auf den Stadtteil mit Kindergarten und Schule konzentrierte, hatten wir uns aus den Augen verloren. Ich wusste, dass sie bereits zu dieser Zeit eine Ausbildung in energetischem Heilen begonnen hatte und sich mit der Bedeutung des menschlichen Energiefeldes und dessen Zusammenhang mit der Gesundheit des Menschen beschäftigte. Damals dachte ich, dass dies gut zu ihr passte, fand aber selbst keinen Zugang dazu. Es war mir zu esoterisch und spirituell gewesen. Jetzt aber nahm ich diesen Flyer mit nach Hause. Ich las darin, dass demnächst ein Schnupperkurs zum energetischen Heilen stattfinden sollte, und entschied spontan, dort hinzugehen. Ich hatte keine Ahnung, wie ich das hinbekommen würde, denn es fiel mir noch immer schwer, sehr lange auf Stühlen zu sitzen. Meine Neugier, vielleicht etwas Neues zu entdecken, und die Freude, Bettina wiederzusehen, waren aber größer als meine Ängste.

Der Kursraum war gefüllt mit vielen kleinen Kunstwerken. Ich hatte an diesem Abend starke Schmerzen und überlegte, ob ich wieder hinausgehen und nach Hause fahren soll. Zumal ich mit Schrecken feststellte, dass es nur Klappstühle gab. Ich setzte mich trotzdem hin, warum, weiß ich selbst nicht so genau. Langsam wurde der Raum voller. Noch ist es nicht zu spät, schoss es mir durch den Kopf. Ich kann noch ungesehen nach draußen gehen. Aber ich blieb. Dann ging es nicht mehr. Bettina betrat den Raum und der Schnupperabend begann. Was würde sie denken, wenn ich plötzlich aufstehen und fortgehen würde? Es fiel mir schwer, mich auf das zu konzentrieren, was sie sagte. Der körperliche Schmerz quälte mich zu sehr. Aber ich blieb. Ich schnappte nur Satzfetzen auf, zum Beispiel, dass dieses Heilungsnetzwerk auf seriöse und undogmatische Weise der persönlichen Weiterentwicklung dient und die Inhalte weltweit in zahlreichen Ländern und Kontinenten unterrichtet werden. Ich erfuhr auch, dass das Netzwerk religiös ungebunden ist. Also ist es keine Sekte, dachte ich erleichtert, denn irgendwie war ich doch ein bisschen unsicher, ob ich hier richtig bin. Ich war schon so lange nicht mehr unter so vielen fremden Menschen gewesen. Meine Wangen fühlten sich ganz warm an. Das Herz raste. Mein Rücken schmerzte. Aber ich blieb. Plötzlich entdeckte mich Bettina im Publikum und lächelte mir zu. Gerade als ich versuchte, meinen Rücken zu entlasten, und mein Gewicht auf die linke Pobacke verlagerte, erwähnte sie unsere Jungs. Sofort schossen mir Tränen in die Augen. Jetzt nur nicht losheulen! Bloß raus hier, dachte ich. Aber ich blieb. Mit aller Kraft versuchte ich, an etwas anderes, Schönes zu denken. Aber an was? Es gelang nicht so recht. Ich blickte zur Seite und wischte verstohlen über meine Augen. Als endlich die Pause angesagt wurde, schnäuzte ich heftig in mein Papiertaschentuch. Das Stechen im Rücken wurde immer stärker. Alle standen rasch auf, tranken Tee, knabberten fröhlich Kekse und unterhielten sich angeregt. Ich spürte nur noch den durchdringenden Schmerz und nahm niemanden um mich herum mehr wahr. In einer Ecke entdeckte ich ein rettendes Sofa und steuerte direkt darauf zu. Erleichtert legte ich mich hin. Aber die anderen hatten natürlich nicht so ein begrenztes Wahrnehmungsfenster wie ich. Sie waren sofort zur Stelle und fragten mich, was los sei. Ich wusste aber, dass ich das Bettina erst nach dem Ende des Infoabends sagen konnte. Es würde sie zu sehr treffen und ihr erschweren, den Abend fortzuführen. »Ich bin erkältet und mein Rücken tut ein bisschen weh.« Ich versuchte, belanglos zu schauen. »Dann legen wir dir eine Matratze auf den Boden, damit du die restliche Stunde im Liegen dabeibleiben kannst.« Eine Frau mit halblangen rötlichen Haaren kniete neben mir. Innerlich wollte ich mich dagegen auflehnen, eine exponierte Stellung einzunehmen und zuzulassen, dass alle im Raum mitbekommen, wie erbärmlich ich mich gerade fühle. Ich war aber zu schwach, mich dagegen zu wehren. So nahm ich das Angebot an, weil mich allein der Gedanke, wieder auf einem Klappstuhl sitzen zu müssen, stresste. Ich überwand meinen Stolz. Es tat gut zu liegen. Nur das war in diesem Moment wichtig. Als der Schnupperabend zu Ende war und die anderen Besucher den Raum verlassen hatten, kam Bettina zu mir. »Was ist mit dir?« Ich schaute sie an. Wieder füllten sich meine Augen mit Tränen. »Nico ist tot.« Entsetzt schlug sie die Hände vor den Mund. »Was sagst du da?« Sie schaute mich ungläubig an. »Er starb in der Silvesternacht. Er wurde von einem Auto überfahren.« Da weinte auch sie und nahm mich mitfühlend in ihre Arme. Wir sprachen noch lange, über Nico, über den Tod, das Sterben und darüber, ob ich mit so einem Thema an der Gruppe teilnehmen könne. Sie traute es sich zu und ich meldete mich ganz spontan an, obwohl ich noch immer nicht genau wusste, was da auf mich zukommen würde.

Sportlich und fit zu sein, war mir früher sehr wichtig, und zu einem guten Teil definierte ich mich darüber. Doch jetzt sah ich, dass sowohl meine Freunde als auch mein Mann mich noch immer liebten, auch wenn ich nicht einmal mehr eine längere Strecke gehen konnte, und schon gar nicht ohne mein Korsett. Das zu erleben, war eine schöne Erfahrung. Sie gab mir die Kraft, mein Leben auch mit dem Schmerz einigermaßen gut und erträglich zu gestalten. Dazu musste ich lernen, ihn zu integrieren und zu akzeptieren. Ich versteckte mein Korsett nicht mehr unter der Kleidung, sondern schnallte es um, wenn ich aufstehen und gehen wollte, und legte es ab, wenn ich mich hinsetzte. Teilweise hatte ich das ja bereits von den Kindern in meinem Sommerkräuterkurs gelernt. Ich ging allmählich mit dem Korsett um wie andere mit ihren Krücken. Dennoch hörte ich nie auf zu hoffen, irgendwann einmal wieder Bergsteigen oder Skifahren zu können. Das war eine Gratwanderung und ich habe lange dafür gebraucht, diesen Grat gehen zu können: einerseits diese Einschränkung zu akzeptieren und andererseits die Hoffnung nicht aufzugeben, dafür zu bitten und zu beten, irgendwann einmal wieder schmerzfrei zu sein.

Die Ausbildung bei Bettina begann im Oktober. Die erste Zeit im Kurs war nicht einfach für mich. Ich war so verwundet und gar nicht mehr gewohnt, mich unter vielen Menschen zu bewegen. Zum Glück hatte ich mich gleich zu Anfang mit einer sehr netten Frau angefreundet. Nach so langer Zeit mit mir alleine fiel es mir schwer, in großer Runde an den Gesprächen und Aktionen teilzunehmen. Als wir einmal in der Ausbildung tanzten, weinte ich hemmungslos, ich glaubte, niemals mehr an dem Glück der Welt teilhaben zu können. Erst langsam lernte ich, wieder zu tanzen und zu lachen. Als ich bemerkte, wie zugewandt und mitfühlend die anderen waren, taute ich immer mehr auf und plötzlich spürte ich, wie ich langsam heiler wurde. »Letztendlich setzt sich ein Heilungsgeschehen aus sehr vielen Mosaikteilchen zusammen. Jedes einzelne wirkt für sich auf den Organismus. Du wirst sehen, liebe Flor, dass du nach ein paar Wochenenden hier dein Korsett ablegen und nie wieder brauchen wirst«, sagte Ute, eine ältere Frau, groß, schlank, weißes kurzes Haar mit einer liebevollen Ausstrahlung. Und tatsächlich, sie hatte recht. Es war eigentlich nicht zu fassen, aber nach zwei Kompaktkursen und einem Wochenende bei meiner Schweizer Heilerin, die ähnlich arbeitete wie Bettina, legte ich mein Korsett auf den Speicher und bis heute habe ich es nicht wieder hervorgeholt. Ich konnte immer ein Stück weiter alleine gehen und öfter aufrecht sitzen, ohne meine stützende und Halt gebende Rüstung. Im November ging ich sogar auf Kasis Abschlussball und konnte mit ihm drei Tänze tanzen. Ich hatte es mir so sehr gewünscht, aber nicht mehr daran geglaubt, dass ich das schaffen könnte. Merkwürdigerweise fühlte es sich gar nicht nach dem großen Wunder an, trotz der Spontanheilung, die es doch eigentlich war. Ich hatte ohne Antidepressiva in Verbindung mit starken Schmerzmitteln, ohne Sport und Rückentraining, ohne PDA mit Cortison und ohne Pflaster mit Morphin meine heftigen Schmerzen überwunden. Ein Potpourri aus unterschiedlichsten Zutaten verhalf mir letztendlich zur Schmerzfreiheit. Familie, Freundschaft, Heilerin, Feldenkrais, Yoga, Meditation und ein hervorragender Osteopath, bei dem ich schon längere Zeit in Behandlung war, trugen ihren Teil dazu bei. Der andere Teil war meines Erachtens auf die energetische Behandlungsweise des Heilungsnetzwerkes International Network for Energy Healing zurückzuführen. Während der Ausbildung durfte ich diese heilende Energie, die bedingungslose Liebe als höchste Energiefrequenz kennenlernen und erfahren.

Am Ende eines Wochenendes kam Bettina zu mir, als sie sah, wie freudig ich einer anderen Teilnehmerin über meine spontane Heilung erzählte. Sie nahm mich beiseite. »Was für dich wichtig und richtig ist, muss nicht für alle den Weg zur Heilung bedeuten. Es ist schwierig, anderen mit ähnlichen Problemen helfen zu wollen. Jeder muss seinen ihm eigenen Weg suchen, gehen und finden. Aber was du sicher allen mit auf den Weg geben kannst ist, niemals die Hoffnung aufzugeben und den Glauben, dass sich immer etwas verändern darf.«

Ich habe mein Korsett neun Monate lang getragen, so lange also, wie man ein Kind unter dem Herzen trägt. Als nun das Wunder geschehen war und ich mein verstärktes Mieder ablegen konnte, war es für mich unbeschreiblich und zugleich das Selbstverständlichste auf der Welt. Einen Monat danach war ich nahezu schmerzfrei. Es war ganz schnell wieder völlig normal, keine Schmerzen mehr zu haben. Merkwürdig, wie schnell ich mich nach so langer Zeit wieder an diesen neuen schönen Zustand gewöhnte. Es hörte sich für mich noch immer absurd an, spontan geheilt zu sein. Und hätte ich es nicht am eigenen Leib erfahren, würde ich es heute noch nicht glauben. Aber vielleicht war es gar nicht so spontan, wie es auf den ersten Blick aussehen mochte. Ich war einen langen Weg gegangen. Die Zeit bei Munay und Petra trug ja auch mit zur Heilung bei. Vielleicht durfte ich jetzt die Früchte ernten?

Ich glaube, ich war zu diesem Zeitpunkt einfach auch wieder stark genug und bereit, ohne den körperlichen Schmerz weiterzugehen. Möglicherweise hat mich der Schmerz, der mir anfangs so ungerecht erschien, davor geschützt, dass die ganze Trauer ungebremst über mich hereinbricht. Ich musste mich ständig um meinen Körper kümmern, ob ich wollte oder nicht, es war so vorrangig wie essen, trinken und atmen. Ich konnte einfach nicht die ganze Energie auf den seelischen Schmerz, meine Trauer und meinen Verlust richten. Jetzt, ein Dreivierteljahr nach dem Tod meines Sohnes, war ich überzeugt davon, dass ich ohne diese starken körperlichen Schmerzen nicht überlebt hätte. Ich verstand zwar die Zusammenhänge und Geschehnisse der letzten Zeit noch immer nicht in aller Tiefe. Aber die Gewissheit, dass es etwas anderes, etwas Substanzielleres geben musste, etwas, das größer ist als ich, die spürte ich jetzt – mitten auf meinem Weg – einfach in mir selbst.

Schnell wurde es wieder Winter und die letzten Erlebnisse zusammen mit Nico wurden immer präsenter. Zum Beispiel sein 17. Geburtstag. Wir waren zu viert essen gegangen und Nico hatte ein Rumpsteak bestellt. An was für unwesentliche Kleinigkeiten man sich doch wieder erinnert, wenn es darum geht, Vergangenes festhalten zu wollen. Danach hatte ich mit

Nico noch über das Ende des Maja-Kalenders gesprochen und dass manche Menschen glaubten, dies sei das Ende der Welt. Nico war damals entsetzt gewesen, dass sich das direkt vor seinem 18. Geburtstag ereignen sollte. »Ich möchte aber unbedingt noch volljährig werden.« Er schmunzelte wieder auf seine ganz eigene, sehr charmante Art. Natürlich glaubte er nicht daran, aber ein komisches Gefühl hatte er bei diesem Gedanken trotzdem. Der Maja-Kalender ist zu Ende gegangen, ohne dass die Welt unterging, aber sein Wunsch ist trotzdem nicht in Erfüllung gegangen.

Zusammen mit einigen der Jugendlichen, die das ganze Jahr über zu uns zum Essen gekommen waren, entstand die Idee, Nicos Geburtstag zusammen zu begehen. Ich bastelte Einladungskarten und machte mir Gedanken darüber, wie ich diesen besonderen, aber für uns alle auch schweren Tag gestalten wollte. Dass Nicos Freunde der Einladung gerne folgten, freute mich sehr.

Laura war schon einen Tag früher aus Schwäbisch Gmünd zu uns gekommen und half mir am Abend, den Christbaum zu dekorieren. Nico hatte sich zu seinem Geburtstag immer einen geschmückten Baum gewünscht und bis heute haben wir es all die Jahre so gehalten. Es war schön, zusammen mit Laura den Baum zu gestalten, und ohne dass sie es ahnte, hatte sie mit ihrem Kommen in dieser schweren Zeit ein klein wenig mehr Licht in unser Leben gebracht. Am 23. Dezember 2012 saßen dann zwölf Jugendliche um unseren Esstisch. Alle waren einen Teil ihres Weges mit Nico gegangen.

Ich freute mich über die Jugendlichen. Ich sah, dass sich der Umgang mit dem Tod im Laufe der Jahre positiv verändert hatte. Denn als vor dreißig Jahren meine Mutter starb, wechselten einige Menschen die Straßenseite, wenn sie mich sahen, weil sie Angst hatten, mir und meiner Trauer zu begegnen. Ich schrieb damals in mein Tagebuch: »Ich habe das Gefühl, aussätzig zu sein oder irgendeine ansteckende Krankheit zu haben, dabei ist doch ›nur‹ meine Mutter gestorben.«

Dann kam der 23. Dezember, Nicos 18. Geburtstag. Als alle Gäste da waren, machten wir es uns auf der Ofenbank gemütlich und die Jugendlichen erzählten ein bisschen. Vor einem Jahr war der Tod auf einmal in ihr Leben getreten, hatte plötzlich ein Gesicht bekommen. Er war der Dieb, der ihnen den Freund stahl. Er war der Schurke, der den Ablauf der Zeit durcheinanderbrachte. Jetzt wurde doch nicht gestorben, so kurz vor dem Abitur, vor der großen Freiheit! Da hatte der Bösewicht einen unmöglichen Zeitpunkt gewählt. Aber die Jugendlichen liefen nicht vor ihm davon. Sie blieben stehen und schauten ihm ins Gesicht. Verhandeln ließ es sich freilich nicht mit ihm. Er gab nichts mehr zurück, was er sich einmal genommen hatte. Aber nach einem Jahr hatte er sich bereits verändert. Er sah nicht mehr gar so grimmig aus. Er zeigte ihnen, dass er, so verwüstend und gnadenlos er anfangs scheinen mochte, auch andere Seiten in sich trug, nicht nur Traurigkeit und Schmerz auslösen wollte, sondern auch Verbundenheit, Freundschaft und Liebe. Die Jugendlichen erzählten mir, dass seine Verbündete, die Trauer, für sie zwei Gesichter hatte. Sie merkten schnell, dass diese, wurde sie ausgegrenzt, sehr launisch daherkam. Wie konnten sie es wagen, sie mit Missachtung zu strafen? Dann schlich sie sich in ihr Leben, in ihre Schlafzimmer, ihre Träume und drängte sich bei jeder Kleinigkeit in den Vordergrund. Nicos Freunde hatten schnell verstanden, dass Tod und Trauer es liebten, wenn man von ihnen sprach, sich mit ihnen auseinandersetzte und sie ins Leben integrierte. Dann konnten sie ganz milde werden, sanft und leise lächeln.

Nach all diesen Gedanken hatten wir ordentlich Hunger

bekommen und nachdem uns Laura noch ein wunderschönes Stück auf ihrer Querflöte vorgespielt hatte, machten wir uns über den Kuchen her.

Den Engelwurz-Balsam, im Herbst aus der Pflanze zubereitet, die auf Nicos Grab wuchs, hatte ich in viele kleine Döschen gefüllt. Eines behielt ich für mich, die anderen gab ich seinen Freunden beim Abschied mit auf den Weg.

Später am Abend schrieb ich eine E-Mail an Nico:

Lieber Nico,
heute wärst Du 18 Jahre alt geworden, volljährig und erwachsen. Das hattest Du Dir so sehr gewünscht. Oh, wie hätten wir gefeiert und gesungen. Viele sind gekommen an Deinem besonderen Tag, die Familie und ein Großteil Deiner Freunde. Nur Du hast gefehlt. Stattdessen haben sich Tod und Trauer zu uns gesetzt. Bedeutet der Tod nun das Ende einer Reise? Oder reicht die Existenz weit über das normale Leben hinaus? Haben wir lediglich ein sehr begrenztes Verständnis über die Natur des menschlichen Geistes? Ist der Tod ein Übergang in eine andere Welt, in eine andere Daseinsform, in der wir nur unseren physischen Körper verlieren, nicht aber unseren Geist und unsere Seele? Das könnte uns tatsächlich den Schrecken vor der Endgültigkeit nehmen. Immer mehr Wissenschaftler sind davon überzeugt, dass es nach dem Tod weitergeht, dass wir auch ohne Körper existieren. Darüber schreiben sie unzählige Bücher. Wäre es ihnen am Ende vielleicht sogar gelungen, meinen Vater zu überzeugen? Nehmen wir einmal an, dass es so ist, dann wäre der Tod doch tatsächlich gleichzustellen mit der Geburt, also genauso ein Übergang? Aber weshalb dann so geheimnisvoll? Weshalb ist diese Tatsache dann nicht für jeden Menschen deutlicher zu begreifen? Vielleicht können sich alle Babys, wenn sie

*auf die Welt kommen, noch ganz genau erinnern, woher sie
gekommen sind. Wenn sie sprechen könnten, würden sie viel
darüber zu erzählen haben? Lernen Babys erst dann unsere
Sprache, wenn sie die Erinnerung an »drüben« bereits vergessen
haben? Weshalb? Aus einem bestimmten Grund soll dies wohl
nicht geschehen. Auch Du kannst mir nichts Konkretes aus Deiner Welt erzählen. Ich nehme immer nur Impulse, Gedanken
oder Schwingungen auf, wenn es mir gelingt, mich mit Dir zu
verbinden. Weshalb ist das so? Ich würde doch so gerne mehr
erfahren und sicherer wissen, wie es Dir da drüben jetzt ergeht.
Deine Mam*

Am nächsten Tag war Weihnachten. Schon immer feierten wir
mit Hubertus' Familie, den Großeltern, seinen Geschwistern
mit Familien und Cousins. In den letzten Jahren waren sie alle
zu uns gekommen. Diesmal entschieden wir, uns alle in Lör-
rach zu treffen, wo Hubertus' ältere Schwester mit ihrer Familie wohnt. Sie hatten alles liebevoll vorbereitet. Trotzdem war
ich traurig. Vor 18 Jahren war Weihnachten etwas ganz Besonderes für uns gewesen, damals lag Nico bei den Großeltern
unter dem Weihnachtsbaum und ich wurde als frischgeba-
ckene Mama von allen sehr verwöhnt. Es war für uns das bisher schönste Fest. Jetzt, 18 Jahre später, war es gefühlt das trau-
rigste Weihnachten auf der ganzen Welt. Während die anderen
nach dem Essen erst einmal damit beschäftigt waren, das
Geschirr abzuräumen und die letzten Krümel vom Tisch zu
fegen, überkam mich plötzlich das Bedürfnis, Nico zu schreiben. Ich kramte heimlich meinen Computer aus der Tasche
und verzog mich auf die Toilette.

Lieber Nico,

ab dem Zeitpunkt, als Du auf die Welt kamst, beschlich mich eine leise Ahnung, dass sowohl der Tod als auch die Geburt ein Hinüberwechseln, ein Tor von einer Welt in die andere sei. Seit dem Augenblick, als Du in meinem Bauch angekommen und zu erkennen warst, hast Du begonnen, zu einem menschlichen irdischen Wesen heranzureifen. Deine Entwicklung geschah in den ersten neun Monaten irgendwie von selbst. Vieles war bereits angelegt. Die dunkle Farbe Deiner Augen, die buschigen Brauen, die satte Form Deines Mundes, Deine Größe, alles war schon von vornherein bestimmt. Wir konnten nichts mehr daran verändern. Es war wie ein Wunder. Vielleicht war ja nicht nur physisch bereits für Dich gesorgt? Sind auch Deine Persönlichkeit, Deine Stärken und Schwächen vor langer Zeit schon festgelegt worden? Vermutlich waren die Geburten deshalb auch die körperlich und seelisch ergreifendsten und beglückendsten Augenblicke meines Lebens. Als Du dann auf die Welt kamst, feilten wir noch ein bisschen an Dir. Später sprachen viele mit, Lehrer, Freunde, Verwandte. Dabei sind uns bestimmt auch einige Fehler unterlaufen. Aber wir haben immer versucht, unser Bestes zu geben.

»Flor, wo bist du?« »Ich komme!« Schnell klappte ich den Computer zu und eilte wieder ins Wohnzimmer.

Die anderen schauten gerade die schönen Entwürfe an, die Bertold während seiner Gefangenschaft auf Klopapier gezeichnet hatte. Hubertus' Vater hatte im Krieg seinen älteren, damals 20-jährigen Bruder verloren. Vor ein paar Jahren hatte er deshalb an Weihnachten dessen Briefe vorgelesen, wahrscheinlich weil er an diesen Tagen seinem Bruder besonders nahe stand. Damals fand ich es unpassend, an diesem Fest über so traurige Themen wie Tod und Krieg nachzudenken und zu sprechen.

Ich wollte mit meinen kleinen Buben Weihnachten feiern und mich über die Kinderaugen freuen, wenn sie ihre Geschenke auspackten. Nun hatte ich es selbst erfahren, dass gerade das Sich-Öffnen und Sich-Mitteilen das Fest der Liebe füllte und wir mit den Geschenken ein vordergründiges Geschehen eingerichtet haben, einen mageren Versuch, ein wenig Glück am Fest der Liebe zu erzeugen. Nach Nicos Tod verstand ich endlich meinen Schwiegervater, denn gerade an solchen Festen ist die Sehnsucht und Trauer am größten und es kommen Erinnerungen hoch, die noch einmal verarbeitet und angesprochen werden wollen. Ich schämte mich für meine damaligen Gedanken und war froh, dass ich dies nun alles besser verstand.

Endzeitstory

Ich klappte den Computer auf. Es war ein besonderer Tag und ich schrieb eine besondere Nachricht an Nico, denn:

Das ist wieder Deine Zeit,
die Snowboardzeit.
Springen in das kalte Weiß des Winters,
wie fliegen so schön! Ein Jahr ist vergangen,
seit Deinem letzten, größten Sprung,
dem Sprung in eine andere Welt.
Wir wissen, dass Du jetzt anderswo Deine Spuren ziehst.
Es sind Spuren, die bleiben,
auch wenn der Schnee längst zerronnen ist.
Wir werden versuchen, sie zu finden,
ihnen zu begegnen, sie zu kreuzen,
um ab und an mit Dir zu ziehen.

Es war Silvester, Nicos Todestag. Wir verbrachten den Jahreswechsel mit unseren engsten Freunden. Um Mitternacht wollten wir an der Unfallstelle sein, unserem Sohn ganz nahe, seine letzten Minuten noch einmal durchleben, sie erspüren. Wie war es an diesem Ort, so kurz vor seinem Tod? Es war gefährlich. Für uns. Zu dieser Zeit. An dieser Stelle. Ein Grenzbereich der Gefühle. Zu heftig, zu schmerzhaft, zu viel von alledem. Als Gegenpol brannten Kerzen, Freunde hielten uns, einen Halbkreis bildend uns bedeutend: Ihr seid nicht allein. Während im leichten Nieselregen die Glocken der Kirchtürme das neue Jahr einläuteten, sangen wir das ermutigende Lied von

Dietrich Bonhoeffer: *Von guten Mächten treu und still umgeben… erwarten wir getrost, was kommen mag…*

Um uns herum jede Menge Raketen und Jugendliche, die auf den Straßenbahnschienen standen und keine Ahnung hatten, was hier vor einem Jahr geschehen war. Die Welt war in Feierlaune, nur ein kleiner Kreis um ein Kreuz stand still und traurig. Ich ließ meine Gedanken reisen, sie trugen mich fort, zu ihm. Vor meinem inneren Auge zogen Bilder vorbei, Bilder der Vergangenheit, die ich so gerne wieder zurückholen wollte, ins Jetzt, in die Gegenwart. Ich wusste, dass es nicht möglich war. Ich wusste, dass es nicht gut war, mich wieder in dieses Verlangen zu begeben, und ich wusste, dass ich in diesem Moment die Gewalt über meine Gedanken verlieren würde. Ich war noch ganz in meine Gefühle verstrickt, als Hubertus' Stimme mich aufschrecken ließ. »Ich glaube, dass der junge Mann, der Nico überfahren hat, gerade vorbeigefahren ist«, sagte er ungläubig, als zweifelte er selbst an dem, was er soeben gesehen hatte. Ein Schauer durchströmte mich. »Es war genau der Zeitpunkt, an dem sich vor einem Jahr der Unfall ereignet hatte.« Hubertus schaute auf seine Uhr. Zwanzig Minuten nach Mitternacht. »Was macht der hier? Kommt er jetzt von der Arbeit, ist es eine Art Bewältigungsstrategie oder hatte ich gerade eine Halluzination?« Er kratzte sich am Hals. Es war müßig, darüber nachzudenken, und wahrscheinlich würden wir niemals eine Antwort darauf bekommen. Schließlich zogen uns unsere Freunde weg von der Unfallstelle, nach Hause, wo unser Schwager und Kasi bereits auf uns warteten.

Silvester hatte uns viel Kraft gekostet, Kraft, die wir noch nicht im Überfluss hatten. Zudem begannen sich plötzlich einige Strukturen, die uns viel Halt gegeben hatten, zu lösen. Gute Freunde trennten sich. Auch der große Zusammenhalt, von dem wir hofften, dass man ihn bewahren könnte, und der uns so viel Mut gemacht hatte, verlor sich langsam wieder im alltäglichen Vielerlei. Der Januar war kalt, grau und ohne Schnee. Es gab keine Abwechslung und der monotone Alltag schluckte fast alle Farben.

Ich dachte an meine Yogagruppe und freute mich auf Dienstag. Endlich konnte ich wieder dabei sein. 15 Jahre lang gehörten zwei Stunden Yoga zu meinem wöchentlichen Abendprogramm. Über viele Jahre fanden größtenteils dieselben Frauen immer wieder zusammen. Obwohl wir darüber hinaus kaum etwas gemeinsam unternahmen, trug diese lose Verbindung auch in der Zeit meiner eingeschränkten Bewegungsfähigkeit. Das lag natürlich auch an unserer Yogalehrerin, die uns nicht nur wohltuende Körperübungen vermittelte, sondern dem Ganzen einen Rahmen gab und die Übungen für den Körper mit Geist und Seele zu verbinden wusste.

Ich saß am Esstisch und malte gedankenverloren Kreise auf ein Blatt, das vor mir auf dem Tisch lag. Erst zog ich einen Kreis, dann den zweiten, den dritten und so weiter. Alle Kreise überschnitten sich an einer Stelle und irgendwann griff der letzte Kreis, den ich malte, wieder in den ersten. Ich schaute mein Blatt an. Vielleicht waren wir ja alle genauso miteinander verbunden wie diese Kreise, die ich soeben gemalt hatte? Ich merkte, dass es gerade in Notsituationen so wichtig war, beständige Beziehungen zu haben und in ein Gefüge eingebettet zu sein. Ein Blick auf die Uhr unterbrach meine Gedanken. Ich hatte mich mit Caren zum Laufen mit den Hunden verabredet. Schnell zog ich meine Schuhe an und schnappte die Leine.

Kaum hatten wir uns begrüßt, erzählte ich Caren von meinen Kreisen. Mit niemandem konnte ich besser über solche Gedanken sprechen als mit ihr! »Vielleicht ist es heute so«, sagte Caren nachdenklich, »dass an oberster Stelle steht, die eigene Persönlichkeit zu entwickeln und zu leben? Dadurch laufen wir möglicherweise eher Gefahr, Beziehungen, die nicht mehr unseren Vorstellungen entsprechen, aufzulösen, um neue Freunde und passendere Gruppen zu finden. Die Anordnung deiner Kreise würde dann allerdings anders aussehen.« Caren schwieg gedankenverloren. »Ich frage mich allerdings, ob dieser in unserer Entwicklung sicher notwendige Prozess der Selbstbestimmung uns nicht auch manchmal blind für das Wesentliche macht.« Ich kannte meine Freundin sehr gut und hatte bereits eine Idee, worauf sie hinauswollte. »Du befürchtest also, die Suche nach uns selbst könnte zulasten beständiger Verbindungen gehen und uns unser Grundbedürfnis nach seelischer Heimat in gewachsenen Beziehungen vergessen lassen?« Sie lächelte. »Ja, denn ich mag den Gedanken ja auch, dass wir im Grunde alle eng miteinander verbunden sind, trotz aller Unterschiedlichkeiten.« Caren hatte meine gezeichneten, miteinander verwobenen Kreise sofort in Worte übersetzt. »Ist es denn nicht wertvoll und wichtig, sich gut zu kennen, mit allen Stärken und Schwächen?« Caren steckte die Hände in die Tasche, um ihre eisigen Finger aufzutauen. »Ja, natürlich ist das wichtig, denn nur so kann ich doch auch andere in alldem annehmen. Aber um wirkliche Gemeinschaft zu erfahren, werden wir vielleicht wieder lernen müssen, über eigene Schatten zu springen, Eitelkeiten zu überwinden und wirkliche Anstrengungen für gemeinsame Prozesse auf uns zu nehmen.« Ich sah meine Freundin an. »Eigentlich ist es so einfach zu verstehen und doch so schwer zu leben.« Mein warmer Atem formte sich zu einer Wolke, bevor er sich in den kälteren Molekülen wieder verlor. Ich sah ihm nach, bis er sich verflüchtigt hatte. Caren zitterte schon leicht vor Kälte. »Und wenn im Miteinander erst einmal eine Schieflage entstanden ist, wirken manchmal Kräfte, mit denen nicht so leicht umzugehen ist. Dann brauchen wir viel Geduld und den echten Willen, das Herz für den anderen zu öffnen und furchtlos über den eigenen Schatten zu springen.« Ich senkte traurig meinen Blick und dachte an meine Jahreskreis-Gruppe, in der es zurzeit Spannungen gab. Und offensichtlich konnte keine von uns den Prozess, der begonnen hatte, aufhalten. Ins Gespräch vertieft, waren Caren und ich schon längst wieder zu Hause angekommen. Da es uns aber stehend zunehmend kälter wurde, beschlossen wir, unser Gespräch bei unserem nächsten Spaziergang fortzusetzen.

Ich hatte noch ein wenig zu tun, denn ich wollte unbedingt einmal wieder meine Werkstatt aufräumen. Weil es so kalt war, holte ich Holz aus dem Schuppen und machte das Feuer im Ofen an. Danach begann ich, meine Tinkturen und Cremes zu ordnen.
Ich nahm ein kleines Einmachglas in die Hand. Das eingelegte Pergamentpapier war in schöner Schrift mit der ersten Strophe des Bonhoeffer-Gedichtes beschriftet: »Von guten Mächten treu und still umgeben …« In der Mitte befand sich eine Kerze und außen baumelte ein kleiner Wachsengel an einer weißen Schnur. Ich lächelte. Es gab immer noch Menschen, die unseren Schmerz verstanden und uns unterstützten, auch wenn bereits ein Jahr vergangen war. Dafür war ich immer wieder so dankbar. Plötzlich unterbrach ein lautes Klopfen an meiner Werkstatttür meine Gedanken. Ich sah Hubertus' Kopf hinter der Scheibe, dann riss er die Tür auf. Überrascht schaute ich ihn an. Normalerweise stürmte er nicht so herein. »Alle Bilder am Baum sind weg.« Sichtlich aufgebracht schleuderte er seine Jacke über die Stuhllehne. Das brachte mich auch gleich aus der Ruhe. »Los, lass uns nochmal hingehen, vielleicht können

wir etwas Auffälliges entdecken.« Ich machte den Kräuterschrank zu. Hubertus zuckte mit den Schultern. »Wenn du meinst.« Er zog seine Jacke wieder an und wir gingen nach draußen. Ich fröstelte. An der Unfallstelle angekommen, stellten wir fest, dass die Bilder nicht einfach nur abgerissen, sondern ganz verschwunden waren. Wer macht sowas? Das konnten wir uns nicht erklären. Unschlüssig standen wir vor dem Baum. Dann suchten wir überall, selbst im gegenüberliegenden Wäldchen. Nicht ein einziges Foto war aufzufinden. Wir hielten einander fest und beobachteten die vorbeifahrenden Autos. Irgendwann gingen wir ohne eine Antwort auf unsere Fragen wieder nach Hause. Das musste ich unbedingt Nico schreiben. Ich schnappte mir den Laptop und begann zu tippen:

Lieber Nico,
natürlich ist mir bewusst, dass ich Dir auf diesem Wege eigentlich nichts mehr erklären muss. Aber ich muss es für mich begreifbar machen und deshalb wähle ich diese Form der Mitteilung. Bitte Nico, kannst Du mir einen Wink geben? Denn ich möchte verstehen können, wer so etwas tut.
Deine Mam

Als ich am darauffolgenden Tag nach dem Einkaufen wieder an der Unfallstelle vorbeifuhr, kniete eine Frau auf dem Boden vor Nicos Baum. Ich parkte den Wagen, lief eilig zu der Stelle hin und ging ebenfalls in die Hocke. Unvermittelt streckte sie mir ohne aufzuschauen eine Kerze entgegen und fragte mich nach Feuer. Ich holte langsam die Streichhölzer, die ich immer bei mir trug, aus meiner Jackentasche und zündete die Kerze an. »Haben Sie den Jungen gekannt, der hier verunglückt ist?« Die Frau hob den Kopf und blickte mich an. Ich sah ihre traurigen Augen, die ohne Glanz und Freude waren. »Es war mein

Sohn«, sagte sie und schaute mich verstört an. Ich erschauerte und wusste im ersten Moment nicht, wie ich reagieren soll. Wir saßen eine Weile schweigend nebeneinander. Dann räusperte ich mich. Ich musste das richtigstellen. Es fühlte sich so schief an. »Es ist mein Sohn gewesen, der hier in der Silvesternacht verunglückt ist. Wir haben ihn vor mehr als einem Jahr begraben.« Unsicher entfernte sie die heruntergefallene Baumrinde und versuchte stotternd, etwas zu erklären, bis sie sich in die seltsamsten Ausflüchte verstrickte. Ich blieb, ohne zu wissen warum. Irgendwann hörte ich heraus, dass sie sehr früh ein Kind verloren hatte, wahrscheinlich während der Geburt. Plötzlich erzählte die Frau mir ganz empört, dass kürzlich alle Bilder vom Baum gestohlen wurden. Sie schaute mich dabei mit einem merkwürdigen und wirren Gesichtsausdruck an. In diesem Moment wusste ich, was mit den Bildern geschehen war. Ich hielt ihrem Blick stand, obwohl es mich noch immer schauderte, und sagte: »Ja, das hat uns sehr wehgetan und wir hoffen, dass dies nicht wieder vorkommen wird.« Ihre Augenlider zuckten leicht. Es sah aus, als würde sie mir ein stilles Einverständnis geben.

Ich habe die Frau nie wieder an Nicos Unfallstelle gesehen, aber wenig später sah ich sie trauernd an einem anderen Kreuz sitzen. Noch viele weitere Geschichten ranken sich um die Unfallstelle. Zum Beispiel die von einem mutmaßlichen Straftäter, der dort im Baum einen Engel sah und Kontakt zu uns wünschte, von Menschen, die die Laternen stahlen oder immer wieder zerstörten, ohne einen Gedanken daran zu verschwenden, wie sehr uns das verletzte. Ich könnte aber auch von Menschen erzählen, die ein Bäumchen pflanzten oder Blumen vorbeibrachten, und von Fremden, die berührende Briefe schrieben und sie für uns dort deponierten.

Wenn ein Kind stirbt, begegnen einem plötzlich wie von selbst viele Formen der Trauer und des Leids anderer Menschen. Vielleicht spüren sie, dass man keine Scheu mehr hat, mit den schweren Seiten des Lebens konfrontiert zu werden? Seit ich selbst schon einmal so nahe am Abgrund gestanden hatte, wusste ich, wie schmal der Grat war, auf dem man sich halten musste, weil man sonst in unendliche Tiefen hinabstürzen konnte. Gleichzeitig durfte ich auch erfahren, dass es immer wieder Brücken gab, auf die man sich retten konnte, um wieder Atem zu holen, Biwaks, die einem für kurze Zeit Unterschlupf gewährten, oder Kraftorte, an denen man auftanken konnte. Diese Orte hatte ich bitter nötig. Es mag absurd klingen, aber es war tatsächlich schwerer für mich, den Alltag ohne die körperlichen Schmerzen zu leben. Weil ich nicht mehr von ihnen abgelenkt wurde, lastete die Trauer plötzlich um einiges schwerer auf mir. Zusätzlich wurde ich auch von meinem Umfeld wieder mehr gefordert. Aber ich war noch so empfindsam, dass ein Vorfall wie der mit der Frau an der Unfallstelle mich tagelang beschäftigen und meine Stimmung beeinflussen konnte.

Ich wünsche mir einen Wegweiser, der mich in eine klare Richtung schickt, auf dem »Hier geht's wieder zum Leben« steht. Früher, da gab es einen bestimmten Weg in meinem Leben, den ich gehen wollte. Ich hatte viele Ideen und Träume für die Zukunft, ich hatte ein Ziel und ich wusste, wohin ich laufen wollte. Zugegeben, manchmal haderte ich auch hier oder dort, fragte mich zwischendurch, ob die Wegweiser noch stimmten, aber die grobe Himmelsrichtung, die hatte ich nie aus den Augen verloren. Jetzt stehe ich inmitten der Traurigkeit, meine Füße schmerzen vom vielen Gehen und ich kann das Schild nicht finden, das mich aus der Misere führt.

Das Telefon klingelt und reißt mich aus meinen Gedanken. Eine männliche Stimme will mir eine Reise verkaufen. »Unser Reiseveranstalter führt Sie auf den abenteuerlichsten Wegen zu Fuß durch Nepal.« Ich seufze. »Ich möchte keine Abenteuer erleben, ich suche nur den Weg zurück ins Leben«, hauche ich ins Telefon. Ich habe im Moment gar keine Lust auf dieses Telefonat, bin aber zu höflich, um den Anrufer einfach wegzudrücken. Weshalb bin ich bloß ans Telefon gegangen? »Wir haben nicht nur diese eine Reise im Angebot. Es stehen viele verschiedene Trekkingrouten zur Auswahl«, versucht der Verkäufer mich weiter zu überzeugen. »Das ist ja das Problem.« Ich bin genervt. »Ich weiß nicht, welchen Weg ich nehmen soll. Haben Sie auch Wegweiser im Angebot?«, höre ich mich zu meinem Entsetzen fragen und ärgere mich sofort über mich selbst. »Wegweiser?«, echot es natürlich sofort aus dem Telefon. »Nein verehrte Dame, damit können wir leider nicht dienen«, der Mann am anderen Ende bleibt höflich. »Aber vielleicht könnte unser neuestes Angebot etwas für Sie sein: ›Auf Spurensuche durch den Schwarzwald‹. Für diesen Trip haben wir überall kleine Zeichen ausgelegt, die unsere Kunden suchen und finden müssen, um auf dem richtigen Weg zu bleiben.« Ich bin so verblüfft, dass ich mich erst einmal hinsetzen muss. Will der Mann mich jetzt verschaukeln? Na, wenn schon. »Spurensuche, Zeichen, das klingt gut«, schwatze ich plötzlich fröhlich ins Telefon. Während der Mann Luft holt, schiebe ich schnell »Vielen Dank, Sie haben mir sehr geholfen« in die Lücke und lege eilig auf, bevor er mir doch noch eine Reise verkauft.

Ich rufe am Computer eine Suchmaschine auf und tippe »Zeichen« ein. *Ein Zeichen ist im weitesten Sinne etwas, das auf etwas hindeutet*, steht unter dem ersten Vorschlag. Ich suche weiter und finde lauter Bilder, auf denen Zeichen aufgemalt sind. Ein Halteverbotsschild, eine Triskele, ein Om, Yin und Yang... schon besser, aber noch nicht das, was ich brauche. Ich gebe »Spurensuche« ein. Es erscheint: *Meditation, Gebet, dem eigenen Gewissen folgen*... ich klicke weiter. *Spurensuche ist eine Möglichkeit, sich auf den Weg zu machen.* Ja, natürlich, schießt es mir durch den Kopf. Wenn ein Kind stirbt, ist der Weg erst einmal zu Ende. Jedes Ziel, das für mich vorher noch so erstrebenswert war, ist bedeutungslos. Es kann erst einmal gar keinen Wegweiser mehr geben. Überrascht, auf was mich dieser Anrufer gestoßen hat, lehne ich mich auf meinem Stuhl zurück. *Spurensuche ist eine Möglichkeit, sich auf den Weg zu machen,* wiederhole ich in Gedanken. Ich schnüre also meine Wanderstiefel und gehe los, ohne zu wissen, wohin mich der Weg führt.

Dann hatte ich plötzlich einen Knoten in der rechten Brust. Ich ging sofort zur Frauenärztin. Sie war sich unsicher und schickte mich zur Mammographie. In der Zeit, in der ich auf das Ergebnis warten musste, merkte ich, dass der Verlust meines Sohnes nicht mein einziges traumatisches Erlebnis war. Vor dreißig Jahren war meine Mutter gestorben, es war ein fürchterlicher Tod, dem ein schlimmes Leiden vorausgegangen war. Sie hatte Brustkrebs! Verlangt das Leben wirklich nur so viel von einem, wie man aushalten kann? Ich versuchte, darauf zu vertrauen, aber ich merkte, wie sich langsam wieder Zweifel dazwischenschoben. Mir ging es immer schlechter. Mit einem Mal kam ich in den »Das Leben ist ungerecht und nicht verlässlich«-Modus. Weshalb passierte mir das alles? Ich versuchte, mich zusammenzureißen. Vielleicht sollte ich mir nur klar darüber werden, was ich noch vom Leben wollte und ob ich überhaupt noch etwas wollte. Hatte ich mich wirklich schon wieder für das Leben entschieden oder lebte ich nur für meinen jüngeren

Sohn oder meinen Mann? Nach ein paar Tagen gab es glücklicherweise Entwarnung, es handelte sich um einen gutartigen Knoten, der nur regelmäßig kontrolliert werden sollte. Ich war erleichtert.

Kurz darauf traf ich eine Freundin, die im Umland als Frauenärztin arbeitet, um mit ihr und unseren Hunden spazieren zu gehen. Ich erzählte ihr von dem Knoten und irgendwie kamen wir darüber auch auf die Pflanzen und den Beinwell zu sprechen. »Diese Pflanze ist als Tee oder Tinktur zur innerlichen Einnahme verboten, weil sie Pyrrolizidinalkaloide enthält. Sie wird bei der wissenschaftlichen Sachverständigenkommission für pflanzliche Arzneimittel als giftig eingestuft.« Ich schüttelte unwillig den Kopf. »Aber die Pflanze besteht nicht nur aus Alkaloiden, sie ist weit vielfältiger, sie besitzt auch das für die Heilung von Körperteilen wertvolle Allantoin, Gerbstoffe, Schleimstoffe und ätherische Öle. In der Pflanzenheilkunde sieht man immer die Pflanze als Ganzes und diese hat eben viele Aspekte in sich vereint.« Katja nickte bestätigend. »Das ist ähnlich wie bei uns Menschen. Auch wir sind niemals nur gesund oder krank! Wir haben gute Anlagen, aber auch Keime und Bakterien in uns. Auch Krebszellen könnte man öfter in den Körperzellen finden, wenn man mehr kontrollieren und untersuchen würde. Viele Menschen leben aber damit, ohne es zu bemerken, denn nur im Überfluss sind sie tödlich.« Bald würden wieder die kleinen rauen Blätter des Beinwells aus dem Boden sprießen. Als ich nach Hause kam, war mir bitterkalt. Ich ließ Badewasser einlaufen, gab ein paar Kräuter hinein und legte mich in die Wanne. Ich dachte noch einmal an das Gespräch. Die Natur lebte uns so vieles vor. Oft regulierte sie sich wieder von selbst. Hoffentlich kann mein Körper das auch, wünschte ich mir, denn ich spürte, dass mich die Erlebnisse der letzten Tage sehr geschwächt hatten. Ein Tropfen würde wahrscheinlich reichen, um das Fass zum Überlaufen zu bringen. Genau dies geschah am kommenden Tag, als ich wieder einmal Nicos Unfallstelle besuchte.

Ich stehe an dem Baum, zünde die Kerze an und halte noch einen Moment lang inne, während ich an meinen Sohn denke. Plötzlich ruft ein Mann von den Straßenbahngleisen aus zu mir herüber: »Da steht sie ja wieder, die Freundin vom Selbstmörder!« Es durchfährt mich wie ein Blitz. Augenblicklich drehe ich mich in die Richtung, aus der dieser Ausruf gekommen war. Der etwas ältere, untersetzte Mann ist nicht zu übersehen. Er trägt eine gelbe Warnweste und zieht einen Rollkoffer hinter sich her. Mit bösem Blick starrt er zu mir herüber. Ich spüre, wie Wut in mir aufsteigt. »Er hat sich nicht umgebracht.« Zornig schaue ich auf die andere Straßenseite. Wie ein Echo dringt es dröhnend an mein Ohr. »Doch hat er, Selbstmörder!« Die Stimme des Mannes klingt gehässig. Das ist mehr, als ich aushalten kann. Ich fühle, wie die Wut in mir stärker wird, es ist eine unbändige, zerstörerische, gnadenlose Wut! Endlich kann ich sie spüren. Oh, wie bin ich wütend auf diesen unsensiblen, bösen Mann und plötzlich auch auf die Engel, auf das Leben, auf die ganze Welt, auf alles, was existiert, und letztendlich auch auf Gott. Mein Verstand klinkt sich aus, ich denke nicht mehr, ich bin nur noch dieses eine Gefühl: Wut. Ich will über die Straße rennen und diesen Mann packen, ihn schütteln oder ich weiß nicht was. Ich verliere keinen Gedanken daran, dass dieser Mann stärker und größer ist als ich. Aber er muss mir in diesem Moment angesehen haben, dass es besser ist, mir aus dem Weg zu gehen, denn plötzlich springt der Warnwestenträger in die einfahrende Straßenbahn und fährt einfach davon!

Was jetzt, wohin mit meiner Wut? Mein vorgestellter Faustschlag landet im Nichts. Entsetzt gehe ich zu meinem Auto, setze mich hinein und gebe Gas. Ich schreie, wie ich noch nie zuvor geschrien habe. Ich brülle wie eine verwundete Löwin, die um ihr Junges kämpft, ich schreie mir allen Schmerz der Welt aus der Seele. Als ich nicht mehr kann und vor lauter Weinen nichts mehr sehe, halte ich an, trommle mit meinen Händen wie wild auf das Lenkrad. Es hält stand. Was nicht standhält in diesem Moment, ist meine Zuversicht, mein Glaube, meine Hoffnung. Es ist alles umsonst. Der Tod, die Gedanken, das Tapfersein. Gibt es noch etwas, das göttlich sein könnte? Hat es mich verlassen? Habe ich mich selbst verloren? Ich verzweifle und um mich herum stürzt die Welt ein. Meine Trauer ist so groß, wie sie eben nur sein kann, wenn eine Mutter ihr Kind verliert. Es ist kalt, alles an mir schmerzt, mein Körper und mein Herz. In mir tobt ein Sturm, zerstört, zerbricht und löst ein unbändiges Feuer aus, das brennt, so lange, bis alles in Asche liegt, bis es nichts mehr gibt, was noch Feuer fangen kann. Dann wird es ruhig und dunkel um mich. Ich schlafe ein.

Als ich aufwache, weiß ich zunächst nicht, wo ich bin. Mir ist furchtbar kalt. Ich sitze im Auto, weshalb sitze ich da und wie lange schon? Mitten im Winter? Erinnerungsfetzen dringen in mein Gehirn. Die Unfallstelle, der Warnwestenkerl, mein erster richtiger Wutausbruch. Ich wische mir die Tränen aus dem Gesicht. Ich bin so erschöpft. Aber mein Herz schlägt wieder ruhiger, der Puls ist wieder normal. Einatmen – ausatmen. Ich drehe den Schlüssel im Zündschloss und starte meinen Wagen, um nach Hause zu fahren.

Zum Glück ist Hubertus da. Ich erzähle ihm alles. Jetzt spüre ich noch einmal meine Wut in mir aufsteigen. Er versucht, mich zu beruhigen, und nimmt mich lange und ganz fest in den Arm. Langsam komme ich wieder zu mir. Als die Tränen endlich versiegen, schaut mein Mann mich an. »Kein normaler Mensch trägt eine Warnweste zum Straßenbahnfahren.« Ich nicke. »Außerdem hätte er dich unmöglich mit einer Freundin von Nico verwechseln können, wenn er nicht neben der Spur gewesen wäre.« Ich kann schon wieder ein bisschen lächeln. Ich beruhige mich langsam und wir überlegen gemeinsam, weshalb dieser Mann so etwas hatte sagen können. »Ich glaube nicht, dass er Nico kannte.« Hubertus schüttelt leicht seinen Kopf. »Vielleicht ist er sehr einsam, so einsam, dass er selbst einen Toten um die Aufmerksamkeit beneidet, die ihm zuteilwird?« Mein Mann schenkt mir ein Glas Wasser ein. Vom vielen Weinen habe ich Kopfschmerzen bekommen. Ich überlege einen Moment. »Dann kann er einem eigentlich leidtun.« Irgendwie erleichtert lasse ich meine Schultern sinken. Ich werde wahrscheinlich nie erfahren, ob es sich tatsächlich so verhält, aber als sich mein Mitgefühl wieder einschaltet, geht es mir deutlich besser als zuvor mit meiner Wut.

Am nächsten Tag prasselte der Regen gegen die Fensterscheibe. Ich hatte keine Lust mehr auf dieses eintönige Leben. Ich wollte schneller weitergehen, diese unsägliche Sehnsucht nicht länger aushalten müssen und hoffte, dass irgendetwas geschehen möge, das mir Erleichterung verschaffen und mir endlich auch den seelischen Schmerz nehmen würde. Eigentlich wusste ich ja, wie wichtig es ist, in seiner ganz eigenen Geschwindigkeit vorwärtszugehen. Ich wusste, dass ich nichts überspringen kann und keinen Schritt auslassen darf.

Am schönsten wäre es gewesen, wenn ich wieder mehr Verbindung zu Nicos geistiger Welt bekommen hätte. Denn so stark wie im ersten Jahr spürte ich die Verbindung leider nicht mehr. Damals kam die Unterstützung von selbst, ich musste nichts dafür tun, sie war einfach da. Jetzt empfand ich es als Gnade, wenn ich an die erste Zeit nach Nicos Tod zurückdachte. Denn erst allmählich ist mir klar geworden, dass diese intensive Verbindung nicht selbstverständlich war.

Immer wenn ich eine E-Mail an Nico schrieb, fühlte ich mich ihm sehr verbunden, und dann wusste ich, dass der Kontakt zu ihm und seiner Welt immer vorhanden war, leise eben und still. Es bestärkte mich darin, nicht stehen zu bleiben, sondern weiterzugehen, in meinem ganz eigenen Tempo. Ich wollte immer mehr lernen, Veränderung geschehen lassen, meiner Intuition vertrauen und mich von ihr führen lassen.

Als ich in meiner Ausbildungsgruppe einmal meinen Wunsch erwähnte, wieder mehr Einblick in Nicos Welt zu bekommen, erzählte mir Bettina die Geschichte von einem Schmetterlingskokon: »Ein Mann beobachtete, wie ein werdender Schmetterling gerade aus seinem Kokon schlüpfen wollte. Die Raupe quälte sich und musste enorme Kräfte aufbieten, um ihre alte Hülle aufzubrechen, die sie so lange Zeit umfangen hatte. Zeitweise sah es so aus, als gelänge es ihr nicht. Als sie sich schon einige Zeit damit abgemüht hatte, sich zu verwandeln, und dies immer beschwerlicher aussah, konnte der Mann es nicht mehr länger mitansehen und bekam Mitleid mit der armen Larve. Also half er dem Insekt, sich von seinem Kokon zu befreien. Als dieser aber aufgebrochen und der Schmetterling draußen war, vermochte er nicht zu fliegen. Die Kräfte, die hierfür erforderlich gewesen wären, hätte er allein durch das Aufknacken seines Kokons gewinnen können.«

Bettina nahm eine der Karten, die auf dem Boden ausgelegt waren, und reichte sie mir. Es stand »Verwandlung« darauf. »Eigentlich weißt du es ja längst.« Sie stupste mich freundschaftlich an. »Ja, ja«, entgegnete ich etwas unwillig, »ich weiß!

Ich kann nichts beschleunigen, nicht bei einem Schmetterling und schon gar nicht im eigenen Leben. Ich muss immer einen Schritt nach dem anderen tun, auf der Erde bleiben, auch wenn ich manchmal schon gerne fliegen will.« Bettina umarmte mich. »Ich kann nachfühlen, wie schwer das für dich ist.« Ich schaute aus dem Fenster. »Die Natur tut mir gut. Sie hilft mir, meine Ungeduld zu zügeln. Sie lässt nie einen Schritt aus. Jedes Jahr legt sie ihr altes Gewand ab. Nur so kann sie im Frühjahr wieder neue Blüten und Blätter tragen.« *Die Jahreszeiten sind eine Umwandlung von Lebensformen. Leben ist unvergänglich. Das, was stirbt, ist nur die äußere Erscheinungsform der Dinge.* So ist es dann wohl, ich konnte es nicht oft genug gesagt bekommen. Ein bekanntes Gefühl umfing mich. Ich lächelte. Sie war doch verlässlich, die innere Stimme. Das, was nicht verlässlich war, war meine Empfänglichkeit dafür. Und das lag vermutlich an mir allein.

Zu Hause setzte ich mich an meinen Computer und begann zu schreiben:

Lieber Nico,
ich lese gerade ein Buch, das dieses Jahr ganz neu erschienen ist, es heißt »Abenteuer Jenseits«. Danach haben die Verstorbenen ein viel größeres Bewusstsein als wir. Heißt das, dass auch Du jetzt mehr Gewissheit und Erkenntnis hast? Wer sind wir denn noch, jenseits von Name und Form? Ich kann spüren, dass die Liebe mit dem Tod nicht aufhört, dass nichts auf der Welt mich daran hindern kann, Dich weiter zu lieben. Das fühlt sich so gut an. Die Liebe lässt sich nicht aufhalten und beeinflussen. Sie ist einfach immer noch da. Sie ist klar und rein, wie Mutterliebe eben ist. Sie geht über alle Grenzen hinweg und zeigt mir, dass ich mit meiner Liebe Grenzen überschreiten kann, es längst

getan habe. Und trotzdem suche ich noch immer nach Beweisen!
Wie töricht ich doch bin, der Beweis liegt doch längst schon in
meinem Herzen. Gerne begleiten wir Dich bis ans Ende der Welt
und darüber hinaus.
Deine Mam

Im Februar gab es die ersten wärmeren Tage. Ich begann, mich langsam von den letzten Ereignissen an der Unfallstelle zu erholen, und freute mich über den nahenden Frühling. Auf dem Weg zu Caren kam mir ein großer, dunkler Wagen entgegen. Viel zu schnell, viel zu laut, viel zu dunkel. Ich blieb wie angewurzelt stehen. Gefolgt wurde er von einem grünen Mercedes. Die Scheiben waren heruntergedreht und grölende Jugendliche hingen halb aus dem Wagen. Bevor ich mich hätte vor das Auto werfen können, war es auch schon an mir vorbeigerauscht. Ich spürte schon wieder die Wut aufsteigen. War *er* das? Ich konnte mich täuschen. Aber ich meinte, in dem ersten Auto den Unfallfahrer erkannt zu haben. Dieses Auto fuhr mindestens 50 Stundenkilometer in einer Dreißigerzone! Zunächst konnte ich meine Wut auf das Auto lenken, jetzt galt sie tatsächlich dem Fahrer, egal, wer es letztendlich war. Der Boden wankte bedrohlich unter mir. Ich hielt mich an einer Mauer fest. Du musst nicht alles verstehen, sagte ich mir immer wieder. Ich ging langsam weiter und war froh, als ich endlich bei Caren ankam. Diese kurze Strecke von Haus zu Haus war mir noch nie so lange vorgekommen. Sie sah mir natürlich sofort an, dass etwas nicht stimmte. »Setze dich erst einmal hin.« Meine Freundin rückte mir einen Stuhl zurecht und nahm gegenüber Platz. »Erzähle, was ist passiert?« Mitfühlend schaute sie mich an. Da brach es gleich aus mir heraus und ich erzählte ihr alles. Stille – Luft holen – durchatmen. »Deine Wut ist wichtig. Du darfst nur nicht in ihr verhaftet bleiben. Ich bin überzeugt davon, dass niemand auf der Welt einen solchen Unfall mit schwerwiegenden Folgen einfach beiseiteschieben kann. Manchen mag es gelingen, dies eine Zeit lang zu verdrängen, aber irgendwann wird die Erinnerung daran wieder ins Bewusstsein gelangen, sei es durch Krankheit, Depression oder vielleicht durch ein ähnliches Ereignis. Das Gewissen wird immer im Hintergrund gegenwärtig sein, solange man es noch nicht angeschaut und bearbeitet hat. Vielleicht ist die Schuld des jungen Mannes unbewusst so groß, dass er sie gar nicht zulassen kann. Dann könnte natürlich von außen ein Bild entstehen, das ihn gefühllos, ignorant oder gar provokativ wirken lässt.«

Caren schenkte mir einen Tee ein und ich nahm ihn ebenso dankbar entgegen wie ihre eben gesagten Worte. Sie halfen mir, die Wut wieder ziehen zu lassen. Caren hatte recht. Heilung konnte für diesen Mann nur dann geschehen, wenn er sich mit dem Unfall auseinandersetzen, Verantwortung dafür übernehmen und darüber sprechen könnte. Nach drei Stunden ging ich wieder besser gelaunt und zuversichtlicher nach Hause.

Um die Erinnerungen an das letzte Mal endgültig abstreifen zu können, wollte ich noch einmal zu der Unfallstelle gehen. Ich schaute den Autos nach, die auf der zweispurigen Straße zwischen Gehweg und Straßenbahngleisen vorbeifuhren.

Nicos erste Worte waren »Auto« und »Bandobein«, was Straßenbahn heißen sollte, gewesen! Seinem kleinen Bruder drückte er als allererstes ein Spielzeugauto in die Hand, als dieser noch nicht einmal krabbeln konnte. Mit zwei Jahren kannte Nico schon alle Marken der parkenden Wagen am Straßenrand. Wohlgemerkt, er konnte noch nicht lesen. Später, wenn er mit seinem Bruder vom Kindergarten nach Hause kam, bauten sie sich zuallererst eine Autostraße auf unserem Sofa auf. Kasi erinnert sich noch heute an die Trennlinie, an die Verteilung der Autos und an die Schanzen, die auf dem Sofa naturgemäß vorhanden waren. Wie liebte ich dieses Brummen der beiden, bei dem nicht nur sie, sondern auch ich wunderbar abschalten und entspannen konnte.

Jetzt, an der Stelle, an der Nico überfahren wurde, klang das Geräusch der vorbeifahrenden Autos nicht mehr beruhigend, das Bimmeln der Straßenbahn nicht mehr vertraut, sondern erschreckend.

Was ich am wenigsten aushalten konnte, war der Gedanke, dass dies alles nur ein schreckliches Unglück gewesen sein sollte. Und eigentlich wusste ich ja schon längst, dass das nicht so war. Dennoch kamen mir immer wieder Zweifel in den Sinn, gefolgt von den sinnlosen Fragen, die nichts mehr verändern, aber umso mehr Leid erzeugen. Auch jetzt nagte noch einmal die Frage an mir, ob ich es hätte verhindern können. Wenn ich Nico doch bloß noch zwei Sekunden länger zu Hause aufgehalten hätte. Würde er dann heute noch leben? War es einfach nur ein dummer Zufall gewesen, Nico zur falschen Zeit am falschen Ort? Einfach nur Pech! Merkwürdig, dass das, was ich am wenigsten zu denken aushielt, mir immer wieder in den Sinn kam! Weshalb nur? *Vielleicht weil der Wunsch, alles im Griff haben zu wollen, noch stärker ist.* Diese Stimme hat zwar immer auf alles eine kluge Antwort, aber verstehen konnte ich es trotzdem noch nicht. Was willst du mir denn damit wieder sagen? Ein Auto rauschte viel zu schnell an mir vorbei. *Dass dein Denken paradox ist, denn wie kannst du die Macht rückwirkend über etwas erlangen, das du nicht abwehren konntest? Und selbst wenn du die Gewissheit bekämst, dass du den Unfalltod hättest verhindern können, würde dir das in deiner Trauer helfen? Doch eher nicht, oder?* Das stimmte natürlich. Es stand leider nicht alles in meiner Macht. *Und ganz ehrlich, vielleicht ist das auch gut so!* Ja, ja, gab ich kleinlaut zu.

Vielleicht war Nicos Unfall tatsächlich kein Zufall, sondern Teil unseres Lebens, unseres gemeinsamen Weges, den wir jetzt – anders als wir es uns gewünscht und vorgestellt hatten – zusammen zu Ende gehen müssen. *Und vielleicht könnt ihr tatsächlich erst ganz am Schluss erkennen, was von alldem Glück oder Unglück gewesen war.*

Rechtzeitig

Eigentlich war ich immer davon ausgegangen, dass alles, was ich erlebe, egal wie schmerzhaft, zutiefst sinnvoll ist. Nun hatte ich aber zunehmend das Gefühl, dass dieses Leben mir sehr viel Mut und Kraft abverlangte, vielleicht mehr, als ich aufbringen konnte. Ich war mir momentan selbst nicht mehr sicher, ob ich diese schmerzliche Erfahrung wirklich überleben konnte. Ich musste unbedingt meinem Sohn schreiben.

Lieber Nico,
ich frage mich gerade, ob ich, beziehungsweise wir Menschen,
auch am Leben scheitern können. Ich mache immer wieder die-
selben Fehler, stelle mir die gleichen unsinnigen Fragen und
komme oft wieder an den Punkt, an dem ich vor einiger Zeit los-
gegangen bin. Ist das Leben vielleicht ein Übungsfeld, wo wir uns
ausprobieren können? Dann will ich jetzt bitte dieses Übungsfeld
verlassen. Ich weiß ja nicht einmal, wann ich wieder vor eine
schwerwiegende Lebensaufgabe gestellt werde. Das Leben kann
jedenfalls nichts für Feiglinge sein. Vielleicht sind wir Menschen
sogar die mutigsten unter den himmlischen Seelen? Aber ich fühle
mich gerade nicht sehr mutig, ich wünsche mir, dass auf der Stelle
eine gute Fee erscheint und mir sagt: »Für dich ist es genug, du
musst nicht mehr leiden, du hast dein Pensum erfüllt. Ab jetzt
wird dein Leben nur noch glücklich, friedvoll und freudig sein.«
Ich weiß aber, dass sie nicht kommen wird, die gute Fee. Hat es
überhaupt Sinn, weiter zu üben, und kann ich, können alle Men-
schen wirklich immer an ihren Aufgaben wachsen?
Deine Mam

Über all das sprach ich in der kommenden Stunde mit meinem Therapeuten.

»Wenn es stimmt, dass die größte Form der Liebe ist, jemandem seinen freien Willen zu lassen, und uns unser freier Wille vielleicht von einer höheren Instanz gegeben wurde, dann müssten wir doch auch immer die Möglichkeit haben, uns für einen guten Weg zu entscheiden?« Während mein Therapeut mir aufmerksam zuhörte, schenkte er mir eine Tasse Tee ein. Seine ruhige und besonnene Ausstrahlung übertrug sich sofort und mein ungeduldiger Kopf mit den tausend Fragen, die ich am liebsten immer gleichzeitig stellen wollte, zügelte sich. »Mit der Möglichkeit ist uns nicht gleichzeitig auch die Fähigkeit dazu gegeben. Die müssen wir erst erwerben. Deshalb machen wir unsere Erfahrungen.« Er griff nach dem kleinen roten Handmassageball, der auf dem Beistelltischchen lag, und knetete ihn. »Stell dir eine Straße vor, die du gut kennst. Über viele Jahre hinweg fährst du mit dem Auto immer wieder dort entlang. Wenn nun auf einmal eine Baugrube auf dieser Strecke wäre und die Straße gesperrt, was würdest du dann tun?« Erwartungsvoll schaute er mich an. Ich zuckte mit den Schultern. »Ich würde mir eben eine andere Strecke suchen.« Er nickte. »Einverstanden, du könntest diesmal vermutlich relativ schnell einen anderen Weg wählen. Aber nicht jeder wäre dazu in der Lage. Jeder Mensch bringt andere Voraussetzungen mit, besitzt ein anderes Auto. Ein Lkw-Fahrer hätte möglicherweise größere Schwierigkeiten, umzudrehen. Wieder ein anderer würde vielleicht mit seinem Geländewagen versuchen, an der Sperrung vorbeizukommen, und in die Grube stürzen. Hier liegt unser Lernfeld. Wir müssen den Stadtplan des Lebens immer wieder neu erstellen.« Er warf mir den Ball zu. Ich setzte mich auf dem weiß bezogenen Sofa in den Schneidersitz. »Du meinst also, egal welche Erfahrung wir machen, wir lernen daraus? Wir gehen somit immer über unsere bisher üblichen Wege und Möglichkeiten hinaus und entdecken andere Landschaften und Randgebiete?« Mein Therapeut rückte seine Strickmütze zurecht, die er immer aufzog, wenn er erkältet war. »Ja, wir alle lernen aus unseren Erfahrungen, egal wie schmerzhaft oder düster sie auch sein mögen. Und wir alle müssen manchmal größere oder kleinere Umwege fahren. Irgendwann wird auch der Lkw-Fahrer eine Wendemöglichkeit finden. Aber er wird länger dafür brauchen, vielleicht wird er fluchen und viel später als geplant an seinem Ziel eintreffen. Der andere Unglücksfahrer wird möglicherweise wieder aus der Baugrube herauskommen. Eventuell ist sein Auto kaputt. Er könnte ärgerlich sein und es das nächste Mal wieder versuchen oder aber doch eine andere Strecke wählen. In jedem Fall werden wir alle an Reife gewinnen und neue Erkenntnisse erlangen. Sowohl derjenige, der einen Weg um die Baustelle herum gefunden hat«, er zwinkerte mir freundlich zu, »als auch jener, welcher erst einmal immer wieder an der Baustelle scheitert. Ungerecht erscheint es uns nur deshalb, weil wir immer wieder versucht sind zu werten.« Er streckte mir fragend die Teekanne entgegen. Ich schüttelte den Kopf. Dann fuhr er fort: »Niemand weiß, wann wir in der Lage sind, eine andere Möglichkeit zu finden, um von A nach B zu gelangen. Auch wenn es aussieht, als würden wir uns im Kreis drehen oder uns immer wieder bei dem Versuch, an der Baustelle vorbeizukommen, verletzen: Jeder macht im Leben genau die Erfahrung, die er für seinen ganz individuellen Wachstumsprozess gerade braucht.« Weil mich das alles wieder einmal zu Tränen rührte, zog ich ein Taschentuch aus der Packung, die neben meinem Sofa lag. »Du meinst also, auch wenn es mir auf dieser Straße schnell gelungen ist, einen neuen Weg zu wählen, könnte ich mich auf einer anderen gesperrten Straße ebenso in der Grube wiederfinden?« Mein Therapeut lächelte und nickte mir zu. Mir dröhnte mal wieder der Kopf, als ich nach Hause fuhr. Aber das war ich bei ihm ja schon gewohnt.

Als ich kurze Zeit später mit meinem Fahrrad durch die Stadt fuhr und plötzlich ein Straßenschild auf eine Sperrung hinwies, erschien das aufgezeigte Bild meines Therapeuten augenblicklich vor meinem inneren Auge. Da stand ich nun vor der Baustelle und wusste trotzdem erst einmal nicht weiter. An dieser Stelle gab es nämlich nicht nur einen anderen Weg, den ich wählen konnte. Es gab mehrere Möglichkeiten, um nach Hause zu kommen. Sollte ich besser am Berg entlangfahren oder die Strecke über die Bahnhofsachse wählen? Welcher Weg war der beste? Gab es überhaupt einen besten Weg? Oder war vielleicht jeder Weg richtig, den ich wählte? Kein Wunder, dachte ich, dass wir Menschen bei der Fülle an unterschiedlichen Transportmitteln und möglichen Wegen manchmal so langsam vorwärtskommen. Ich entschied mich für die Bergseite und schaute gleich noch bei den Großeltern vorbei.

Zusammen mit meinem Yogakurs fuhr ich für ein paar Tage nach Le Cornue in Frankreich. Eine schöne Gelegenheit, mit den Frauen einmal länger zusammen zu sein. Wenn sie mich auch nach Nicos Tod nicht alle besuchen konnten, so hatte mich der Großteil von ihnen oft gedanklich begleitet. Sie auf diese Weise an meiner Seite zu wissen, gab mir oft Kraft und das Gefühl, in meinem Schmerz nicht ganz alleine zu sein. Diese Art der Verbindung war nicht auf eine physische Ausdrucksform angewiesen. Nur von Nico wünschte ich mir nach wie vor seine körperliche Anwesenheit. Ich wollte ihn knuddeln, mit ihm sprechen, endlich einmal wieder von Angesicht zu Angesicht. Ach herrje, wann würde ich endlich akzeptieren, dass dies niemals mehr möglich war?

In der Nähe unserer Unterkunft entdecke ich einen echten Zauberwald. Überall haften Moos und Flechten an den Bäumen. Regentropfen hängen an dem zarten jungen Grün der Birken und lassen den Wald leuchten. Ich laufe zu einer Steinfigur, die mitten in der Wiese sitzt, und gehe vor ihr in die Hocke. »Ich habe schon so oft gelesen, dass es im Jenseits viel schöner ist als hier, intensiver, eben himmlisch. Aber jetzt, da ich durch die regenverhangenen Blätter streife, in das Nebeltal hinunterschaue und die frische Luft einatme, die leicht nach Feuer schmeckt, denke ich wieder einmal, dass es vollkommener nicht sein könnte.« Die Steinfigur stiert mich unbewegt an. »Auch wenn natürlich der innere Reichtum im Jenseits gemeint ist«, ergänze ich schnell, »würde ich diese Natur hier bestimmt vermissen.« Die Figur zeigt noch immer keine Regung. Ich nehme ein Blatt auf, betaste es mit meinen Händen. Es ist feucht und weich. »Schmuseblatt« kommt mir sofort in den Sinn. Ich halte das Blatt unter meine Nase und rieche daran. »Frühling« schießt es durch meinen Kopf. Mein Körper ist also wieder einmal der Dolmetscher, denke ich. Vom Haus her ertönt ein Gong. Es gibt Essen. Ich renne und rutsche und falle auf den nassen Rasen. Oh nein, die neue Hose! Ich ärgere mich. Wut steigt auf, ich spüre sie im Bauch. Ich drehe mich noch einmal zu der Steinfigur um. »Selbst unsere Gefühle drücken sich körperlich aus, nicht wahr«, rufe ich ihr zu. Die Figur, die wie ich in der Wiese sitzt, guckt immer noch bewegungslos zu mir hinunter. »Was mache ich dann bloß ohne meinen Körper in dieser anderen Welt?« Die Steinfigur starrt stumm. Ich stehe auf. »Eines ist ziemlich sicher«, rufe ich ihr zu, »gutes Essen wird es dort drüben nicht geben.«

Nach dem Essen belegten wir erst einmal unsere Zimmer, bezogen die Betten und räumten die Taschen aus. Ich schaute mir diesen schönen Seminarort an und setzte mich in eine kleine Ecke am Fenster mit Blick ins Tal. Die Gastgeber hatten passend zu unserem Seminar eine Yoga-Zeitschrift aufs Bett gelegt. Ich schlug sie auf und blätterte darin. Da stieß ich auf eine Umfrage: *Was ist Ihnen am Yoga am wichtigsten?* Ich überlegte. Da ich früher viel Sport gemacht hatte, waren die Übungen anfangs ein Kinderspiel für mich. Ich hatte den Ehrgeiz, so lange wie möglich in den Positionen zu bleiben, und war stolz, jede Übung ausführen zu können. Manchmal fühlte ich mich allerdings körperlich nicht ausgelastet. Bergwandern und Skifahren empfand ich als erheblich anstrengender. Es war etwas anderes, was mich damals dort hielt. Aber was war mir am wichtigsten? Irgendwie spürte ich, dass diese Art der Körperarbeit tiefer ging als eine einfache sportliche Betätigung. Über diese speziellen Körperübungen wurde auch meine Seele berührt. Ja, das war es. Ich schrieb also *Verbindung von Körper und Seele* hinter die erste Frage. Zweite Frage: *Wie lange machen Sie schon Yoga?* Das war einfach. *15 Jahre.* Frage drei: *Hat sich während der Jahre bei Ihnen etwas verändert?* Als ich älter wurde und das erste Mal starke Rückenschmerzen bekam, musste ich die leidvolle Erfahrung machen, dass mir nicht mehr alles so leicht und gut gelang, wie ich es gewohnt war. Ich musste wohl oder übel meine Maßstäbe und meine Ausrichtung ändern. Dieser Lernprozess war schwierig. Ich machte die Erfahrung, dass ich allein mit meinem starken Willen nichts ausrichten konnte, dass er mir sogar mehr im Wege stand, als er mir dienlich war. Erst nach vielen Jahren des Trainings in Annahme und Demut habe ich gelernt, auf meinen Körper zu hören. Ich nahm wieder meinen Stift und schrieb: *Heute schätze und achte ich meinen Körper viel mehr als früher.* Frage vier: *Was bedeutet Yoga für Sie?* Erst einige Jahre nach Nicos Tod durfte ich in Dankbarkeit und Freude jede Übung genießen, die ich, tagesabhängig natürlich, nach so vielen Jahren wieder ausführen konnte. Ich antwortete: *Yoga ist für mich Genuss und Verbindung von Körper, Geist und Seele. Und diese Verbindung ist mir auch im täglichen Leben jetzt eine große Hilfe.*

An einem Nachmittag wollten wir uns nach einigen Körperübungen mit dem Glück befassen. Ich war gespannt, in welcher Weise ich mich darauf einlassen konnte. Was bedeutete Glück für uns? Wie konnte sich Glück in uns ausdrücken? Gab es Voraussetzungen oder Hindernisse, Glück zu erleben?
Ich erinnerte mich daran, dass ich in einem Brief an Nico zu seinem 16. Geburtstag über das Glück geschrieben hatte. Ich rannte auf mein Zimmer und öffnete meinen Laptop, den ich jetzt immer bei mir hatte, wenn ich länger von zu Hause weg war. Ich musste unbedingt diesen Brief finden. Da ich alle wesentlichen Briefe erst einmal auf dem Computer formulierte und sie dann abspeicherte, müsste dieser doch auch noch in meinen Dateien zu finden sein. Ich suchte unter »Briefe« und tatsächlich, da war es, das Schreiben über das Glück:

Lieber Nico,
manchmal kommt das Glück leise und unauffällig, geht ein Stück des Weges mit Dir, bis es genauso leise wieder verschwindet, wie es gekommen ist. Deshalb ist es umso wichtiger, es wahrzunehmen und seine Besonderheit zu spüren und zu würdigen. Achte stets darauf, was vor Dir liegt, stolpere nicht darüber, lieber Nico, sondern nimm es auf und bewahre es in Deinem Herzen.
Deine Mam

Traurig ließ ich meinen Blick längere Zeit aus dem Fenster

schweifen, bis ich meinen Laptop wieder zuklappte und langsam zu den anderen zurückging. Was bedeutete Glück heute
für mich? Konnte ich noch Glück empfinden? Würde ich es
erkennen können, wenn es zu mir kam? »Schreibt einfach
spontan auf ein Blatt, was euch dazu einfällt.« Annette verteilte
weißes Papier. Ich überlegte, kaute auf meinem Stift. Dann
schrieb ich rasch, ohne groß zu überlegen:

»Glück ist, wenn einem das Herz hüpft, Glück ist Leichtigkeit,
ist Staunen, ist Schönheit, ist Dankbarkeit und Fülle, ist Ver-
bundensein mit allem, was lebt. Glück findet stets im Jetzt
statt, es kennt keine Vergangenheit, keine Zukunft. Glück ist
Liebe, ist innerer Reichtum, ist Einklang mit Körper, Geist und
Seele. Es ist nicht entscheidend für das Glück, in welcher
Lebenslage du dich befindest, es fragt nicht nach, ob du trau-
erst, arm bist oder reich, krank oder gesund. Aber es schaut, ob
du liebst, ob du offen bist, lebendig und neugierig genug, dich
berühren zu lassen. Es spürt genau, ob du bereit dazu bist, ihm
Einlass zu gewähren. Wenn du negative Gefühle wie Neid,
Hass oder Gier in dir trägst, dann ist das Herz besetzt, dann
kann das Glück nicht leuchten und du wirst an ihm vorübergehen wie an einem Stock oder Stein.«

Ich las alles noch einmal durch und bemerkte zu meiner Verwunderung, dass das Glück mich nie ganz verlassen hatte, dass
ich sogar in den schwersten Stunden meines Lebens davon
begleitet worden war.

Annette bestätigte meine Überlegungen, indem sie erklärte,
dass es viele Wege gebe, sich für das Glück zu öffnen. »Die
buddhistische Psychologie spricht von den vier unermesslichen
Qualitäten oder Wünschen, das ist Liebe, Mitgefühl, Freude
und innerer Friede. Man kann danach streben, diese vier Qualitäten in Balance zueinander zu halten. Innerer Friede schützt
zum Beispiel davor, dass man vom Mitgefühl ins Mitleid fällt.

Mit einem Menschen leiden bedeutet, ihm nicht helfen zu können. Mitgefühl vermag dies aber schon. Des Weiteren lehrt uns der Buddhismus, dass Liebe unsere wahre Grundnatur ist. Manchmal schieben sich dennoch Ängste dazwischen. Man kann aber nur entweder aus Liebe oder aus Angst in Verbindung zu einem anderen Lebewesen stehen. Ist die Angst vorrangig, lässt sie die Liebe in den Hintergrund treten. Die Freude entsteht aus tiefer innerer Dankbarkeit und Demut.«

Als Annette unsere Blicke sah, die wohl die Frage ausdrückten, wie das alles zu schaffen sei, fügte sie lächelnd hinzu: »Diese vier Qualitäten sind ein Ideal, das wir anstreben können, aber wahrscheinlich nie erreichen werden. Wir sind Menschen und keine Heiligen. Wir können andere Gefühle, die aufkommen, nicht negieren, aber wir können bestimmen, wie viel Nahrung wir ihnen geben möchten, was wir zulassen wollen und was nicht. Wesentlich ist, was wir uns zum Ziel setzen, nicht, was wir letztendlich erreichen. Ein Ziel könnte sein, Leid zu lindern und Glück und Befreiung anzustreben. Wenn es uns dann gelingt, auch nur einem Menschen in unserem Leben behilflich zu sein, ist das schon ein wesentlicher Schritt in die Richtung, in der sich unser Ziel befindet.« Mir machten diese Worte Mut und ich nahm mir vor, noch aufmerksamer zu werden.

Eine Frau aus unserem Kurs erzählte mir an diesem Wochenende, dass sie Nicos Tod sehr mitgenommen hatte, obwohl sie ihn gar nicht kannte. Als ich ihr später einige Fotos von ihm zeigte, erwachte in ihr die Erinnerung an ihren ersten Freund. Er trug denselben Namen und war mit ebenfalls 17 Jahren bei einem Badeunfall tödlich verunglückt. War dies ein Zufall? Sie hatte sich aus unterschiedlichen Gründen nie erlaubt, diese Trauer zu leben. Durch Nico war dieser Tod wieder an die Oberfläche gedrungen, vielleicht, um endlich gesehen und bearbeitet zu werden. Nicos Tod berührte viele Menschen aus unterschiedlichen Gründen. Es war schrecklich für uns, immer wieder unfassbar, aber für viele andere konnte er auch Heilung bringen, auf einem ganz anderen Weg.

Am Abend schrieb ich noch einmal eine E-Mail an Nico:

Lieber Nico,
heute habe ich verstanden, dass wir alle Individuen mit verschiedenen Aufgaben und Erfahrungen sind. Aber wir benötigen den anderen, brauchen ein Gegenüber, das uns spiegelt und uns hilft zu reflektieren, zu verstehen, zu verarbeiten. Jeder häkelt an unterschiedlichen Stellen, aber am selben Netz. Mit einem Mal erkenne ich den Faden, der unser aller Leben webt. Deshalb ist jede einzelne Masche nicht nur für uns selbst, sondern auch für alle anderen wesentlich, denn wir alle weben unermüdlich an ein und demselben Gewebe. Durch einen Fehler im Netz lernen wir immer dazu und in der nächsten Reihe kann uns das Weben schon viel besser gelingen.
Ich hab Dich lieb, Deine Mam

Müde klickte ich auf »Senden« und schon wenig später kuschelte ich mich in meinen Schlafsack und schlief ein.

Am letzten Tag auf der Hütte wurde uns allen ein leerer Zettel auf den Rücken geheftet. Jede Teilnehmerin sollte mit wenigstens einem Satz das Blatt der anderen füllen, indem sie daraufschrieb, was sie an ihr schätzte. So hatte am Ende jede von uns mindestens 16 positive Bestärkungen auf ihrem Rücken notiert. Es war ein lustiges Bild, denn da jede etwas schreiben wollte, bildete sich mit der Zeit ein Kreis. Ich dachte dabei an die Trauerfeier meines Sohnes, denn ich hatte sofort ein ähnliches Gefühl der Verbundenheit wie damals.

Die Tage waren viel zu schnell zu Ende gegangen
hier war sehr besonders gewesen und trug mit da/
mir langsam wieder besser ging. Ein besonde/
über diesem Platz. Vielleicht lag es daran, dass
einem tibetischen Lama geweiht worden war.

Es war Frühling, die ersten Blumen zeigten sich und ich
begann, wieder Kräuterkurse zu geben und die Teilnehmer in
Heilkräuterkunde zu unterrichten, denn ich spürte, dass zu
meinem zukünftigen Weg auch wieder die Pflanzen gehörten.

Ich liebte die Natur und immer wenn ich wieder traurig wurde,
fand ich in ihr Halt und Zuversicht. Ich fühlte mich als ein
Bestandteil dieser großen Ordnung. Ihr Reichtum und ihr
beständiges Werden und Vergehen waren für mich der größte
Trost im Schmerz um den Verlust meines Sohnes, denn sie
erinnerten mich immer wieder daran, dass nichts wirklich für
immer vergeht. Im Juni fuhr ich für ein paar Tage zu unseren
Freunden nach München. Die zwei jüngeren Kinder von Sissi
und Jonny sollten getauft werden und ich durfte bei ihrer
Tochter Patin werden. Darüber freute ich mich sehr. Hubertus
und Kasimir kamen zur Feier nach.
Es war noch immer schwierig für mich, an einem anderen Ort
zu sein, meine schützenden vier Wände aufzugeben und mich
der Welt mit all ihren Herausforderungen zu stellen. Was früher selbstverständlich war, bedurfte nun einer gründlichen
inneren Entscheidung und eines starken Willens. Denn nichts
war mehr normal für mich. Vieles musste ich ganz neu erlernen, zum Beispiel unter vielen Menschen zu sein. Manches war
mir fremd geworden und ich fand meine Erfüllung in ganz
anderen Dingen als früher. Alte Gewohnheiten, Einstellungen,
Wahrheiten, Ideale und Lebensäußerungen hatten keinen Platz

.nehr in meinem Leben. Manchmal wünschte ich mir, es könnte wieder so sein wie früher, denn es war viel bequemer gewesen. Aber ich konnte und wollte eigentlich auch nicht umkehren – zumal sich das Rad der Zeit ohnehin nicht zurückdrehen ließ. Ich spürte selbst, dass ich mich verändert hatte. Das machte es sicher auch für die Menschen in meinem Umfeld nicht immer einfach.

Am Lagerfeuer erzählte mir Sissis Freundin von ihren Erfahrungen mit trauernden Menschen. Ihr Cousin war vor einigen Jahren mit dem Motorrad tödlich verunglückt und seine Eltern, so schien es ihr, waren nie darüber hinweggekommen. »Wie kannst du das wissen?« Interessiert schaute ich sie an. »Sie waren eben immer traurig und hoffnungslos. Wenn ich sie besuchte, war alles so trist und das veränderte sich nie.« Gedankenverloren ließ sie ihren Blick über die hinter dem Haus liegende Pferdewiese schweifen. Auch ich kannte trauernde Menschen, die nach einer sehr langen Zeit noch immer ganz ohne Hoffnung waren. Ich hatte mich schon oft gefragt, woran es liegen könnte, dass mein Trauerweg anders verlief. Obwohl ich noch nicht wusste, ob ich jemals über Nicos Tod hinwegkommen, ihn vollständig akzeptieren könnte, erfuhr ich dennoch jeden Tag Veränderung. Ich fühlte mich lebendig, mehr denn je. Weshalb verlaufen die Wege trauernder Menschen so unterschiedlich? Was hilft ihnen, ihre Trauer zu lindern? Auch wenn das Gespräch am Lagerfeuer schnell eine andere Richtung nahm, gingen mir diese Fragen nicht mehr aus dem Kopf.

Ich war nach diesem vollen Tag zwar sehr erschöpft, konnte aber trotzdem lange nicht einschlafen. Im Haus war es ganz still. Ich schaltete den Fernseher ein, der in meinem Zimmer stand, und zappte mich durch die einzelnen Programme. Nichts, was mich interessierte. Schon wollte ich wieder ausschalten, da ließ mich das Wort »Trauer« aufhorchen. Ich setzte mich direkt vor den Apparat, um niemanden aufzuwecken. Eine Frau und ein Mann unterhielten sich miteinander. Beide waren mir unbekannt. »... und weshalb finden manche Menschen nicht mehr aus dieser Wolke heraus?«, fragte die Moderatorin gerade ihren Gesprächspartner. »Nehmen wir also einmal an, Trauer gleicht einer Wolke. Wenn wir bei Ihrem Bild bleiben wollen«, der ältere Herr rückte seine Brille zurecht, »dann würde es sich erst einmal so anfühlen, als stünde man auf einem Berg, dessen Spitze in einer Nebelwolke steckt. Man könnte das Gefühl bekommen: Da komm ich nie wieder raus. Würde man außerhalb dieser Wolke stehen, könnte man ihre Begrenzung sehen. Man würde erkennen, dass drumherum blauer Himmel ist. Wenn man aber in der Wolke steckt, ist man erst einmal orientierungslos und hat das Gefühl, dass es keinen Ort mehr gibt, an dem die Sonne noch scheint.« Mein Herz klopfte wie wild. Ja, so war es. Der Mann wusste offensichtlich, wovon er sprach. Gebannt und hoffnungsvoll lauschte ich den verklingenden Worten nach. Dann hörte ich die Interviewerin sagen: »Was Trauernde tun können, um aus dem Nebel wieder herauszufinden, hören wir gleich nach der Werbung.« Es grenzte schon fast an Magie, dass ich ausgerechnet jetzt, nach dem Gespräch am Lagerfeuer, das so viele Fragen in mir hervorgerufen hatte, auf diese Fernsehsendung stieß. Ich musste an eine Freundin denken, die fest davon überzeugt ist, dass alles durch uns unbekannte Kraftfelder miteinander verbunden ist und deshalb all unser Denken und Tun Spuren hinterlassen, die wir unbewusst in unser Umfeld telegrafieren. Wie sagte sie noch kürzlich zu mir? »Flor, wenn es kein Getrenntsein gibt, dann ist auch alles miteinander synchronisiert und es gibt keine Zufälle, sondern nur immer Antworten, ein Echo auf unsere Gedanken.« War das jetzt so?

Momentan konnte ich mir diese Frage nicht beantworten, aber ich war dankbar, dass mir gerade etwas erklärt wurde. Die Werbung war vorüber und der Mann erschien wieder auf der Bildfläche. »Um aus der Wolke herauszufinden, müssen die Menschen erst einmal eine Orientierung im Nebel finden und lernen, den Untergrund auch halb blind zu erspüren. Da sie sich nicht mehr auf ihre Augen verlassen können, die sich auch nach längerem Aufenthalt in der Wolke nicht an das diffuse Licht gewöhnen können, werden andere Sinne erforderlich sein. Sie werden lernen, ihre Umgebung zu erfühlen, zu ertasten, auf sich wirken zu lassen. Auf diese Weise werden die Menschen in der Wolke andere Fertigkeiten erlangen. Sie werden auch erkennen, dass sie sich in dem Nebelgebilde nicht in ihrem gewohnten Tempo fortbewegen können, dass sie Geduld aufbringen müssen. Es sind die kleinen Schritte, auf die es jetzt ankommt. Wenn man dann weiß, wo genau die Unebenheiten liegen, wo es Schluchten gibt, Felsbrocken oder Steine, findet man wieder einen besseren Weg. Dann werden die Menschen bemerken, dass sie sich innerlich bereits in Bewegung gesetzt haben.« Mit einer raschen Handbewegung fuhr sich die Frau durch die Haare. »Oh, das klingt nach Schwerstarbeit.« Sie klang enttäuscht. Das hatte sie sich vermutlich einfacher vorgestellt, dachte ich. »Ja, das ist Trauerarbeit«, entgegnete der Mann. »Man muss die Hindernisse genau anschauen und sie gut aufräumen, sonst stolpert man jedes Mal wieder von Neuem darüber.« Die Moderatorin schaute ihren Gesprächspartner etwas ratlos an. Offensichtlich bezweifelte sie, was der bebrillte Mann ihr gerade erzählte. »Glauben Sie, dass jeder diesen Weg finden oder überhaupt gehen kann?« Ihr Gegenüber hatte nun einen ernsteren Gesichtsausdruck. »Die Trauernden müssen natürlich eine innere Bereitschaft mitbringen. Sie ist absolut notwendig, um aus dem Wolkengebilde herauszufinden.« Die Frau beugte sich leicht nach vorne. »Und was passiert, wenn man nicht bereit dazu ist?« »Dann wartet man vermutlich noch ein bisschen ab.« Ihr Gesprächspartner lächelte und fügte hinzu: »Jeder Mensch hat seine ihm eigene Geschwindigkeit.« Die Moderatorin schaute etwas verwundert. »Dann könnte man vielleicht einfach auch warten, bis ein Wind den Nebel vertreibt?« Der grauhaarige Mann griff sich ans Kinn. »Auch das wäre eine Möglichkeit, aber unter Umständen wartet man dann ein ganzes Leben.« Die Reporterin lehnte sich wieder zurück. »Eine letzte Frage, Herr...« Draußen rauschte die Klospülung, ich war einen Moment abgelenkt und verpasste den Namen des Mannes. Ich war enttäuscht. Allzu gerne hätte ich gewusst, wer mir da mit seinen Gedanken gerade eine Tür zu meinen Fragen geöffnet hatte. »Wird der Nebel irgendwann einmal ganz verschwinden?« Die Frau seufzte mitfühlend. »Das kann ich nicht genau sagen.« Ihr Gegenüber zögerte einen Augenblick. »Ich nehme an, dass immer wieder Wolken am Himmel aufziehen werden und manche Menschen, je nach Schwere des Verlustes, sie nie völlig aus dem Blickfeld verlieren. Mit der Zeit kann man aber vielleicht immer besser akzeptieren, dass es beides geben darf, die Wolke und den blauen Himmel, und dass dies sogar ein Naturgesetz ist.« Ich überlegte, an welchem Punkt ich stand. Noch in der Wolke? Vielleicht. Aber ich kannte den Weg schon ziemlich gut und hatte auch schon einige Steine aus dem Weg geräumt. Es war Zeit, wieder einen Schritt weiter zu gehen.

Irgendwann muss ich dann doch noch eingeschlafen sein. Schon früh wurde ich von meiner quirligen Patentochter Shari geweckt. Es war, als würde ein tröstender Sonnenstrahl mein Gesicht wärmen. Ich fühlte mich noch etwas gerädert, weil ich nicht viel geschlafen hatte, und streckte mich im Bett aus. Ein neuer Tag hatte begonnen.

Nach der Taufe fuhren Kasi, Hubertus und ich wieder nach Hause. Am Abend machten wir es uns alle drei wieder einmal auf dem Sofa bequem. Ich schaute Kasi heimlich von der Seite an. Unvermittelt dachte ich an die erste Zeit mit ihm zurück. Als er auf die Welt kam und ich ihn das erste Mal in meinen Armen hielt, hatte er eine große Ähnlichkeit mit seinem Bruder. Im Laufe der Zeit wurde der Unterschied zwischen den beiden Brüdern aber immer sichtbarer. Jetzt, da Kasi langsam in Nicos Alter kommt, ist er seinem großen Bruder äußerlich wieder ähnlicher. Kein anderer gleicht Nico so in der Art, sich zu bewegen, in Gestik, Mimik und Sprache. Sie haben dasselbe verschmitzte Lächeln und einen ähnlichen Charme.
Nico war immer der Sportler in unserer Familie gewesen. Kasi ist musikalisch und künstlerisch begabt und entwickelt sich zu einem richtig versierten Schlagzeuger. Aber er wird auch immer mehr zum Leistungssportler. Er ist seit ein paar Jahren Mountainbiker und springt und fährt mit seinem Rad, ähnlich wie die Snowboarder im Winter, die steilsten Hänge hinunter ins Tal. Ich glaube, es war kein Zufall, dass die Brüder im Kindesalter ein so enges Verhältnis zueinander hatten und sich dann in der Pubertät des Älteren etwas voneinander entfernten, sodass jeder seine eigene Form finden konnte, in der Welt zu sein. Ich hoffe, dass es Kasi gelingen wird, Nico ein Stück weit mitzunehmen, seinen Bruder in sich zu tragen und gleichzeitig bei sich zu bleiben und auf seine ganz persönliche Art und Weise zu wirken und zu leben. Das ist keine leichte Aufgabe, aber ich glaube, Kasi ist so stark, dass ihm dies gelingen wird.

Wendezeit

Einige Wochen später ging ich zum ersten Mal wieder auf ein Geburtstagsfest. Ich stand in der Küche einer Bekannten und nippte lustlos an einem Glas Sekt. Weshalb machte ich das? Ich fühlte mich unwohl. Zu laut, zu viele fremde Menschen, zu viel Geplauder, zu eng, zu ungeschützt. Ich wollte mich nicht unterhalten. Das Sofa in der Ecke wirkte einladend. Etwas abseits war es besser. Die Stimmen verschwammen. Da drangen plötzlich einzelne Worte an mein Ohr. Zuerst dachte ich, mich verhört zu haben. »Würdest du noch immer einer Organspende zustimmen? Seit dem Organspendeskandal in Deutschland gibt es ja viele kritische Stimmen zu diesem Thema.« Ich fuhr herum. Der Mann meiner Bekannten ließ sich neben mir auf das Sofa plumpsen. Ich kannte ihn nicht besonders gut. Wie kam er dazu, mich so unvermittelt mit diesem Thema zu konfrontieren? Ich muss einen alarmierenden Gesichtsausdruck gehabt haben, denn jetzt wirkte er doch etwas erschrocken. »Woher weißt du das?«, fragte ich erstaunt. Auch andere Gäste, die in der Küche standen, waren plötzlich verstummt. »Ich ähm… ich wollte nicht… entschuldige…«, stammelte er. »Schon gut.« Ich fühlte mich unwohl, beobachtet und irgendwie fehl am Platz. »Ja, das würde ich«, hörte ich mich schließlich sagen. Offensichtlich verstand er diese Antwort als Aufforderung, das Gespräch fortzusetzen. »Sollte man nicht erst den Hunger auf der ganzen Welt stillen und allen Menschen Gleichberechtigung zugestehen, bevor man die Organe mithilfe teurer Hightech-Medizin einer Minderheit zur Verfügung stellt?« Arglos schaute er mich an. Ich spürte, wie mir langsam übel wurde. Das war jetzt überhaupt nicht der richtige Ort, über so ein Thema zu sprechen. In der Küche, unter so vielen Menschen. Mein Herz klopfte. Ich merkte, wie ich innerlich bebte, aber ich zwang mich, ruhig zu bleiben. »Wenn es mir möglich wäre, die ganze Welt zu retten, würde ich es gerne tun. Aber ich kann immer nur das geben, teilen und darüber entscheiden, was zu mir gehört, über meinen Geist, mein Denken und über meinen Körper oder in unserem Fall über den Körper unseres minderjährigen und uns anvertrauten Sohnes«, antwortete ich so gelassen wie möglich. Er schaute mich verdutzt an, während ich aufstand und meine Jacke schnappte. Es war höchste Zeit zu gehen. Die Tränen standen mir schon in den Augen. Ich ging schneller als sonst die Treppen hinunter, vier Stockwerke einer Altbauwohnung. Unten riss ich die Eingangstüre auf. Erst auf der Straße holte ich wieder Luft. Jetzt weinte ich hemmungslos.

In den kommenden Tagen ging mir dieses Gespräch nicht mehr aus dem Kopf. Und es kam noch eine andere Frage hinzu, die ich in einem Interview aufgeschnappt hatte. Konnte ich mit meinem »Ja« zur Organspende womöglich in Gottes Werk eingreifen? Meine innere Stimme sagte mir etwas anderes. Wenn ein Mensch nicht leben sollte, würde auch eine Spende nichts helfen. Nicht jede Transplantation verläuft erfolgreich. Wir hatten uns damals von einem tiefen inneren Gefühl leiten lassen. Es hatte zwar auch jetzt immer noch Bestand, allerdings gelang es mir nicht mehr, die Gespenster, die sich durch solche Fragen immer wieder in meinem Kopf einnisteten, ohne Weiteres zu verscheuchen. Es mussten Fakten her. Eine erste Erklärung suchte ich im Internet. Ich las, dass Ethikkommissionen sich schon lange mit diesem Thema beschäftigten und versuchten, Richtlinien zu finden, wann menschliches Eingreifen gerechtfertigt ist und wann nicht. Weiter erfuhr ich, dass die meisten christlichen Verbände heute damit einverstanden sind, der Nächstenliebe gegenüber der körperlichen Integrität Vorrang einzuräumen. Voraussetzung sei die Feststellung des Todes, der würdevolle Umgang mit dem Toten sowie seiner Angehörigen und der freiwillige Akt des Spendens. Das hörte sich beruhigend an, meine Gespenster vertrieb es jedoch nicht. Ich klickte weiter, las über das Gesetz der Widerspruchslösung, das es in manchen Ländern gab. Wenn man der Organentnahme nicht widersprach, wurde dies automatisch als Einverständnis gewertet. Ich kam ins Grübeln. Auch ich hatte damals die Entscheidung aufgeschoben, als wir uns in der Familie über dieses Thema unterhielten. Nach einigen Tagen hatte ich es bereits wieder vergessen. Energisch klappte ich den Computer zu.

In der Nacht träumte ich von grässlichen Wesen, die lautlos durch alle Ritzen krochen und sich um mich versammelten. Einer hielt einen großen Würfel in seiner knöchernen Hand. Auf dem Würfel standen zu meinem Entsetzen keine Zahlen, sondern die Namen der einzelnen Organe. Der Würfel rollte und als er wieder zum Liegen kam, konnte ich »Herz« auf der oberen Seite lesen. Lüstern streckte diese abscheuliche Kreatur ihre spitzen Finger nach mir aus. Ich erwachte schweißgebadet. Zitternd tastete ich nach dem Lichtschalter und weckte Hubertus. Bevor er noch richtig wach werden konnte, sprudelte es schon aus mir heraus. Müde rieb er sich die Augen. »Lass nicht zu, dass dein tiefes Empfinden, das dich damals leitete, in den Hintergrund rückt.« Er gähnte. »Wenn es dir hilft, können wir den Notarzt, der in der Nacht bei Nico war, bitten, mit uns zu sprechen.« Diese Aussicht beruhigte mich. Er kam tatsächlich schon am darauffolgenden Tag, sogar zu uns nach Hause, und beantwortete medizinisch verständlich und sehr geduldig drei Stunden lang alle unsere Fragen. Die Gespenster der Verunsicherung zogen sich allmählich zurück.

Kurz darauf besuchte ich ein spirituelles Seminar bei meiner Schweizer Heilerin. Hier wurde ich auf einer ganz anderen Ebene noch einmal mit dem Thema Transplantation und Organspende konfrontiert.

Eine andere Seminarteilnehmerin stellte plötzlich eine Frage, die mir beinahe den Atem nahm. Sie band ihre widerspenstigen roten Haare mit einem Gummi zusammen und stand auf: »Einem Freund von mir wurde ein Herz gespendet. Nun glaubt er, dass etwas von der Seele des Verstorbenen auf ihn übergegangen sei. Er erzählte mir, dass er seither gerne shoppen würde. Früher hätte es ihn nicht interessiert. Nun stellt er sich vor, dass das Herz zuvor einer schönen jungen Frau gehört haben musste.« Sie setzte eine selbstgefällige Miene auf, als die anderen Teilnehmer zu lachen anfingen.

Ich lachte nicht. Ich bebte innerlich, war so wütend, wollte der Frau schon sagen, sie solle vorsichtig sein mit dem, was sie in die Runde gäbe, und dass es auch das Herz meines Sohnes hätte sein können, da dieser das Shoppen auch sehr liebte. Aber ich sagte nichts von alldem. Mein Herz raste.

Hatte ich mit der Organspende meinem Sohn vielleicht die Möglichkeit genommen, ganz in die andere Welt zu gehen? Ich kannte mich ja nicht aus mit der Seele und mit dem möglichen Leben nach dem Tod. Während ich ängstlich auf die Antwort der Heilerin wartete, zappelte ich nervös auf meinem Stuhl hin und her und begann, auf meinen Fingernägeln herumzukauen, was ich bisher nur von Nico kannte. Es fühlte sich wieder so an, als würde die Zeit stehen bleiben. Ich konnte die Stille spüren. Sie schmerzte. Da schmatzte plötzlich etwas neben mir. Ich fuhr herum und sah einen Hund, der in der Ecke lag und an seiner Pfote kaute. Ich musste lächeln, meine Anspannung löste sich ein wenig. Endlich hörte ich Caras vertraute Stimme sagen: »Ein Herz ist ein Organ wie die Leber, Niere, Lunge und so weiter. Ein Organ besteht einzig und allein aus Materie, aus sonst nichts. Wenn ein Mensch in die geistige Welt hinübergeht, muss er die Materie zurücklassen. Unser Körper ist nur die Hülle, das Fahrzeug der Seele in der Welt. Die Seele besteht nicht aus Materie, sie existiert unabhängig vom Körper und geht aus ihm heraus, sobald sie diese Welt wieder verlässt. Deshalb ist ganz sicher kein einziger Anteil Seele in dem transplantierten Herzen zurückgeblieben. Aber auf einer anderen Ebene kann sehr wohl eine Verbindung zwischen diesen beiden Menschen bestehen, auch wenn sie sich im Leben nie begegnet sind. Die gefühlte Verbindung des Mannes entsteht sicher auch aus der Dankbarkeit heraus, die er als Empfänger gegenüber seinem Spender zeit seines Lebens empfinden wird.« Liebevoll schaute sie zu mir herüber und musste schmunzeln, als ihr Blick auf meine weit aufgerissenen Augen traf. Ich atmete auf, wenngleich mein Herz noch immer in einem schnelleren Rhythmus schlug.

Nur sehr langsam erholte ich mich von dem Schrecken, war dieser rothaarigen Frau plötzlich aber sehr dankbar, dass sie diese Frage so arglos und unbedacht in den Raum gestellt hatte. Die Gespenster waren jetzt ganz verschwunden.

Ein Jahr nach Nicos Tod hatten wir erfahren, dass die vier Menschen, die durch Nicos Organe weiterleben konnten und von denen wir nicht mehr als Alter und Geschlecht wussten, auf einem guten Weg waren. Was hätte ich alles dafür gegeben, wenn mir aufgrund einer Organspende wenigstens noch ein paar Jahre mit meinem Sohn geblieben wären! Wir haben Nico in diesem Leben verloren. Aber ich freue mich darüber, dass sein Herz ein damals 20-jähriger junger Mann bekam, der laut Aussage der »Deutschen Stiftung Organtransplantation« heute sein Leben genießen kann. Immer wieder stelle ich mir seine Mutter vor – ich hoffe, er hat noch eine Mutter –, wie glücklich sie jetzt vielleicht ist.

Da hatte ich nun gerade das tiefe Ja zu unserer Entscheidung für die Organspende wiedergefunden, stand schon die nächste Prüfung an. An einem Freitagabend im Juni wurden den Abiturienten aus Nicos Jahrgang in der Aula seines Gymnasiums die Zeugnisse überreicht, verbunden mit einem kleinen Festakt und einigen Reden. Für uns war eigentlich klar, dass wir nicht hingehen würden: Ohne Nico ergab dies doch gar keinen Sinn mehr. Dann kam über Jana, der damaligen Schulsprecherin, die Einladung vom Direktor der Schule. Ich schrieb Jana sofort zurück, dass es für uns leider nicht möglich sei zu kommen, und sie antwortete, dass sie unsere Entscheidung sehr gut verstehen könne.

Ich erinnerte mich an die Zeit kurz nach Nicos Tod und daran, wie verbunden ich mich mit ihm und allem gefühlt hatte. Damals wurde ich irgendwie geführt. Ich war mir bei allen Handlungen sicher, hatte nie Zweifel daran, ob es auch wirklich die richtige Entscheidung war. Ich wusste einfach, was ich als Nächstes zu tun hatte. Damals stand eine Türe offen, durch die ich ein Licht wahrnehmen und eine Liebe erahnen konnte. Irgendwann nach dieser Zeit ging diese Türe wieder etwas weiter zu. Aber sie verschloss sich nicht, wurde nur angelehnt, stand nicht mehr so weit offen wie zuvor.

Ich grübelte über die bevorstehenden Ereignisse nach. Als ich in meinen Gedanken noch bei dem Abend der Zeugnisverleihung war, der uns schwerfallen würde, ob wir anwesend sein würden oder nicht, ging diese Tür augenblicklich wieder ein Stück weiter auf.

Mein Blick fiel auf die Abizeitung, die auf unserem Esstisch lag. Ich hatte sie mir noch nicht angesehen. Zögernd griff ich nun nach ihr, setzte mich in den Sessel und blätterte darin. Plötzlich stieß ich auf eine ganze Seite, die Nico gewidmet war. Jessi und Nora fassten Nicos Persönlichkeit in ein paar Worten zusammen: »Charmant, witzig, sportlich, emphatisch, energiegeladen. Style: gut aussehend, Romantiker. Der allerbeste Freund der Welt.« Oh, das tat so gut zu lesen! Schnell glitten meine Augen an diesen Zeilen entlang weiter nach unten und stießen auf Janas Beitrag: »Nico war einer der Menschen, die es nicht oft gibt und die es nicht oft genug geben kann.« Ich spürte, wie langsam die Tränen aufstiegen, aber natürlich musste ich weiterlesen. »Er konnte einen zum Lachen bringen und einem bei seinen Problemen zuhören. Er hatte viele Träume und viele Ideen…«, die er nun alle nicht mehr verwirklichen kann, dachte ich weiter, bevor ich die Worte nur noch ganz verschwommen wahrnehmen konnte. Jetzt weinte ich hemmungslos. Schnell wischte ich mir mit dem Ärmel über die Augen und las weiter: »Mit Verlusten im Leben, damit sollten wir lernen zu rechnen, nicht mit irgendwelchen bedeutungslosen Zahlen.« Plötzlich wusste ich, dass dies die Perlen waren, die das Leben bereithielt. Ohne es zu ahnen, hatten mir Jessi, Nora und Jana soeben eine sehr kostbare Perle überreicht. Ich kannte jetzt den nächsten Schritt.

Lieber Nico,
eigentlich wollte ich mich in dieser Mail bei Dir entschuldigen, weil wir für die Abi-Zeugnisverleihung abgesagt haben. Aber beim Lesen der Zeitung wurde mir klar, dass Du einer von ihnen

warst, einer von 90 jungen Erwachsenen, wie ich darin lesen
konnte. Natürlich muss ich unbedingt auf die Zeugnisverleihung
gehen, stellvertretend für Dich und für unsere Familie. Aber
woher soll ich die Kraft nehmen, wie diesen Abend aushalten?
Fragende Grüße, Deine Mam

Obwohl ich keine Ahnung hatte, wie ich den Abend überstehen sollte, schrieb ich Jana am nächsten Tag eine SMS und sagte zu. Ich hörte einfach wieder auf meine innere Stimme und war dankbar, dass sie sich bemerkbar gemacht hatte.
Jana schrieb zurück und bat mich, ein Bild von Nico mitzubringen, weil sie bei der Verleihung jedem Abiturienten eine Rose übergeben wollten. Sie hatten Nico eine Rose zugedacht, die sie vor sein Bild stellen wollten.
Vor zwei Jahren hatte ich in meiner Funktion im Elternsprecherrat diese Aufgabe übernommen, jedem Abiturienten eine Rose zu überreichen. Damals hatte ich mir schon einmal kurz den Tag vorgestellt, an dem Nico diese Rose bekommen sollte. So hätte ich mir das jedoch niemals ausdenken können.
Für Hubertus war klar, dass er mich begleiten würde, und ich war sehr froh darüber. Kasimir entschied, nicht in der Big Band mitzuspielen. Wir respektierten seine Entscheidung und waren froh, dass er so gut auf sein Gefühl hören konnte.
Bille reservierte uns einen Platz neben ihrer Familie und wir gingen mit einem Bild von Nico zur Schule. Der Rektor begrüßte uns und fragte, ob es in Ordnung sei, wenn er zu Nico einige Worte sagen und erwähnen würde, dass wir anwesend seien. Wir nickten und hielten uns an den Händen. Mir war ein wenig übel, ich musste mit den Tränen kämpfen. Ich war verzweifelt und traurig. Doch auf einmal spürte ich Nico. Er war da. Da wusste ich, dass ich das schaffen würde und genügend Kraft zur Verfügung hatte.

Was der Rektor in seiner Rede zu Nico sagte, war dem Rahmen und der Zeit angemessen. Trotzdem vermisste ich ein »Mehr«, ein »Nico, du fehlst uns noch immer« oder Ähnliches, so wie ich es eben immer noch stark empfand. Aber für die meisten war Nico nun schon seit eineinhalb Jahren tot. Für sie war der größte Schock vorüber, sie beschäftigten sich wieder mit anderen Problemen und Sorgen. Nicos Tod gehörte der Vergangenheit an, war für viele bereits Geschichte. Eine traurige Geschichte, aus der man viel hatte lernen können. Jetzt aber stand die Freude über das erlangte Abitur im Vordergrund. Uns wäre es sicherlich nicht anders ergangen. Ich verstand wieder ein Stück besser, wie verschieden die Zeiterfahrung war.

Wir waren auch weitergegangen in unserem Schmerz, aber in sehr viel kleineren Schritten als all die Menschen, die nicht unmittelbar mit Nico zu tun gehabt hatten. Für mich fühlte es sich manchmal noch immer so an, als sei Nico gestern erst in die andere Welt gegangen, ungeachtet der vielen Monate, die bereits vergangen waren.

Nach der Veranstaltung machten die Eltern noch Bilder von ihren Kindern und gingen anschließend gemeinsam essen. Wir nahmen das Bild von Nico wieder mit nach Hause. Wir waren unendlich traurig und weinten eine sehr lange Zeit.

Kurz vor dem Abiball schrieb Jana mir wieder eine SMS: »Ich weiß, es bringt nichts, so zu denken, aber es hätte alles so anders sein können morgen. Ich hätte Nico so gerne dabei.« Die liebe Jana, wie weit sie schon war, in ihren Gedanken, in ihrer Verbundenheit mit der Welt, der Fröhlichkeit und dem Schmerz gleichermaßen zugetan.

Ja, es bringt nichts, so zu denken, es verursacht nur mehr Leid, wenn man solche Gedanken zulässt, aber manchmal kann man sie dennoch nicht aufhalten.

Von Bille habe ich mir ein bisschen erzählen lassen, wie der Ball gewesen war. Ja, es hätte alles so anders sein können. Aber es ist so, wie es ist, und es hilft nichts, es sich anders zu wünschen. Und nach vielen Wehen sah ich auf dem Grund der Verzweiflung doch schon wieder ein kleines Licht.

Nach der Feierstunde zur Zeugnisverleihung musste ich unbedingt meine Batterien wieder aufladen. Zudem wurde meine Sehnsucht nach dem Schwarzwald und den beiden Frauen dort immer größer. Also fuhr ich Ende Juli für fünf Tage zu Munay und Petra.
Hier waren Ruhe, Frieden, Verbindung, Ganzsein, Zuversicht, Glaube, Liebe, Authentizität und Weisheit! Ich empfand große Dankbarkeit für diese Quelle, aus der ich immer wieder schöpfen durfte.
Als ich wieder nach Hause fuhr, fühlte ich mich bärenstark und kräftig genug, um eine weitere Runde auf dem Karussell des Lebens zu drehen. Einen Teil der Kraft, die ich bekommen hatte, konnte ich weitergeben. Kasi sagte einmal zu mir, als ich jemanden tröstete, dass ich eine Krankenstation für alle Herzverwundeten sei. Was für ein schönes Bild! Aber eigentlich traf dies eher auf Munay und Petra zu.

Die Kraft aus den Tagen im Schwarzwald wirkte lange nach. Anfang August, zirka eineinhalb Jahre nach Nicos Tod, hielt ich meinen ersten Vortrag über Trauer. Ich wurde angefragt, ob ich auf einem Kongress in Kirchzarten über Heilkräuter referieren könnte. Als ich erwähnte, dass ich mich auch mit der Verbindung von Heilpflanzen und Trauer beschäftigte, waren die Organisatoren interessiert. Also versprach ich, zwei Vorträge zu halten. In einem Vortrag erstellte ich eine virtuelle Hausapotheke und im anderen sprach ich über die Verbindung zwischen der Natur, den Pflanzen und der Trauer. Ich wagte mich mit diesen Gedanken zum ersten Mal an die Öffentlichkeit. Natürlich war ich mit meiner eigenen Verarbeitung des Verlustes meines Sohnes noch lange nicht am Ende. Ich wollte lediglich ein paar meiner Gedanken mit anderen teilen. Da die Gestaltung des Trauervortrages mir so schnell von der Hand ging, hoffte ich, den richtigen Zeitpunkt dafür gewählt zu haben. Und jetzt stand ich in diesem großen Raum und war ganz aufgeregt. Hoffentlich würde sich überhaupt jemand dafür interessieren. Ich sagte mir, dass es nicht darauf ankomme, wie viele Menschen bei meinem Vortrag anwesend sein würden, und dass die Zahl der Zuhörer nichts über die Qualität und den Sinn des Vortrages aussagen würde. Plötzlich musste ich lächeln, weil ich an den Satz meines Therapeuten denken musste, mit dem er mir Mut gemacht hatte: »Wenn nur eine einzige Amsel draußen auf dem Fenstersims sitzt und dem Vortrag lauscht, hat er seinen Zweck erfüllt.« Ich schaute nach draußen. Da saß keine Amsel. Deshalb freute ich mich umso mehr, als ich meine Freundin Sonja, meine Schwägerin, meine Schwiegermutter und sogar Munay entdeckte. Ich fühlte mich durch sie unterstützt und getragen. Sonja kam vor Beginn noch schnell zu mir, um mich zu begrüßen. »Ich bin gespannt, was für eine Rolle die Pflanzen in deinem Vortrag spielen werden und wie du sie mit der Trauer in Verbindung bringst.« Sie schaute mich ermutigend an. »Es geht mir hauptsächlich darum, aufzuzeigen, wie die Pflanzen den Weg der Trauer, den wir bei einem Verlust durchlaufen müssen, unterstützen können, da sie denselben Prozess des Loslassens und Annehmens jedes Jahr selbst durchleben. Anhand von Arnika, Johanniskraut, Engelwurz und Efeu möchte ich versuchen, die Auseinandersetzung mit dem Sterben, einen für die Trauerverarbeitung notwendigen Schritt, zu beschreiben und zu zeigen, wie diese Pflanzen dabei helfen können. Schau dir beispielsweise den Efeu an. Er schlängelt sich so lange auf der Erde entlang, bis er an ein Hindernis stößt. Dann geht er aber nicht etwa um dieses Hindernis herum, nein, er klettert an ihm hinauf. Das Besondere daran ist, dass seine Blattspitze immer nach unten zeigt.« Ich kam richtig in Fahrt und bemerkte gar nicht, dass ich bereits in meinen Vortrag gerutscht war. »Nimm einmal an, die Traurigkeit, das Dunkle, der Schmerz, das Unterbewusstsein wird durch den Boden symbolisiert. Oben ist das Licht, das Bewusstsein. Indem also der Efeu rückwärts einen Stamm hinaufklettert, kommt er immer mehr ans Licht, wieder ins Leben, ohne aber den Bezug zum Schmerz, zum Unbewussten zu verlieren.« Mit ihrem ansteckenden, tiefen Lachen unterbrach Sonja plötzlich meinen Redeschwall. »Jetzt hast du mir schon fast deinen ganzen Vortrag verraten! Ich glaube, es wird Zeit, dass du beginnst.« Sie deutete über meine Schulter. Ich drehte mich um. Der Raum hatte sich gefüllt.

Kurze Zeit später wurde ich für einen weiteren Trauervortrag bei »Horizonte« angefragt, dem Bestattungsinstitut, das uns bei Nicos Tod begleitet hatte. Wenn der Weg stimmt, werden sich Türen öffnen, hatte Ursel auf einem unserer vielen gemeinsamen Spaziergänge einmal zu mir gesagt. Ich schnürte also meine Wanderstiefel etwas fester, um weitere Schritte zu wagen.

Für meinen Mann und mich war es manchmal schwer, die Sommermonate auszuhalten. Wir wünschten uns oft mehr Rückzug und Geborgenheit. Aber der Sommer war so expressiv. Viele Menschen genossen im luftigen Sommerkleid oder in kurzen Hosen die Leichtigkeit des Lebens. Um diese Gegensätzlichkeit auszuhalten, benötigten wir Kraft, die wir nicht immer zur Verfügung hatten. Aber der zweite Sommer nach

Nicos Tod fiel uns etwas leichter. Wir spürten, wie sich in uns schon wieder ein bisschen Leben und Lebendigkeit an die Oberfläche kämpfte. Gegen Ende der Ferien fuhren wir noch ein paar Tage nach Südfrankreich in die Nähe der spanischen Grenze. Wir wohnten auf einem schönen Anwesen, das von Freunden geführt wurde. Zum fünften Mal besuchten wir nun schon diesen zauberhaften Ort, dieses Jahr aber das erste Mal ohne Nicolai.

Wir verbrachten diese Tage zusammen mit drei Familien, die wir an Pfingsten auf dem Elba-Camp kennengelernt hatten. Lara, eine gute Freundin von Kasi, war mit uns gekommen. Mit ihrer fröhlichen und empathischen Art begleitete sie nicht nur unseren Sohn, sondern bereicherte die ganze Gruppe.

Eine Zeit lang konnte ich die Erinnerungen, die hochkommen wollten, verdrängen. Ich lenkte mich ab und versuchte, zusammen mit den Freunden die schöne Landschaft, die Märkte und die Sonne des Südens zu genießen. Aber irgendwann nahm die Sehnsucht wieder überhand. Ich zog mich zurück und ließ sie einfach zu. Alles hier erinnerte mich an Nico. Ich dachte an die Zeit, als die Jungs noch klein gewesen waren und wir im VW-Bus auf dem Hügel über den Ferienhäusern standen. Ich dachte auch an das letzte Mal vor drei Jahren, als Nico so alt war wie sein Bruder jetzt, und an die anderen Jugendlichen, die hier wohnten, und wie wir alle zusammen richtig glücklich gewesen waren. Nico schaffte es immer, alle Menschen, die sich an einem Fleck aufhielten, miteinander zu verbinden, auch wenn sie völlig unterschiedlich waren. Selbst unter den Jugendlichen band er damals einen Außenseiter, ein Mathematikgenie, in die Gruppe mit ein.

Zum Glück hatte ich auch hier meinen Laptop dabei. Es half mir immer noch, meine Gedanken in E-Mails zu verpacken, wenn mir das Herz wieder einmal überlaufen wollte. Längst glaubte ich daran, dass meine Nachrichten ihn in irgendeiner Form erreichten.

Lieber Nico,
nicht nur ein Jahr der Erinnerung bricht über mich herein, son-
dern viele Jahre gemeinsamen Lebens. Das tut wieder so weh.
Ich versuche, Dich irgendwo zu finden. Vielleicht im leisen Säu-
seln des Windes, in der wilden Landschaft des Südens, im Licht
der Sonnenuntergänge, in den Sternen oder in dem dicken, run-
den, hell leuchtenden Vollmond der Nacht.
Ich spüre Sehnsucht und Verbundenheit zugleich, empfinde
Liebe und Traurigkeit, Schmerz und Trost, es ist die Verbindung
mit allem, sowohl mit dem Leid des Verlustes als auch mit der
Freude des Lebens. In Farben ausgedrückt ist es die Verbindung
mit der Schwärze der Nacht und dem Glanz der Sonne und mit
all den bunten, vielfältigen Farben, die sich zwischen diesen Ext-
remen befinden. Dadurch, dass ich jetzt auch die dunklen Far-
ben kenne, vermögen die anderen umso kräftiger zu leuchten.
Und ich spüre, dass es so in Ordnung ist, auch wenn mein Mut-
terherz sich noch immer nach etwas anderem sehnt!
Vermissung, Mam

Zum Ende der Sommerferien wurde die Luft kühler und die Blätter begannen, sich bereits herbstlich bunt zu verfärben. Ich verabredete mich an einem Wochenende mit Birgit zum Wandern. In den Bergen fand ich immer schon meinen inneren Frieden. Nach der Zeit der körperlichen Bewegungslosigkeit hatte ich mich einmal gefragt, auf was ich am wenigsten hätte verzichten können. Es wären zweifelsohne die Berge gewesen. Das Skifahren hätte mir auch gefehlt, aber niemals mehr auf Berge zu klettern und unter dem Gipfelkreuz zu stehen, das wäre der größte Verlust gewesen. Mit vier Jahren hatte ich das erste Mal zusammen mit meinem Vater einen hohen Berg bestiegen. Damals hatte er mich am Gipfelkreuz der Marmolata festgebunden, aus Sorge, der Sturm könnte sein kleines zartes Mädchen hinunterwehen. Im Laufe der Jahre haben wir zahlreiche Berge gemeinsam bestiegen. Vor lauter Erschöpfung war es mir manchmal ganz schwarz vor den Augen geworden. Früher beklagte ich oft, einen Leistungssportler als Vater zu haben, denn er hatte eine unbändige körperliche Energie. Einige Jahre vor meiner Geburt war er Deutscher Meister im Rudern gewesen. Leider hatte ich diese Leistungsfähigkeit nicht und war deshalb häufig an meine körperlichen Grenzen gestoßen. Oft war ich sogar darüber hinweggegangen. Dennoch hatten diese Strapazen und Anstrengungen auch etwas Gutes: Ich hatte immer wieder erlebt, dass ich viel weiter gehen konnte, als ich dachte, dass es immer noch eine Steigerung gab. Ich musste lernen, nicht aufzugeben, denn »geht nicht« gab es nicht. Ich konnte ja nicht in den Bergen zurückbleiben. Irgendwann musste ich immer wieder weitergehen. Früher konnte ich diese Strapazen nicht verstehen und ob es immer die beste Erziehungsmethode gewesen war, sei einmal dahingestellt. Aber in meiner momentanen Situation kam mir diese Erfahrung wieder zugute. Intuitiv wusste mein Körper, dass ich noch Reserven hatte, auch wenn ich mich fühlte, als sei ich am Ende meiner Kräfte. Die frühen Anstrengungen der Kindheit führten zwar dazu, dass ich mich im jungen Erwachsenenalter erst einmal von den Bergen abwandte und meine Ferien lieber am Meer verbrachte. Doch später erwachten die Leidenschaft und die Liebe zu den Bergen wieder in mir und ich bestieg mit meinem Mann oder mit Freundinnen und natürlich mit Tara zahlreiche Berge. Fern von allem Trubel und verbunden mit der Natur und ihren Kräften, fühlte ich mich eins mit Himmel und Erde, der Quelle, der Schöpfung. Als ich jetzt wieder in

der Lage war, zusammen mit Birgit in die Lechtaler Alpen zu gehen, spürte ich große Dankbarkeit.

Die letzte gemeinsame Wanderung mit ihr hatte ich im Sommer 2010 gemacht. Damals schliefen wir direkt unter dem Gipfelkreuz am Grat der Elmer Kreuzspitze und konnten sowohl den Sonnenuntergang als auch den Sonnenaufgang von unserem Lager aus anschauen. Ein unglaubliches Erlebnis! Über uns kreisten nur noch die Vögel und es war, als befänden wir uns auf dem Dach der Welt. Jetzt, drei Jahre später, war es mir – mit Birgits Hilfe, die den Großteil unseres Gepäcks trug – wieder möglich, ganz oben auf einem Berg zu stehen. Das war Freiheit und Freude! Ich streckte meine Arme zum Himmel und drehte mich im Kreis, schneller, immer schneller, bis mir schwindelig wurde und ich taumelte. Lachend rollte ich mich auf dem Boden, berauscht, begeistert, glücklich! Ich lachte und weinte und die Glückstränen waren von den Trauertränen nicht zu unterscheiden. Ich goss die ganze Palette der Gefühle über diesen Berg aus. Es war so intensiv und unmittelbar, wie ich es noch nie zuvor erlebt hatte.

Da es bereits September war, hatte Birgit den Schlüssel vom Alpenverein mitgenommen, damit wir dieses Mal zum Schlafen ins Winterlager der Leutkircher Hütte gehen konnten. Die ganze Zeit über hatte ich die komische Vorstellung von einem bärtigen Mann, den ich durch das Hüttenfenster sehen sollte. Das ist natürlich Quatsch, sagte ich mir immer wieder, da oben war ja niemand außer uns, Tara und ein paar Bergziegen. Weit gefehlt! Obwohl wir niemanden auf unserem Weg nach oben trafen, schaute just, als wir uns im Winterlager einrichteten und ein Feuer im Ofen anzündeten, ich glaubte es kaum, ein dunkelhaariger bärtiger Mann durchs Küchenfenster zu uns herein. Er war Wildhüter, zählte hier oben die Steinböcke und wohnte in einer Hütte 500 Meter weiter westlich von uns.

»War das jetzt Zufall oder Intuition? Wenn ja, warum hier, an diesem Ort und wegen eines Wildhüters? Was hat denn das für einen Sinn?« Ratlos schaute ich Birgit an. »Versuch, nicht alles zu hinterfragen.« Sie zuckte belustigt mit den Schultern und wandte sich wieder dem Feuer zu. Ich wollte es aber verstehen. Ich schaute aus dem Fenster. Es dämmerte. Der Mann war verschwunden, obwohl der Weg bis zu seiner Hütte gut einzusehen war. »Wenn du nicht dabei gewesen wärst und nicht auch mit dem Mann gesprochen hättest, würde ich jetzt glauben, dass ich es mir eingebildet habe.« Birgit klapperte mit den Töpfen. Es schien sie nicht sonderlich zu beeindrucken. »Siehst du, so ist es mit Erscheinungen«, bemerkte sie beiläufig. »Egal, ob sie real sind oder eingebildet, nach einiger Zeit wird man immer daran zweifeln.« Da hatte sie vermutlich recht. Ein köstlicher Duft stieg mir in die Nase und ich freute mich erst einmal auf das Essen. Danach redeten wir noch lange und erzählten uns unsere Erlebnisse der letzten Monate, bevor wir uns nach einem Gläschen hausgemachtem Schnaps, den sie wieder einmal mitgebracht hatte, in die Betten verkrochen. Ich stand aber doch noch einmal auf, um die Tür zu verschließen. Wer weiß, vielleicht war dieser Mann doch keine Einbildung gewesen.

Am nächsten Tag wanderten wir weiter, die Natur war bunt und wunderschön. Ich genoss es in vollen Zügen, fühlte mich frei und beschenkt und konnte seit langer Zeit wieder einmal tief durchatmen. Das Glück gesellte sich zu mir und begleitete mich ein Stück des Weges. Ich erinnerte mich an das, was ich Nico damals über das Glück geschrieben hatte. Genauso wollte ich es jetzt auskosten. Ich spürte mich und erlebte, dass das Leben wieder schön sein konnte, trotz Sehnsucht und Schmerz. So wie ich versuchte, den Verlust anzunehmen, wollte ich nun auch wieder Platz machen für das Glück. Da gab es eine Kammer der Trauer und eine Kammer der Freude, und beides konnte nebeneinanderstehen. Das Leben ist trotz allem ein Geschenk.

Wieder zu Hause, schaltete ich am Abend vor dem Schlafengehen noch kurz meinen Computer ein. Eine Mail meiner französischen Freundin Anne aus Nantes war im Postfach. Obwohl wir so weit auseinanderwohnen, sie ihre Kinder schon sehr früh bekommen hatte und diese bereits aus den Windeln waren, als meine auf die Welt kamen, hat die Freundschaft gehalten. Irgendwie schafften wir es immer wieder, uns zu besuchen. Sie war ja Nicos Patin. Als er 14 Jahre alt war, fuhren wir zusammen mit dem Zug über Paris an den Atlantik, um Anne zu besuchen.

Die Mail war auf Französisch geschrieben. Weil ich nun nicht mehr so regelmäßig zu ihr fuhr, fiel es mir schwer, das Geschriebene auf Anhieb zu übersetzen. Da ich sehr müde war, verschob ich es auf den nächsten Tag. Sie versuchte immer, an meinem Leben teilzunehmen. Einmal erwähnte sie, wie schwer es für sie sei, Nicos Tod zu verarbeiten, so viele Kilometer von mir entfernt. Niemand in ihrem Umfeld kannte Nico wirklich gut, außer natürlich ihre Familie, und so konnte sie ihren Schmerz nur mit wenigen teilen. Nachdem ich ihre Mail gelesen hatte, schrieb ich ihr gleich zurück.

Liebe Anne,
du bist mir sehr nahe, auch wenn uns viele Kilometer trennen. Das war schon immer so. Ich bin sehr dankbar dafür, dass unsere nunmehr fast 40 Jahre während Freundschaft noch immer besteht, nach all unserem vielen Leben! Wir werden langsam älter, erfahren Schmerz, Leid und Freude an ganz unterschiedlichen Plätzen und treffen uns dennoch ab und an wieder, Seite an Seite, in Worten, Gedanken und Gefühlen!

Ich habe einen Sohn verloren und fühle mich dennoch manch-mal so reich beschenkt vom Leben!

Rumi hat einmal geschrieben, dass das ganze Universum in jedem Menschen enthalten ist. Ich verstehe das so, dass alles, was wir erfahren, sehen, wahrnehmen, auch das, was uns viel-leicht nicht gefällt, und selbst Menschen, die wir nicht mögen, in Abweichungen auch in uns zu finden ist. Bin ich also die Gesamtheit all dessen, was bereits geschah, gerade ist und sein wird? Bin ich ein Stück in dir und in jedem und du und jeder ist ein Teil von mir? Wenn das so ist, wirkt alles auf meinen Geist, meinen Körper und meine Seele. Jeder Streit und jede Ableh-nung aber auch jedes Wohlwollen und alle Formen von Freund-schaft.

Deine Flor

Kraftmomente

Im September wurden wir von der Deutschen Stiftung für Organtransplantation, welche die Organspenden in Deutschland koordiniert, gefragt, ob wir vor ungefähr 30 Ärzten, Transplantationsbeauftragte aus ganz Baden-Württemberg, unsere Geschichte schildern könnten und sowohl positive als auch negative Erfahrungen mitteilen möchten. Wir sagten zu, weil wir hofften, die Ärzte auf Dinge aufmerksam machen zu können, die damals nicht so gut verlaufen waren. Wir dachten dabei an die Unfallnacht, in der wir nicht einmal kurz zu unserem Sohn vorgelassen wurden, oder an den damals diensthabenden Arzt, der uns auf drastischste Art und Weise klarzumachen versuchte, wie schwer verletzt unser Sohn war, ohne Rücksicht auf unsere Gefühle und Nöte. Er hatte damals wahrscheinlich überhaupt nicht realisiert, dass auch wir unter Schock standen. Wir fuhren also hin und warteten, bis wir gebeten wurden, in den Raum zu kommen.
Uns erwarteten Ärzte, alle sehr erfahren, eingesetzt im Ausland und in Krisengebieten. »Was können wir ihnen erzählen, was sie nicht schon längst selbst wissen?« Fragend schaute ich Hubertus an. »Keine Ahnung, aber ich denke, sie hätten uns nicht gefragt, wenn sie nicht glauben würden, dass wir noch etwas zu vermitteln hätten.« Hubertus dachte immer so pragmatisch. Aber eigentlich hatte er ja recht.
Ich hatte mir diesmal kein Konzept zurechtgelegt und fing einfach an, der Reihe nach zu berichten. Ich begann mit der schrecklichen Unfallnacht, sprach von der Intensivstation und wie es uns ergangen war, als wir Nicos Körper für die Trans-

plantation loslassen mussten, und wie wir ihn zu Hause mit all unseren Freunden und unserer Familie begleitet hatten. Ich erwähnte auch die Obduktion und wie schwierig es für uns war, dies zu akzeptieren. Wie machtlos wir uns fühlten, weil andere, fremde Personen plötzlich über Nicos Körper verfügten. Hubertus ergänzte hier und da, in seiner ganz anderen, eher sachlichen Art. Wir waren schon ein bewährtes Team. Nico war in Form eines Bildes, das wir mitgebracht hatten, für alle sichtbar und gegenwärtig. Es war ganz still im Raum, als wir erzählten. Manchen Ärzten standen Tränen in den Augen, ihre Fragen waren voller Mitgefühl und sehr bewegend. Später, nach dem Abendessen, kamen immer wieder Zuhörer an unseren Tisch, um sich mit uns zu unterhalten und sich zu bedanken. Für viele war unser Beitrag sehr informativ und emotional berührend gewesen. Obwohl diese Menschen sicher alle wussten, dass die Geschichte eines Menschen nicht am OP-Tisch endet, offenbarte ihnen unsere Erzählung eine andere Dimension. Es wurde deutlich, dass sich der Auftrag der Ärzte, nämlich das Leben eines Menschen zu retten und dessen höchstes Wohl im Auge zu haben, nicht immer mit den Bedürfnissen der Angehörigen decken konnte. Deshalb plädierten wir in folgenden Vorträgen dafür, einen Kriseninterventionsdienst einzurichten, der Angehörige in einer ähnlichen Situation besser begleiten und zwischen den unterschiedlichen Ansprüchen vermitteln könnte.

Vielleicht war ich noch bewegt von dem Tag bei den DSO-Ärzten, jedenfalls bewarb ich mich kurze Zeit später um einen Platz in einer Seelsorgeausbildung. Das wollte ich unbedingt meinem Sohn mitteilen.

Lieber Nico,

mein Leben hat mir gezeigt, wie gut es tut, in schweren Momenten in eine Familie eingebunden oder von Freunden begleitet zu sein. Manche Menschen sind sehr einsam und haben nicht dieses Glück der Verbindung. Deshalb überlege ich, ob ich mich diesen Menschen zur Verfügung stellen könnte. Nach Deinem Tod haben sich unser Leben und unsere Orientierung verändert. Ich weiß heute: Trauer ist nicht nur Leid, sie birgt auch Momente tiefer Herzlichkeit. Seit ich mit dem Abgrund konfrontiert wurde, bin ich auch immer wieder Menschen begegnet, die sich in Grenzsituationen befanden. Ich spüre, wie sich all unsere Leben immer wieder gegenseitig berühren. Deshalb überlege ich, mich für diese ehrenamtliche Tätigkeit zu bewerben. Da ich bisher nur aus meinen Erfahrungen schöpfen kann, entsteht nun der Wunsch, meinen Horizont durch diese Ausbildung zu erweitern. Was meinst Du dazu?

In Liebe, Mam

Wenige Tage später fand ich mich bereits auf einem Vorstellungsabend wieder. Sofort wurde mir klar, dass ich auf die dort gestellten Fragen nicht oberflächlich antworten konnte und sehr schnell sehr viel von mir und den eigenen inneren Prozessen preisgeben musste.

Nach diesem Abend in der Gruppe wurde ich zu zwei weiteren Einzelgesprächen eingeladen. Vor dem ersten Gespräch hatte ich einen Brief bekommen, auf dem Name, Anschrift und Telefonnummer meines Gesprächspartners vermerkt waren. Als ich ihn anrief, fragte er mich, ob ich auch zu ihm kommen könne. Er arbeitete nördlich von Freiburg in einer psychiatrischen Klinik. Für mich war das kein Problem, ich hatte ja ein Auto. Ich schrieb die Adresse in meinen Terminkalender. Wir wollten uns in zwei Wochen treffen.

Natürlich war ich an diesem Tag wieder sehr knapp in der Zeit. Aber ich wollte unter keinen Umständen zu spät zum Vorstellungsgespräch kommen. Also schnappte ich mir eilig meinen Terminkalender und fuhr los. Ich wusste, dass das Klinikgelände sehr weitläufig war, aber es gab ja eine Pforte. Als ich allerdings den Pförtner nach dem Mann fragen wollte, bei dem ich gleich ein Vorstellungsgespräch hatte, fuhr mir der Schreck in die Glieder. Ich hatte ganz vergessen, den Namen meines Gesprächspartners zu notieren. Da ich diesen Termin bereits vor zwei Wochen vereinbart und nur einmal für das Telefonat auf den Zettel geschaut hatte, war mir sein Name vollständig entfallen. Ich fragte den Pförtner. »Entschuldigung, ich habe gleich einen Vorstellungstermin bei einem Mann, dessen Namen ich vergessen habe.« Verzweifelt schaute ich ihn an. Er schaute verwundert zurück, als wollte er sich vergewissern, dass ich mir nicht einen Spaß mit ihm erlaubte. »Gute Frau, woher soll ich denn wissen, mit wem Sie verabredet sind?« Er deutete auf die vielen Knöpfe auf seinem Pult. »Hier arbeiten viele Menschen, da müssen Sie mir schon sagen, wie der Herr heißen soll.« Die Röte stieg mir ins Gesicht. Das war mir alles furchtbar peinlich. Ich rief zu Hause an, denn ich wusste ja, in welcher Schublade sich der Zettel mit dem Namen befand. Aber weder Kasi noch die Studentinnen waren zu Hause. O.k., das war's, sagte ich zu mir. Wenn ich so verplant bin und bei einem wichtigen Termin den Namen meines Ansprechpartners zu Hause vergesse, habe ich es auch nicht besser verdient. Innerlich schimpfte ich mit mir. Aber es blieb mir nichts anderes übrig, als nach Hause zu fahren. Diese Chance hatte ich wohl verspielt. Ich ließ los. Jetzt musste ich innerlich sogar lächeln.

Vielleicht hatte aber irgendjemand etwas anderes für mich im Sinn. Als ich gerade zu meinem Auto zurückgehen wollte, kamen mir völlig unerwartet zwei Namen in den Sinn. Obwohl mir diese Namen völlig fremd waren, sie sagten mir rein gar nichts, kehrte ich noch einmal um, nahm meinen ganzen Mut zusammen und fragte den Pförtner vorsichtig nach diesen Namen. Was hatte ich auch zu verlieren. Dass ich ein wenig verrückt war, dachte der Pförtner sowieso schon. »Ja, natürlich, das ist unser Seelsorger«, antwortete er mir so erstaunt, als hätte man diese Berufsbezeichnung mit einer Seelsorge-Ausbildung nicht im Geringsten in Verbindung bringen können. Diesmal war ich es, die es nicht fassen konnte. Als ich später zu Hause auf meinem Zettel nachlas, schüttelte ich ungläubig den Kopf. Mir waren aus heiterem Himmel sowohl der Vor- als auch der Nachname des Mannes eingefallen. Da wusste ich, dass es mit der Ausbildung klappen sollte.

Im Nachhinein ist mir erst klar geworden, dass mir in dem Moment, in dem ich nichts mehr erwartet und erhofft hatte, geholfen wurde. Jetzt verstand ich meine Heilerin auf eine ganz andere Weise. Wenn man gar keine Erwartungen hat, ist man offen, dann kann das geschehen, was vielleicht längst vorgesehen war. Mit bestimmten Vorstellungen steht man sich dagegen oft selbst im Weg.

Ein paar Wochen später bekam ich einen Anruf von der DSO. Sie fragten mich, ob wir uns vorstellen könnten, ein Interview über Organspende zu geben. Aufgrund des Skandals sei die Spendenbereitschaft erheblich gesunken und SWR3 wollte einen ganzen Tag lang über dieses Thema senden. Ein Mediziner war als Experte eingeladen, zusätzlich hatten sie schon zwei Menschen interviewt, einen Mann, der bereits ein Organ bekommen hatte, und eine Frau, die darauf wartete, transplantiert zu werden. Jetzt suchten sie noch Angehörige, die Organe eines Verstorbenen zur Transplantation freigegeben hatten. Da wir diese Organisation als sehr hilfsbereit und herzlich kennengelernt hatten, willigten wir nach kurzem Zögern ein. Wenige Tage später besuchte uns ein Redakteur des Rundfunksenders und blieb einen ganzen Abend lang. Die kurze Radioerfahrung aus der Zeit vor den Kindern kam mir jetzt zugute. Ich wusste, wie ich mich und uns schützen konnte. Bei diesem Thema war das wichtig. Ich bestand darauf, dass mir alles gezeigt wird, was später gesendet werden sollte, und behielt mir Änderungen vor. Der Redakteur hielt sich genau an das, was er uns versprochen hatte, und erntete dafür meinen ganzen Respekt. Er klagte nicht, weil er ein bisschen mehr Arbeit mit uns hatte, jedenfalls ließ er mich das nicht spüren.

Die dunklere Jahreszeit war angebrochen, die Nächte waren lang und die Tage sehr kurz. Im vergangenen Sommer waren wir für unsere Verhältnisse sehr nach außen gegangen. Jetzt war es an der Zeit, sich wieder mehr zurückzuziehen, zu lesen und miteinander ins Gespräch zu kommen, um wieder Kraft zu sammeln.

Lieber Nico, tippte ich in den Computer,
wenn ich heute sterben würde, könnte ich sagen, dass ich einiges gelernt habe. Natürlich hätte ich noch mehr lernen können, aber vielleicht wäre es genug für dieses Leben. Es wäre kein leichtes Leben gewesen. Aber gerade die schwierigsten Zeiten haben mich geprägt und mich stärker werden lassen. Ich bin bereit, noch mehr zu lernen, mich einer ungewissen Zukunft anzuvertrauen. Manchmal habe ich Angst davor, ja, aber ich versuche jetzt, darauf zu vertrauen, dass die Aufgaben, die auf mich zukommen werden, zu bewältigen sind.
Der Schmerz kommt immer wieder, er ist aber nicht mehr die ganze Zeit über da. Ja, er hat sich verändert. Er ist nicht mehr so

unmittelbar wie der Schmerz einer frischen Wunde! Manchmal erhoffe ich mir dennoch, eine Perspektive zu haben, dann wünsche ich mir noch immer das Versprechen einer guten Fee herbei, die mir sagt: »Pass auf, Flori, in einem Jahr wird es wieder ein bisschen besser sein.« *Das wäre gut, denn dann wüsste ich, dass ich das wirklich schaffen kann, dass ich nur noch ein bisschen durchhalten muss. Aber es kann mir leider keiner sagen, wie lange der Schmerz noch anhalten wird, ob er mich überhaupt noch einmal verlässt. Ich habe nur mehr meine Erfahrung, die mir immer wieder zeigt, dass alles vorübergeht, so, wie Stürme wieder vergehen, Regen und Sonnenschein! Alles verändert sich und nichts ist für die Ewigkeit gemacht! Manchmal weine ich, alleine oder in den Armen meiner Freundin Caren. Sie ist eine der wenigen Menschen, die einen so tiefen Freundinnenschmerz auch nach fast zwei Jahren immer noch aushalten kann. Aber ich spüre auch deutlich, was sich verändert hat. Ich hadere nicht mehr bei jedem Schmerzanfall, sondern kann diesen viel schneller als früher akzeptieren und veratmen. Der Schmerz gehört jetzt zu meinem Leben. Ich weiß mittlerweile, dass ich immer wieder durch genau diesen Schmerz, durch diese Hölle gehen muss, die so fürchterlich wehtut! Ich habe nachgeschaut. Das Wort* »Hölle« *heißt im Althochdeutschen* »hell(i)a«, *im Mittelhochdeutschen* »helle«. »Hel« *bedeutet ursprünglich* »bergen« *und das Wort Hölle* »die Bergende«! *Vielleicht kann ich am Ende das Annehmen nur erlernen, wenn ich mehrmals durch diesen Schmerz, durch diese Hölle gegangen bin, mich nackt gefühlt habe, hilflos, verzweifelt, leer und alleine. Irgendwann spüre ich vielleicht, dass es keinen Zweck hat, sich gegen Himmel und Erde aufzulehnen, und dass ich trotz allem geborgen bin. Ein kleines Schicksal unter vielen, aber nicht alleine, angebunden und verbunden mit allem, und dass ich endlich Frieden schließen darf mit dem ganz eigenen Weltenschmerz.*

Ich bin hier zwischen Himmel und Erde, mit all meinem Schmerz, meinen Sehnsüchten, meiner Trauer, aber gleichzeitig auch mit meiner Liebe, meiner Zuversicht und meiner Hoffnung. Das ist mein Leben. Und langsam beginne ich leise »Ja« zu sagen, zu diesem Leben, mit all seinen Höhen und Tiefen. Womöglich trägt jeder von uns einen wichtigen Teil dazu bei, wie die Welt sich entwickelt, denn jeder ist ein kleiner Stern im Universum, ohne den der Himmel niemals so leuchten könnte, wie er es momentan vermag.

Vielleicht bedeutet Liebe auch lernen,
jemanden gehen zu lassen,
wissen, wann es Abschied nehmen heißt.
Nicht zulassen, dass unsere Gefühle
dem im Weg stehen,
was am Ende vielleicht besser ist für die,
die wir lieben.
(Sergio Bambaren)

Ich will es versuchen, liebster Nicolai,
Deine Mam

Himmelszeit

Wie eine Antwort auf meine Mail an Nico erschien mir das, was sich an den folgenden Tagen ereignen sollte.

Es geschah an Allerseelen, dem Feiertag, der seinen Ursprung in Samhein, einem Fest der keltischen Mythologie, hat. Viele dieser heidnischen Feste wurden von der katholischen Kirche übernommen und, zeitlich ein klein wenig verschoben, als wichtige Feiertage im kirchlichen Jahresverlauf festgesetzt. So wurde Samhein zu Allerseelen. Die Kelten glaubten, dass an diesem Tag das Tor zur Anderswelt weit offen stünde und sie Verbindung mit den Verstorbenen aufnehmen könnten. Die katholische Kirche gedenkt an Allerseelen der Toten.

Nicos Freund Raphi war an diesem Tag bei uns. Gegen Abend fand wieder ein Kursmodul meiner Ausbildung in energetischem Heilen statt, an der ich nunmehr schon seit einem Jahr teilnahm. Raphi wollte noch auf den Friedhof gehen. Also verabschiedeten wir uns. Als ich in der Pause auf mein Handy schaute, las ich folgende Nachricht von ihm: »Flor, bitte komm danach noch zu mir, egal wie spät, es ist wichtig, mir ist etwas Unglaubliches passiert.« Ich fuhr also um 23 Uhr nach der Ausbildung noch bei Raphi vorbei. Er wirkte sehr aufgewühlt und schlug vor, einen Spaziergang zu machen. Unterwegs begann er dann zu erzählen.

»Ich stand vor Nicos Grab und dachte an ihn und an all die Zeit, die wir miteinander verbracht hatten. Irgendwann stand ich nur noch so da und dachte an nichts, an wirklich überhaupt nichts mehr! Plötzlich hörte ich eine deutliche Stimme sagen: ›Du bist jetzt bereit.‹ Dann spürte ich ein so großes Glücksgefühl meinen ganzen Körper durchströmen, dass ich nur noch weinte, vor lauter Glück. Ich weiß nicht, wie ich es anders ausdrücken soll, aber ich wusste plötzlich, dass alles gut war, so wie es jetzt ist! Alles ist in Ordnung, Flor! Weißt du, Nico ist gar nicht weg, er ist immer da.« Jetzt war ich wirklich überrascht. Ich konnte mir nicht vorstellen, dass Raphi spirituelle Bücher oder Berichte über Nahtoderfahrungen gelesen hatte. Wie war es da möglich, dass er jetzt so unglaubliche Dinge sagen konnte? Während ich noch erstaunt über das nachdachte, was er gerade gesagt hatte, sprach er schon weiter.»Ich hatte auch mit einem Mal das Gefühl, dass es Krieg, Streit und solche Dinge gar nicht wirklich gibt, denn wir gehören eigentlich alle zusammen, wir sind alle miteinander verbunden.« Ich muss ihn ziemlich entgeistert angesehen haben, denn er versuchte, sich gleich zu erklären: »Ich bin nicht verrückt, wirklich nicht, du musst mir glauben, Flor.«

Er schien jetzt ein bisschen verunsichert.»Ich glaube dir doch«, beschwichtigte ich ihn sofort und versuchte, meine Fassung wiederzuerlangen. »Ich glaube auch schon längst an all die Dinge, die du mir gerade gesagt hast, es ist nur so verwunderlich für mich, sie aus deinem Mund zu hören.« Ich berührte seine Schulter, er zitterte noch am ganzen Körper.»Nico hat mir noch etwas gesagt.« Raphi schnäuzte sich die Nase.»Dass Zeit eigentlich gar keine Rolle spielt und eine ganz andere Dimension hat. Ich hatte beispielsweise das Gefühl, dieses Erlebnis habe nicht länger als zehn Minuten gedauert, als ich aber auf die Uhr schaute, war eine Stunde vergangen.« Er sah auf. Ich nickte leicht.»So etwas Ähnliches hatte mir meine Heilerin auch schon einmal gesagt, sie meinte, dass mir die Zeit der Trauer um meinen Sohn jetzt sehr lange vorkomme und wenn wir uns dann wieder begegnen würden, würde es sich anfühlen, als sei nur ein Fingerschnippen dazwischengelegen.« Raphi wirkte erleichtert. »Ich hatte das Gefühl, dass ich dir das erzählen sollte, es euch mitteilen müsste.« Er kickte einen Tannenzapfen aus dem Weg.

In der Nacht lag ich wach. Die Worte von Nicos Freund gingen mir nicht mehr aus dem Kopf. Irgendwann stand ich auf, um alles aufzuschreiben, was er mir vor ein paar Stunden anvertraut hatte. Aber auch danach konnte ich nicht gleich einschlafen. Ich fragte mich, weshalb immer andere solche Erlebnisse haben durften, wo ich mir dies doch so sehnlichst wünschte und mich so eng mit Nico verbunden fühlte. Das war doch ungerecht! Aber nach einer Weile musste ich lächeln. Die innere Stimme machte sich wieder bemerkbar. *Wenn ich zu dir gekommen wäre, hättest du nicht gleich wieder an deiner Wahrnehmung gezweifelt? Und wenn ich mich jemandem gezeigt hätte, für den meine Welt schon längst Teil seines Glaubens ist, hätte es dich dann so verwundert?* Du hast so recht, liebe Stimme. Ich war wieder versöhnt. Eigentlich war dies doch der größte Beweis, dass Nico sich gerade Raphi gezeigt hatte, der ganz unvoreingenommen gewesen war. Ich war sehr beeindruckt von meinem Sohn und konnte endlich friedlich in den Schlaf finden.

Am nächsten Tag erzählte ich Caren davon. Ich hatte natürlich davor um Erlaubnis bei Nicos Freund gefragt. Wir saßen auf einer Bank auf dem Schlossberg und schauten über Freiburg. Während ich noch sprach, erschien plötzlich ein Regenbogen vor uns am Himmel, weit und breit erstreckte sich das Lichtband in den schillerndsten Farben. Ich drehte mich um, ob vielleicht hinter uns eine Regenwand aufgezogen war. Nichts, wir konnten bis nach Frankreich schauen, überall war nur blauer Himmel zu sehen. Nirgends gab es reflektierende

Wassertropfen, die dieses Phänomen hätten erklären können. Danke, liebster Nico-Schatz, für deinen Gruß und Wink. »Ich muss dir auch noch etwas sagen.« Caren schaute mich von der Seite an. »Ich habe ebenfalls etwas an Allerseelen erlebt.« Ich hatte das Gefühl, dass sie unsicher war, wie ich es aufnehmen würde. Als ich stumm nickte, begann sie behutsam zu sprechen: »Ich meditierte am Wochenende unter Anleitung in einer Yogagruppe. Wir sollten uns eine Person vorstellen, die bereits verstorben war. Mir fiel sofort meine Oma ein, da sie mir gefühlsmäßig von allen bisher Verstorbenen am nächsten stand. Da mein Schmerz über ihren Verlust aber nicht mehr so groß war, kam ich in einen Zustand völliger Absichtslosigkeit und Gedankenfreiheit. Da schob sich ganz plötzlich Nicos Bild vor mein inneres Auge. Ich war zuerst erstaunt, weil ich gar nicht mit ihm gerechnet hatte, ich kannte ihn ja eigentlich nur über dich und aus deinen Erzählungen. Aber nach der ersten Verwunderung sagte ich schließlich innerlich: ›O.k., dann bist du jetzt da!‹ Dann hörte ich eine deutliche innere Stimme zu mir sprechen: ›Bitte sag meiner Mutter, dass ich sie unendlich liebe und bei ihr bin.‹ Dann war es vorbei!«

Was für ein großes Geschenk, liebster Nico! Vor Freude versuchte ich die herabfallenden Herbstblätter zu fangen. Das war gar nicht so einfach. Immer wenn ich dachte, jetzt hätte ich gleich eines geschnappt, drehte es kurzerhand eine Pirouette und entkam meinen angelnden Händen. Ich liebe dich auch unendlich, nicht nur bis ans Ende der Welt, sondern weiter, weiter als das Ende, bis in alle Ewigkeit!

Nun standen bald wieder all die Feiertage an, die nicht mehr wie früher gefeiert werden konnten. An Nicos 19. Geburtstag wollten wieder seine Freunde zu uns kommen. Ich begann bereits, mir über die Gestaltung Gedanken zu machen. Eine seiner Freundinnen hatte sogar vorgeschlagen, dies zu einem festen Ritual zu machen. So kurz vor Weihnachten seien die meisten ja zu Hause, auch wenn sie bereits in einer anderen Stadt studierten. Weihnachten wollten wir dann wie immer in der Familie feiern und Silvester war noch offen. Früher hatten wir uns immer etwas fürs neue Jahr vorgenommen. Etwas, das wir schaffen oder verändern wollten. Aber welche Visionen hatte ich denn jetzt noch? Gab es überhaupt schon eine Zukunft, die ich mir vorstellen konnte? Ja, ich hatte tatsächlich schon wieder Träume für die kommende Zeit. Nicht gleich für das nächste Jahr, vielleicht würde es erst in ein paar Jahren geschehen. Aber sie waren da!

Als ich mit meinem Mann einmal wieder auf unserer warmen Ofenbank saß, erzählte ich ihm von meiner Idee.»Was hältst du davon, später eine Gemeinschaft zu gründen, in der man sich gegenseitig unterstützt, miteinander arbeitet oder lebt? Vielleicht ein Kollektiv, das zeitweise Platz für Menschen anbieten könnte, die in Not sind… wie eine Art Straßenbeleuchtung, wenn bei jemandem gerade das Licht ausgeht?« Hubertus raufte sich die Haare.»Wir werden sehen. So wie es aussieht, wird es uns jedenfalls nicht langweilig werden.«

Nicos Tod forderte uns immer wieder. Ich betete täglich, dass ich aus der Welt der Pflanzen immer wieder genügend Kraft schöpfen könnte, um Jahr für Jahr auch wieder das Leuchten sehen zu können, das der Himmel jeden neuen Tag auf die Erde schickt, um mich wissen zu lassen, dass auch ich Teil des Ganzen bin.
Der sufistische Dichter Rumi fasste das vor vielen Hundert Jahren in treffende Worte:»Ein Leben ohne Liebe ist ohne

Bedeutung. Frag dich nicht, welche Art von Liebe du suchen sollst, spirituelle oder materielle, göttliche oder weltliche, östliche oder westliche... Teilung führt nur zu weiterer Teilung. Die Liebe kennt keine Bezeichnungen, keine Begriffe. Sie ist, was sie ist, rein und schlicht. Die Liebe ist das Wasser des Lebens. Und ein geliebter Mensch ist eine Seele aus Feuer! Wenn das Feuer das Wasser liebt, dreht sich das Universum anders als zuvor.«

Liebster Nico,
heute werde ich die letzte E-Mail an Dich abschicken, denn ich weiß jetzt, dass ich von nun an nicht mehr zu schreiben brauche. Ich hatte mir so lange Zeit sehnlichst und heimlich gewünscht, dass Du mir endlich antworten mögest, ich wollte, dass Du schwarz auf weiß den Beweis erbringst, dass wir in Verbindung stehen. Die Zeit hat mich nun gelehrt, dass Du Dich mir immer mitgeteilt hast, dass ich auf all meine E-Mails immer eine Nachricht bekommen habe. Die Antworten standen im Leben geschrieben und ich sollte lernen, zwischen den Zeilen zu lesen. Es ist in einer anderen Form geschehen, gewiss, in einer Art und Weise, die man nicht herumzeigen kann, die nicht nachzulesen ist. Manchmal leuchteten die Antworten kurz auf und waren gleich wieder verschwunden, waren Blitzlicht und Regenbogen des Lebens. Heute weiß ich, dass es meine engen Vorstellungen waren, die mich oft am Hören hinderten, mich blind machten und taub. Nur in Freiheit und im Loslassen können wirkliche Wunder geschehen, kann sich eine Zukunft entfalten. Das Leben kommt immer ganz anders daher, als man es sich denkt, denn es lebt aus sich selbst heraus. Nur so können neue Dinge möglich werden und Wunder geschehen. Eigentlich ist es ganz einfach. Es ist die Stille, die spricht. Wenn man ihr lauscht, wird die Welt heller und mit Liebe erfüllt sein. Wir sind auf ewig miteinander

verbunden, lieber Nicolai, und unser Band wird nicht abreißen,
solange ich der Stille lauschen und der Leere Raum geben kann.
In unendlicher Verbundenheit und tiefer Liebe,
Deine Mam

»Wenn du bei Nacht den Himmel anschaust, wird es dir sein, als lachten alle Sterne, weil ich auf einem von ihnen wohne, weil ich auf einem von ihnen lache. Du allein wirst Sterne haben, die lachen können«, lässt Antoine de Saint-Exupéry den »Kleinen Prinzen« sagen, bevor dieser sich von der Erde verabschiedet, um zu seinem kleinen Stern zurückzukehren. Unsere Freunde hatten für Nico einen Stern gekauft und uns geschenkt. Nicos Stern hat die Koordinaten: RA:ghom38.4s DEC:41°46m58. os. Das Taufdatum ist der 1.1.2012, die Taufnummer lautet 28312–1219–1433413

Zum Jahreswechsel fuhren wir mit den Freunden auf den Kandel, unseren Hausberg, machten ein Feuer und schauten in den sternenklaren Himmel, um nach Nicos Stern zu suchen. Er liegt unterhalb des großen Bären und leuchtet so hell, dass man ihn sogar mit bloßem Auge gut erkennen kann.

Ich dachte an Nico und versuchte mir vorzustellen, was er jetzt wohl tun würde, wenn er noch am Leben wäre. Es gab unendlich viele Möglichkeiten. Ich konnte mir genau das vorstellen, was ich mir für ihn wünschte, aber es hätte auch ganz anders kommen können und wer weiß, was für ihn das Beste gewesen wäre.

Vielleicht ist es gerade gut und richtig, zwei Söhne zu haben, für die meine Liebe ausreicht, im Leben und darüber hinaus. Vielleicht ist sie stark genug, um dich, Kasi, hier weiter zu begleiten, und stark genug, um dich, Nico, ziehen zu lassen, ohne genau zu wissen, wohin du gehen wirst. Vielleicht ist sie gerade stark genug, um für dich das Beste zu wünschen und darauf zu vertrauen, dass es gut so ist. Vielleicht ist sie stark genug, um irgendwann den Frieden zu spüren, für dich und für uns, stark genug, um den Schmerz eines Tages verwandeln zu können. Vielleicht ist sie stark genug, um Visionen zu haben und daran zu glauben, dass es am Ende doch noch eine Erfüllung geben wird.

Caren stellte sich neben mich. »Was siehst du, wenn du in den Himmel schaust?« Sie rieb sich die Hände über dem Feuer, es war eisig kalt. »Ich sehe einen dunklen Himmel und ganz viele Sterne.« Sie nickte. »Und wenn es nun Tag wäre, könntest du den Sternenhimmel dann auch erkennen?« Ich schüttelte den Kopf. »Nein, natürlich nicht, die Sterne sieht man doch nur bei Dunkelheit.« Erstaunt sah ich sie an. Caren lächelte. »Was am Tag für uns unsichtbar ist, können wir erst dann erfahren, wenn wir uns auch in die Dunkelheit wagen. Hättest du den Himmel noch nie bei Nacht betrachtet, wüsstest du nichts von der Existenz der Sterne mit all ihrer Schönheit und ihrem

Glanz, oder?« Ich nickte. »Es gibt da also noch eine andere Wirklichkeit als die, die wir bei Tag wahrnehmen können, nicht wahr?« Ich nickte wieder. »So wie die Sterne nur bei Nacht zu sehen sind, wir aber auch bei Tag um sie wissen, können wir vielleicht auch eine Ahnung haben von einer Strahlkraft, einer Tragweite größeren Ausmaßes, die nur dann zu erkennen ist, wenn wir uns trauen, das Licht für einen Moment lang auszuschalten und in die Dunkelheit zu schauen.« Ich formte einen Schneeball und warf ihn nach Tara, die schon ungeduldig darauf wartete. »Nicos Tod fordert mich also auf, dahinterzuschauen, durch die Dunkelheit zu gehen, um eine andere Ebene wahrnehmen zu können?« Das Feuer erlosch. Caren nahm meine Hand und drückte sie sanft.

Silvester 2013/14
Ein Stück vom Himmel ist weiß.
Schnee bedeutete Glück für dich auf dieser Welt.
Du hast viele Spuren in der Winterlandschaft hinterlassen.
Jetzt wirst du Lichtspuren ziehen,
Lichtspuren überall,
am Himmel, auf der Erde, in unseren Herzen.
So lassen wir dich weitergehen,
damit du noch viel Licht versprühen kannst.

Epilog

Wie Sie sich denken können, liebe Leserin, lieber Leser, ist das Strickmuster des Lebens an dieser Stelle noch längst nicht zu Ende entworfen. Im Laufe der Zeit kamen viele Farben hinzu und aus unterschiedlichen Begegnungen entstanden neue Geflechte.

Kurz nach Nicos Tod bekam Kasi einen Brief von einem Jugendlichen, der ein Jahr zuvor, ebenfalls in der Silvesternacht, seinen Bruder verloren hatte. Das fand ich so großartig, dass ich, als ich mich wieder ohne körperliche Schmerzen bewegen konnte, Kontakt zu seiner Mutter aufnahm. Als wir uns das erste Mal trafen, merkten wir sofort, wie gut es tat, über unsere verstorbenen Kinder zu sprechen. Es gab ein großes Einverständnis zwischen uns. Wir mussten uns nicht lange erklären und spürten, dass es eine stille Verbundenheit gibt zwischen Menschen, die den gleichen Schmerz kennen und vielleicht einen ähnlichen Weg vor sich haben. Es war diese Art von Verbundenheit, die wir zum Überleben so dringend benötigten. Deshalb suchten wir in unserer Stadt eine Gesprächsgruppe für Eltern, die ihr jugendliches Kind verloren hatten. Es gab keine. Dies empfanden wir als Lücke. Sollten wir vielleicht selbst eine solche Gruppe gründen? Bei unseren weiteren Treffen sprachen wir immer öfter darüber und irgendwann beschlossen wir, es zu versuchen. Das Freiburger Hospiz, Horizonte und mein Ausbilder in der Seelsorge ermutigten uns, boten uns Gespräche und Supervision an. Wir fühlten uns in unserem Vorhaben bestärkt und planten für das Jahr 2015 unseren ersten Gesprächskreis. Eines Abends, kurz vor dem Einschlafen, kam mir das Wortspiel ›JugendLichter‹ wieder in den Sinn und so hatte die Gruppe auch schon einen Namen.

Eine zweite, für uns wichtige Begegnung fand Ende 2016 statt. Wir erfuhren von dem DSO-Beauftragten, der mit uns immer in Kontakt stand, dass die Organisation entschieden hatte, fortan jeglichen möglichen Kontakt zwischen den Organempfängern und den Angehörigen des Spenders zu unterbinden. Wir durften zwar noch, wie in den Jahren zuvor, über die DSO erfahren, wie es den Empfängern ging. Aber Briefe, die zum Beispiel bislang anonym von den Empfängern an die Angehörigen der Spender geschrieben werden konnten, wurden nicht mehr weitergeleitet. Das bedauerten wir sehr, denn wir freuten uns immer, wenn wir per Post von der DSO erfuhren, dass es den Empfängern nach wie vor gut ging. Überdies wäre es sehr schön gewesen, eines Tages von einem Empfänger per Brief selbst zu hören. Mittlerweile wussten wir, dass es manchmal Jahre dauerte, bis sich ein Empfänger bei Angehörigen des Spenders melden konnte.

Wir wussten, dass diese Kontaktsperre auf juristischen Grundlagen basierte, menschlich konnten wir diese Entscheidung aber nicht nachvollziehen. Ich haderte damit und fragte mich, weshalb es immer wieder neue, schwerwiegende Herausforderungen geben musste. Und insgeheim klagte ich auch wieder eine höhere Instanz an. Da geschah etwas sehr Erstaunliches, das im Nachklang fast wie eine Antwort auf mein Hadern folgte.

Im November 2016 wurde ich nochmals gefragt, ob ich vor einem Fachpflegesymposium in Heidelberg über unsere damalige Situation und Entscheidung für die Organspende berichten könnte. Gleichzeitig sollte ein Organempfänger, ebenfalls aus Freiburg, auf diesem Kongress über seine Erfahrungen berichten. So ergab es sich, dass meine Familie einen lebensfrohen und überaus sympathischen jungen Mann kennenlernen durfte. Als wir uns das erste Mal austauschten, staunten wir, wie viele Parallelen wir fanden. Nicht nur der Name »Nicolai« war identisch, auch das Alter, in dem unser Sohn sein Herz spendete und er seines empfangen durfte. Er studiert an der Universität auf Lehramt, so wie es unser Sohn nach dem Abitur auch vorgehabt hatte.

Auch wenn es nicht das Herz unseres Sohnes ist, das in diesem uns zugewandten und offenen jungen Menschen weiterschlägt, fühlten wir uns dennoch augenblicklich miteinander verwoben. Sowohl Nicolai als auch später seine Mutter, die wir ebenfalls kennenlernen durften, signalisierten uns, dass es gar nicht wichtig sei, welche Organe wem zugeordnet wurden, sondern dass wir allein mit unserer Entscheidung, Organe zu spenden, stellvertretend für alle anderen Spender stehen, miteinander verbunden in einer anderen Dimension von Raum und Zeit.

Am Tag des Vortrages fuhren wir zusammen nach Heidelberg, Nicolai, seine Mutter und ich. Wir tauschten uns aus und erzählten uns gegenseitig aus unseren Leben und von unseren Herausforderungen. Es ging mir nahe, auch von der Seite der Organempfänger zu hören, vom dauerhaften Bangen um das Leben eines Kindes, vom erschöpfenden Wechselspiel zwischen Hoffnungslosigkeit und Zuversicht, vom völligen Loslassen und vom dankbaren Aufnehmen eines neu geschenkten Lebens.

Nach der zweistündigen Autofahrt waren wir alle dankbar und tief berührt. Und so trugen Nicolai und ich auch unsere Reden vor. Es blieb nicht aus, dass sich unsere Stimmung auf die Pflegefachkräfte übertrug und auch sie bewegte. Seite an Seite mit Nicolai beantworteten wir die Fragen der Zuhörer. Auf ähnliche Weise, wie wir stellvertretend für seinen realen Spender standen, stand auch er in diesem besonderen Augenblick stellvertretend für die Überzeugungen und Werte unseres Sohnes. Am Abend war ich überwältigt, berührt und erschöpft. Seit diesem Tag sind unsere Familien miteinander verbunden. Wir sehen uns nicht oft, aber von Zeit zu Zeit und sind dankbar, dass wir zusammengeführt wurden.

Ich habe manches Mal schnell dahergesagt, dass ich mir ein anderes Leben wünsche. Als wir in der Seelsorgeausbildung Genogramme erstellten und ich in diesem Zusammenhang in andere Stammbäume und Familiengeschichten blicken durfte, wurde mir bewusst, dass ich in keines dieser Leben passen würde, dass ich maßgeschneidert für mein eigenes bin. Ich weiß nun: Wir alle haben Aufgaben zu erfüllen, Hindernisse zu überwinden und Schmerzen zu bewältigen. Und genau durch diese Ecken und Kanten unseres Lebens sind wir zu der Persönlichkeit geworden, die wir heute sind. In den schönen Zeiten dürfen wir ausruhen, aber weiter gehen wir nur, wenn wir gefordert werden. Vielleicht kommt es also gar nicht so sehr darauf an, welches Schicksal uns beschäftigt, sondern einzig und allein, wie wir damit umzugehen lernen. Wir sind alle eingebunden in unsere Geschichte, zum Teil geprägt von unseren Ahnen und doch frei im Umgang mit den einzelnen Baustellen unseres Lebens. Es liegt einzig und allein in unserer Entscheidung, ob wir den Weg der Verbitterung und Angst wählen oder den der Liebe. Jeden Morgen neu können wir uns für einen Weg entscheiden. Vielleicht habe ich mir vor langer Zeit einmal vorgenommen, das Loslassen zu üben, ich kann mich nicht mehr daran erinnern. Ich weiß nur, dass ich mich freiwillig als Mensch hier auf der Erde niemals dazu entschlossen hätte. Selbst wenn man mich heute fragen würde, ob ich all die Lernschritte oder Nicos Leben vorziehen würde, würde ich mich immer wieder für das Leben meines Sohnes entscheiden. Und das, obwohl ich weiß, dass ich erst durch seinen Tod wahrhaft in der Welt angekommen bin, mit der geistigen Welt oder Gott vertrauter wurde und letztlich mehr zu mir selbst finden durfte.

Ich bin mit dir, lieber Nico, nicht nur bis ans Ende der Welt gegangen, sondern viel weiter, weiter als das Ende. Manchmal war die Reise sehr beschwerlich, voller Schmerz und Sehnsucht, manchmal war sie angereichert mit Güte und Dankbarkeit oder beseelt von einer Liebe, die ich zuvor noch nie empfunden hatte. Ich weiß, dass ich noch lange nicht am Ende meiner Reise angelangt bin. Aber ich werde versuchen, jeden neuen Tag mit Neugier und Mut weiterzugehen, denn die Flamme für dich wird immer brennen, mich begleiten und stärken, solange ich lebe.

Nach so vielen Jahren ohne Dich
lesen wir nun die Samen auf,
die Du uns bei Deinem Tod hinterlassen hast.
Wir fanden sie, als wir versuchten,
Deinen Spuren zu folgen.
Wir werden sie jetzt in unsere Herzen pflanzen,
auf dass sie wachsen und erblühen mögen,
um eines Tages Früchte zu tragen.

Dank

Ein afrikanisches Sprichwort sagt:»Um ein Kind zu erziehen, braucht es ein ganzes Dorf!« Um ein Buch zu schreiben, braucht es viele Menschen. Dieses Buch besteht aus einzelnen Szenen, die zusammengefügt einen Trauerweg beleuchten. Es ist mit einem Bühnenstück zu vergleichen, zu dessen Gelingen nicht nur die Schauspieler, sondern auch die Menschen hinter den Kulissen beitragen. Auch sie möchte ich nicht unerwähnt lassen.

Als Erstes gilt mein Dank Barbara Pachl-Eberhart, durch deren Bücher ich aus meiner Lähmung herausfinden konnte und wieder zurück zum Schreiben fand. Ihr wunderbarer Schreibworkshop in Graz am Retzhof klingt noch immer in mir nach. In dieser Zeit vermittelte Barbara professionell und liebevoll, dass in der Sprache so viel mehr steckt als einzelne Worte, das ganze Spektrum menschlicher Gefühle und Erinnerungen. Ich habe dort erfahren, dass Buchstaben aneinandergereiht etwas hervorbringen, das einem Bauchschmerzen bereiten kann, aber oft auch Erleichterung schafft. Das, was am Ende auf dem Papier steht, ist mehr als Gedrucktes, mehr als schwarz auf weiß. Es riecht, es schmeckt, es schmerzt, es berührt und vor allem: es heilt. Obendrein habe ich in Barbaras Seminar erlebt, wie verbindend und gesellig gemeinsames Schreiben sein kann. Auch wenn jeder Schreiberling an einer eigenen Geschichte bastelt, so sind doch all diese Erzählungen Ausdruck des vielfältigen Lebens, das unsere Welt eint. Eine wunderbare Erfahrung. Mögen noch viele Menschen zu Barbaras Workshops finden!

Ganz besonders danke ich meiner wunderbaren Lektorin Andrea Langenbacher für ihr professionelles und zugleich einfühlsames Überarbeiten meines Manuskriptes. Spielerisch gelingt ihr der Spagat, beim Lektorieren den nötigen Freiraum zu gewähren und gleichzeitig dem Buch zielsicher den letzten Schliff zu verleihen. Es ist eine besondere Freude, mit ihr zusammenzuarbeiten.

Ich danke meinem Verlag und vor allem Claudia Lueg, die sich von Anfang an für die Veröffentlichung dieses Buches eingesetzt hat.

Ich danke der Fotografin Ximena Hoyos dafür, dass sie auf ihre innere Stimme hörte, für ihren großen spontanen Einsatz, für das tolle Fotoshooting bei einem gemeinsamen Tag auf der Hochburg und die Fotocollage von Nico und mir, die mein Herz berührt.

Ich danke Günther Maag-Röckemann für all die lehrreichen Stunden bei ihm in Todtmoos/Rütte. Er half Hubertus und mir, Dinge aufzudecken, die uns im Leben behindern. Hier fanden wir nach dem Tod unseres Sohnes eine neue Haltung zu uns selbst, zu unserer Partnerschaft und zum Leben, die uns frische Lebenskraft und vor allem viel Lebensmut verleiht! Jedes Mal fahren wir leichteren Herzens und voll Zuversicht, dieses große Leben gemeinsam schaffen zu können, nach Freiburg zurück.

Ich danke Sabine Martens dafür, dass sie für mich ihr letztes Hemd hergeben würde, für ihre ganz besonderen Behandlungen und ihre tiefe Liebe für die ganze Welt.

Ich danke meiner Heilerinnengruppe für ihre körperliche, energetische, lichtvolle und immer liebevolle Stärkung.

Ich danke Lisa Zimmerer für ihre freundschaftliche und professionelle Unterstützung und die langen Telefonsitzungen zwischen den Alltäglichkeiten des Lebens.

Ich danke Victoria Marini und Silke Mix für die allererste Durchsicht meines Manuskriptes und dafür, dass sie sich immer Zeit für meine Projekte nehmen.

Ich danke allen, die nicht im Buch erwähnt werden, uns aber in der Trauer freundschaftlich zur Seite standen und noch immer unseren Weg begleiten, für alle Gespräche, Massagen, Briefe und Telefonate und fürs gemeinsame Gitarrespielen.

Besonderer Dank gilt natürlich meiner kleinen Familie. Lieber Kasimir, danke für alles, was ich von Dir lernen durfte. Das ist reichhaltig, vielfältig und allerhand. Ich danke Dir für Deine tiefe Liebe und Deine innere Weisheit. Du bist mein letzter Blutsverwandter, mein Anker, meine Wurzel und mein Kind. Unsere Verbindung ist so stark, dass sie uns durch all die Wehen der Trauerarbeit hindurchtragen konnte. Danke, GlücksLicht, dass es Dich gibt!

Lieber Hubertus, Du hast so oft dafür gesorgt, den Alltag in geordnete Bahnen zu lenken, wenn ich am Schreiben war. Ich brauchte ein Zuhause, wenn meine Gedanken auf Reisen gingen, damit ich nach dem Ende einer Episode auch immer wieder ins Leben zurückfinden konnte. DU bist mein Zuhause. Danke für die lebendigen Gespräche, Deine Schubse raus in die Natur, Deine Liebe und für unser gemeinsames Leben.

Lieber Nicolai, ich habe all die Gefühle des Verlustes selten herausgeschrien, aber sehr oft herausgeschrieben. Jeder einzelne Satz, jedes Wort formte sich zu unserer Lebensgeschichte, machte sie fühlbar und wahrhaftig. Die Sprache war und ist unser Verbindungsglied. Schon im Leben hatten wir dieselbe Ausdrucksart. Nach Deinem Tod bemerkte ich, dass sie weiterbesteht, dass Du durch mich zum Wirken kommst. Das war schmerzhaft und wunderschön zugleich. Denn beim Schreiben spürte ich, sobald ich wieder tief an einer Stelle arbeitete, den ganzen Schmerz und gleichzeitig all die Liebe. Diese Art Verbindung, lieber Nico, wird sich verändern, denn ich gehe wieder mehr ins Leben zurück und jeder Schritt verankert mich tiefer im Jetzt! Es fällt mir schwer, dies zu akzeptieren, und manchmal sehne ich mich wieder zurück nach dieser unserer intensiven Zeit. Gleichzeitig weiß ich jetzt, dass sich alles immer wieder verändern kann, außer eines: Du bist immer da, wir werden weiter Seite an Seite sein und wir werden uns niemals verlieren. Ich kann Dich nicht sehen, aber ich spüre Dich durch meine Liebe.

Gemäß der Formel von Heraklit, »panta rhei – alles ist im Fluss«, dürfen sich auch Sätze verändern. So hat der Satz »Gerne begleiten wir Dich bis ans Ende der Welt«, der am Beginn meines Buches steht, eine Metamorphose erfahren. Wir lieben und begleiten uns nicht nur bis ans Ende dieser Welt, sondern weiter, viel weiter, weiter als das Ende.

Textnachweis

S. 30, Haltet die Welt an
Musik und Text: Moses Pelham/ Martin Haas
℗ 2005 Hanseatic Musikverlag GmbH/ 3P Songs GmbH & Co.
KG

S. 227, Vielleicht bedeutet Liebe…
Aus: Sergio Bambaren, Der träumende Delphin © 1998 Piper
Verlag GmbH, München

Bildnachweis

S. 10 und 237: Ximeh Photography (Die Collage auf Seite 237
entstand unter Verwendung eines Fotos von Evi Kleimeier)
S. 85, 214, 225, 235: Evi Kleimeier
S. 73: Roland Abstreiter
S. 36, 147, 153, 182: Familie Schmidt

Manche Namen der im Buch vorkommenden Personen wurden auf ihren Wunsch hin oder aus anderen Gründen verändert.

VERLAGSGRUPPE PATMOS

PATMOS
ESCHBACH
GRÜNEWALD
THORBECKE
SCHWABEN

Die Verlagsgruppe
mit Sinn für das Leben

Für die Schwabenverlag AG ist Nachhaltigkeit ein wichtiger Maßstab ihres Handelns. Wir achten daher auf den Einsatz umweltschonender Ressourcen und Materialien.

Umschlaggestaltung: Finken & Bumiller, Stuttgart
Umschlagfoto: Ximeh Photography
Gestaltung, Satz und Repro: Schwabenverlag AG, Ostfildern
Druck: GGP Media GmbH, Pößneck
Hergestellt in Deutschland
ISBN 978-3-8436-1024-7